우리

좀 있다

깔

거예요

우리
좀 있다
깔
거예요

X

혐오와 차별을
벗어버린 여성들의
가슴해방운동 이야기

X

여여 지음

이매진의
시선
時線
10

우리 좀 있다 깔 거예요
혐오와 차별을 벗어버린 여성들의 가슴해방운동 이야기

1판 1쇄 2021년 6월 11일
지은이 여여
펴낸곳 이매진 **펴낸이** 정철수
등록 2003년 5월 14일 제313-2003-0183호
주소 서울시 은평구 진관3로 15-45, 1018동 201호
전화 02-3141-1917 **팩스** 02-3141-0917
이메일 imaginepub@naver.com
블로그 blog.naver.com/imaginepub
인스타그램 @imagine_publish
ISBN 979-11-5531-124-0 (03300)

2020 변화를 만드는 여성리더 지원사업 선정작

● 감사합니다

처음 이 책을 계획할 때는 코로나 바이러스 감염증-19가 내 삶을 통제하는 세상은 상상할 수 없었다. 2020년 상반기에는 끝날 전염병 정도로 생각했다. 9월은 돼야 백신이 나온다는 뉴스는 거짓말이라고 생각했다. 시간이 지나면서 코로나19는 내 모든 상상력을 무너트리고 불안감을 키웠다. 인터뷰를 요청하기도 조심스러웠다. 내 글 쓰자고 전염병의 시대에 인터뷰를 제안하는 짓은 이기적이지 않을까, 나 때문에 인터뷰 참여자가 코로나에 걸리면 어쩌나 망설여졌다. 정말 감사하게도 사람들은 인터뷰는 언제 하는지 묻고 기다린다는 말도 해줬다. 집으로 초대도 받았다.

불꽃페미액션이 펼친 가슴해방운동에 참여한 여덟 명(가현, 현아, 소원, 윤슬, 시원, 한수영, 혜경, 채은)과 유자녀 기혼 여성 다섯 명이 인터뷰에 참여했다. 이 여성들이 자기 삶의 경험을 선뜻 공유하지 않았다면 이렇게 풍성한 이야기는 담을 수 없었다. 13명의 발화자에게 깊이 감사드린다. 더불어 여기에 소개하는 시공간을 넘어 가슴 해방의 역사를 만들어낸, 만들고 있는 여성운동 동지들에게도 감사드린다.

한국여성민우회, 언니미티드, 페멘 코리아 활동가들도 많이 도

와줬다. 내 경험을 세상에 내놓는다는 두려움과 부족한 글쓰기 실력 탓에 첫발을 내딛지 못하는 나에게 한국여성재단의 '변화를 만드는 여성리더 지원사업'은 큰 용기를 줬다.

나는 어떤 사람이냐면

나는 꽤 자신감 넘치는 여자다. 주변 사람들이 너무 자존감이 높다며 좀 낮출 필요가 있다고 말할 정도로. 그런 내가 자신 없는 세가지가 있다. 공부랑 연애랑 글쓰기. 글쓰기는 좋아하지만 잘한다고 말하기 어렵다. 아주 오랫동안 내 글을 쓰고 싶었지만, 차마 용기를 내지 못했다. 가장 큰 두려움은 '자신'이었다. 그러다가 꼭 써보고 싶은 이야기가 생겼다. 이 세상 사람들이 알면 좋겠다는 주제가 내 마음속에 들어왔다. 욕망이 두려움을 앞지른 순간이었다. 그런데도 한 글자도 쓰지 못한 나는 지원을 받아보기로 했다. 지원을 받는다면 처음으로 글을 쓸 테고, 안 되면 안 쓰기로.

지원한 사업에서 최종 합격 통지를 받았다. 글을 써도 된다는 허락을 공식으로 받은 듯해 기분이 좋았다. 그만큼 나는 내 글에 자신이 없고, 두려웠다. 한 장 한 장 쓸 때마다 두려움에 맞서 싸워야 한다. 이 부족한 글을 읽을 분들에게 미리 양해를 구하면서, 아무쪼록 내 이야기가 누군가에게 가닿기를 간절히 바랄 뿐이다.

가족에게 글을 쓰게 됐다고 자랑했다. 동생은 소설이냐고, 뭘 쓰느냐고 물었다. 코로나 탓에 교회를 못 가는 엄마의 마음에 걱정이 무럭무럭 자라던 때였다. '걱정왕' 엄마의 심신 안정이 걱정됐다.

"여성의 몸과 인권에 관한 거야."

거짓말은 한마디도 안 했지만, 주제가 '가슴해방운동을 하는 여자들'이라는 사실, 내가 가슴해방운동에 참여한 중요한 사실은 생략했다. 벗은 가슴이 참 별것 아닌데도 말하기가 이렇게 어렵다니, 그러니까 글을 써야겠다.

어떻게 불꽃페미액션을 만났냐면

2016년 9월 여성회의에서 불꽃페미액션이라는 단체를 처음 알았다. 농구하는 여성들의 모임이라는 점이 관심을 끌었다. 원래 운동을 좋아하는데다가 다른 사람들하고 같이하고 싶던 참에 순전히 농구를 하려고 불꽃페미액션에서 활동을 시작했다. 농구가 재미있어서 매주 나가다 보니 다른 활동도 하나둘씩 하게 됐다. 평소에 관심 있던 여성의 몸과 섹슈얼리티가 주된 주제였고, 여성 혐오에 저항하는 이들의 움직임은 매력적이었다.

여성을 출산 도구로 여기는 연구 결과를 다룬 기사를 접한 날 밤에 곧바로 대응 전략을 짜서 기발한 슬로건을 내건 기자 회견과 퍼포먼스를 진행했다. 안희정 전 충청남도 지사가 무죄를 받은 날에는 단톡방이 분노로 가득해지더니 그날 저녁에 발 빠르게 긴급 시위를 벌이기도 했다. '천하제일겨털대회'를 열어 남몰래 깎지 않고 있던 '겨털'을 마음껏 자랑했고, '찌찌 해방 만세'를 통해 탈브라를 했다. 함께 분노할 동료가 생겼고, 그 동료들하고 같이 책 읽고 영화 보며 삶을 나눴다. 불꽃페미액션을 만난 내 삶은 재미있고 알차게 바뀌었다.

어떻게 이 글을 쓰게 됐냐면

2019년 10월은 내게, 우리에게 가혹한 나날이었다. 일터에서 벌어진 갈등 때문에 하루하루를 버텨내며 영혼 없이 살아가고 있었다. 그때 한 여성의 죽음이 겨우 붙잡고 있던 내 마음의 한 귀퉁이를 마구 흔들어댔다. 다음달에 날아든 또 다른 죽음의 소식에 나는 털썩 주저앉고 말았다. 살아가고 싶은 의지를 잃은 그 마음이 이해가 됐다. 내가 딱 그랬으니까. 많은 다른 여성들이 그랬을 테다. 마침 불꽃페미액션이 발표하는 자리가 있다길래 퇴근길에 그곳으로 향했다. 불꽃페미액션은 페스티벌 퀴어에서 진행한 가슴해방운동 사진을 게시한 뒤 댓글이 10만 개나 달리더니 계속 삭제해도 줄지 않을 정도로 엄청난 악플에 시달리고 있었다. 사람들이 걱정되고, 보고 싶었다. 말라버린 영혼에 심폐 소생술이 필요했다. 오랜만에 몇몇이 모였다. 반가웠고, 그 짧은 만남이 퍽 고마웠다.

다시 살기로 했다. 더 버티기로 했다. 그리고 우리들의 이야기를 남기기로 했다. 더는 자매들을 잃지 않기 위해 우리가 이곳에서 함께 싸우고 있다는 말을 해주고 싶었다. 내가 이 글을 쓰기 시작한 계기다. 여성들이 좀더 자유롭게 살아갈 오늘과 내일을 꿈꾸며 가슴 해방을 외친 아주 평범하고 비범한 여성들의 이야기를 남기고 싶었다. 세상이 정한 기준에서 벗어나 새롭고 변화된 내일을 꿈꾸는 우리는 숨쉬기 위해, 버티기 위해 서로 버팀목이 되고 용기가 돼 줬다. 그런 순간들이 모여 하루가 되고, 그 하루가 일주일, 한 달, 일 년을 지나 긴 세월이 돼 우리 모두 페미니스트 할머니로 나이들 기를 바란다.

이 책은 어떤 내용이냐면

1부는 세상을 향해 맨가슴을 드러내고 가슴 해방을 외친 전세계 여성들 이야기를 모았다. 2018년 불꽃페미액션은 서울 강남 한복판 페이스북 코리아 앞에서 상의 탈의 퍼포먼스를 벌였다. 큰 화제가 됐지만, 여성운동이 아니라 과격한 여성 단체가 저지른 해프닝으로 받아들여졌다. '관종'이라는 비판도 받았다.

정말 그럴까? 불꽃페미액션이 펼치는 가슴해방운동은 어느 날 갑자기 등장하지 않았다. 한국에서는 이미 1960년대에 억압에 저항하는 수단으로 여성의 상의 탈의 퍼포먼스가 진행됐고, 2014년에는 탈브라를 하자는 주장이 나왔다. 해외에서도 여성이 상의 탈의를 할 수 있는 권리를 성평등에 관련된 쟁점으로 내세운 거대한 흐름을 확인할 수 있다. 이런 흐름에 등장하는 여성들이 상의 탈의를 하게 되는 경위와 내거는 요구가 다 똑같지는 않지만, 모두 가부장제에 도전하는 여성들의 몸과 행동을 상징하기 위해 용기 있게 옷을 벗었다.

2부는 2017년부터 2019년까지 불꽃페미액션이 벌인 가슴해방운동에 참여한 사람들이 나누는 이야기다. 불꽃페미액션의 운영진과 전 운영진, 회원과 비회원이 고루 섞여 있다. 나는 이 인터뷰를 통해 단체가 아니라 참여자 각자의 목소리와 한 개인의 서사를 고리로 가슴해방운동에 다가가려 했다. 참여하게 된 경위와 진행 과정에 관한 기억은 다양했다. 갑자기 함께하기로 한 참여자는 얼굴을 가릴지 가슴을 가릴지 결정해야 했고, 참여한 사실이 주변 사람들에게 알려지면 지지와 응원을 받기도 하지만 단절과 갈등을 겪기도 했다. 이런 경험들은 가슴해방운동이 자기 삶에 지니는 의미를 조망하는 데 영향을 미치고 있었다.

나는 '페미니즘 리부트' 이후 새롭게 등장한 주체적 세력으로서 온라인 페미니즘을 주도하는 디지털 네이티브 세대의 경험에도 주목했다. 이 여성들은 가슴해방운동에 참여하면서 온라인에서 한 경험과 악플에 관해 이야기를 나눴다. 2030 페미니스트들을 다룬 이야기는 이미 많지만, 이런 시대적 흐름의 한가운데에서 자기 몸을 전면에 내세워 가슴해방을 외치려 한 간절함을 기록하고 싶었다. 또한 페미니스트로 살아가기 위해 한 개인의 서사 안에서 자기 경험을 재/해석하고 실천으로 연결하려다가 때로는 미끄러지고 다시 일어서기를 반복하며 고군분투하는 나의, 우리의 이야기를 남기려 했다.

마지막으로 유자녀 기혼 여성들의 가슴 경험을 살펴봤다. 가슴해방운동이 비혼 여성 중심으로 펼쳐지고 있는 점에서 결혼 여부와 가슴 경험의 차이를 알아보고, 비혼 여성과 기혼 여성 사이에서 연대의 가능성을 타진하려는 시도였다.

다 쓰고 나서 어떤 생각이 드냐면

가슴 경험은 많이 겹쳤다. 삭제한 이야기도 있고 그대로 둔 이야기도 있다. 이런 경험이 일상에서 얼마나 자주 반복되는지 드러내고 싶었다. 내가 뒤늦게 발견한 대로 지난날 '장난'으로 여겨지던 여성의 가슴을 둘러싼 성희롱과 성추행은 여성의 몸을 억압하는 기제로 연결됐다. 나는 피해자, 가해자, 목격자, 방관자였다. 그 시대를 살아온 많은 이들이 그러했다.

내가 쓴 글을 읽은 사람들이 끊임없이 질문하면서 자기만의 답을 찾게 되기를 바랄 뿐이다. 이를테면 이렇게 말이다. 여성의 가슴은 무엇을 상징하는가? 여성의 가슴은 몸에서 어떤 구실을 하는가? 여성은 왜 가슴을 감출 수밖에 없는가? 여성이 감행하는 상의 탈의는 무엇을 의미하는가? 가슴해방운동은 왜 과격하다고 비판받았을까? 가슴 해방은 여성의 삶에 어떤 영향을 미칠까?

차 례

1부

X

그날까지

X

세상을 향해

가슴을 드러낸

여성들 이야기

① 1968, 정강자

가슴해방운동 관련 자료를 찾다가 우연히 만난 이름, 정강자. 어쩌면 이름도 이렇게 멋질까.

정강자는 한국의 1세대 여성 행위 예술가이자 원로 서양화가다. 1968년 5월 30일, 서울시 종로구 종로1가에 자리한 음악 감상실 '세시봉'에서 정강자, 정찬승, 강국진이 〈투명풍선과 누드〉라는 퍼포먼스를 진행했다. 홍익대학교 서양화과를 졸업한 스물다섯 살 정강자가 팬티만 입은 채 알몸으로 등장해 큰 파문이 일었다.

국가가 개인을 철저히 통제한 암흑의 시절, 이 작품은 독재 정권의 억압과 사회 부조리에서 벗어나려는 여성 해방의 욕망을 표현한 행위 예술로 받아들여졌다. 그렇지만 여성의 몸을 당당하게 앞세워 해방과 자유를 향한 열망을 표현한 이 퍼포먼스는 '선정적'이고 '퇴폐적'인 일탈로 왜곡되고 저평가됐다.

48년 뒤인 2016년, 정강자는 〈투명풍선과 누드〉 퍼포먼스를 서울시 마포구 서교동에 자리한 대안공간 루프에서 20여 분 동안 재연했다. 이날 한 재연도 스스로 하고 싶지만 암 수술을 한 뒤라 대역을 써서 아쉽다는 소감을 남긴 정강자는 그 시절을 뚜렷이 기억하고 있었다. "마포초등학교 옆에서 '무아 미술학원'을 운영했는데,

〈투명풍선과 누드〉 퍼포먼스의 일부
(출처: 부산비엔날레).

'미친년'이라고 소문이 나서 수강생이 뚝 끊겨 굶어 죽을 뻔했다. 그해 《경향신문》에서 선정한 '발광상' 1위로 뽑혔다. 2위는 가수 윤복희로 기억한다."●

1968년과 2018년의 한국 사회는 크게 다르지 않다. 인터넷이 없는 시절에도 '미친년'으로 알려져 생계의 위협을 느껴야 했듯이, 가슴해방운동에 참여한 여성들도 온라인 공간에서 숱한 악플에 시달리며 이상한 여자 취급을 받았다. 공개된 장소에서 윗옷을 벗은 여성이 '미친' 여자나 '이상한' 여자로 받아들여지는 이유는 뭘까. 48년이 지난 뒤에도 나는 가슴 해방이 퍼포먼스인 세상에 살아가고 있을까? 그때는 여성의 가슴이 해방돼 있을까?

정강자는 2017년 7월 23일 세상을 떠났다. 만약 정강자가 2018년에 불꽃페미액션이 한 퍼포먼스를 봤다면 어떤 말을 했을까?

● 〈한국최초 누드퍼포먼스 '투명풍선과 누드' … 48년 만에 재연〉, 《뉴스1》, 2016년 7월 21일.

❷ 가슴은 폭탄이 아니다
브레스트 낫 밤스

'브레스트 낫 밤스Breasts Not Bombs'는 미국 캘리포니아 주 멘도시노에 기반을 둔 풀뿌리 정치 운동 단체다. 가슴해방운동과 사회 정의의 실현을 목표로 삼고 있는 이 단체는 '전쟁의 부도덕과 부정의'에 관한 관심을 불러일으키려고 길거리에서 비폭력적인 토플리스 시위를 벌였다. 이라크 전쟁 반대 등 주요 슬로건을 보면 여성운동보다는 평화운동에 가깝지만, 운동의 상징이자 전략으로 토플리스 시위를 펼치고 법정 다툼을 이어갔다.

2005년 11월 브레스트 낫 밤스가 토플리스 시위를 예고했다. 캘리포니아 고속도로 순찰대는 정말 시위를 한다면 체포하거나 성범죄자로 등록할 수 있다고 경고했다. 브레스트 낫 밤스는 캘리포니아 주지사 아놀드 슈왈제네거가 내세운 정책과 이라크 전쟁에 반대하는 정치적 시위를 벌였다. 단체 회원 시바 러브와 셰리 글레이저는 캘리포니아 주 의사당 앞에서 토플리스 시위를 한 혐의로 결국 체포됐다. 가슴이 외설적이지 않다고 주장하는 정치 운동을 시작한 글레이저는 이라크 전쟁에서 일어난 죽음을 많은 사람들에게 알리려고 토플리스 시위를 감행했다. 캘리포니아 주는 2005년 '여성' 토플리스 시위를 금지하면서 이렇게 주장했다.

캘리포니아 주의 의사당은 캘리포니아 주민과 전세계 관광객들이 들르는 관광지입니다. 그리고 매일 많은 어린이가 이곳을 찾습니다. 의사당 왼쪽 계단에서 종종 점심을 먹기도 합니다. …… 어린 방문객들은 정치적 시위를 가장해 공공장소에서 나체로 시위하는 성인을 볼지도 모른다는 생각을 하지 않습니다. …… 토플리스 시위자들은 공공장소를 지나는 운전자에게 즉각적인 위험을 초래합니다. …… 토플리스 시위자들은 자기가 전하려는 메시지보다는 노출한 가슴 때문에 운전자들의 엄청난 관심을 받게 됩니다. 브레스트 낫 밤스가 행사를 진행하는 동안 그 주변을 걷는 보행자와 자동차들이 교통사고를 일으킬 수 있습니다.

캘리포니아 주가 내세운 이유는 어처구니없게도 어린이 보호, 그리고 교통 체증과 교통사고가 일어날 위험이었다. 많은 시위가 퍼레이드를 하고, 퍼레이드가 진행되는 동안 어느 정도 교통 체증이 빚어진다. 시위대는 이런 식으로 자기들의 주장을 알리고 운전자들의 시선을 끌려 하지만, 그렇다고 그런 시위를 금지하지는 않는다. 안전은 핑계일 뿐이다. 운전자가 여성의 가슴에 관심을 보여 교통사고가 날 수 있고 어린이를 보호하려면 여성이 가슴을 드러내서는 안 된다는 발상은 여성의 가슴에 '음란'이라는 딱지를 붙이고 있다. '가슴 노출=음란=성범죄'라는 공식 아래 토플리스 시위자들은 성범죄자로 등록될 수 있다는 위협을 받게 된다.

러브는 12시간, 글레이저는 8시간 동안 구금됐다. 두 사람은 불법 체포를 주장하면서 소송을 벌였다. 검찰은 두 사람이 한 행동이 성적인 의도가 아니라 정치적 목적을 띠고 있다고 결정했으며,

2008년 10월 29일 캘리포니아 주 고속도로 순찰대는 불법 체포를 인정하고 15만 달러를 배상하는 데 합의했다. 토플리스 시위자들은 경찰관을 대상으로 연설 내용이나 상징적 표현 때문에 시위 참여자가 체포되거나 괴롭힘 또는 협박을 당하지 않을 권리를 교육해야 한다고 요구했고, 순찰대는 여기에도 동의했다.

브레스트 낫 밤스가 한 소송은 의미가 크다. 토플리스 시위를 정치적 맥락에서 해석하게 됐고, 시위 참여자의 안전을 보장하라는 요구가 받아들여졌다. 한국에서는 아직까지 실현되지 못한 과제들이다. 불꽃페미액션이 2018년 페이스북 코리아 앞에서 기자 회견을 하면서 상의 탈의 퍼포먼스를 한다는 사실이 알려지자 경찰은 시작하기 전부터 연행될 수 있다는 경고를 여러 번 하면서 참여자들을 위협했고, 기자 회견이 끝난 뒤에는 연행하려 했다(자세한 이야기는 이 책 2부에 실려 있다).

2005년에 토플리스 시위 참여자들이 체포된 뒤에도 미국 여러 주에서는 공공장소에서 여성의 가슴을 드러내는 행동이 불법이었고, 그런 상황은 프리 더 니플Free The Nipple 운동을 증폭시키는 계기가 됐다. 긴 시간 동안 여성들은 남성의 가슴이 불법이 아니라면 여성의 가슴도 불법이 아니라고, 남성의 가슴과 여성의 가슴을 동등하게 대우하라고 주장하고 있다.●

● Debra L. Logan, "Exposing Nipples as Political Speech", Student Articles 41, *Law & Psychology*, Review 173, 2016-2017 참조. 인터넷에서 소송 결과(https://www.prisonlegalnews.org/news/2010/jul/15/topless-protesters-get-150000-settlement)와 브레스트 낫 밤스를 다룬 짧은 다큐 영상(https://vimeo.com/9330183) 을 볼 수 있다.

❸ 해변에서 윗옷 벗고 감옥 가고
피닉스 필리

피닉스 필리Phoenix Feeley는 미국 토플리스 운동의 선구자다. 필리는 2004년 뉴욕 마라톤 대회에서 윗옷을 벗고 달렸다. 토플리스를 할 때 늘 자연스럽게 느껴지는데다가 실용적이라고 말해서 유명해졌다. 2005년 8월 4일, 토플리스로 산책하다가 외설적인 노출을 한 혐의로 경찰에 체포된 필리는 검찰이 기소하지 않는다고 하기 전까지 12시간 동안 구금돼 있었다. 풀려난 필리는 불법 연행을 한 뉴욕 주를 상대로 소송을 제기했다. 경찰관이 순찰차에서 머리를 잡아당기며 내리라고 한데다가 정신병원에 데려가는 등 부적절한 대우를 받았다고 주장했다. 뉴욕 주 항소 법원이 1992년에 남성이 셔츠를 벗을 수 있다면 여성도 토플리스를 실행할 권리가 있다는 결론을 내렸는데도 구금한 만큼, 필리는 2007년에 합의금 2만 9000달러를 받았다.

2008년 뉴저지 주 스프링레이크에 자리한 해변에서 윗옷을 벗고 가슴을 드러낸 혐의로 체포된 필리는, 이내 풀려난 뒤 25명에서 30명이 모인 두 지역의 거리를 토플리스로 돌아다니다가 또다시 체포됐다. 2009년 뉴저지 주 법원은 유죄 판결을 내렸고, 필리는 항소했다. 2013년 8월 필리는 816달러 벌금형을 선고받지만, 이렇게 말

하면서 납부를 거부했다. "나는 남성에게는 합법적이지만 여성에게
는 합법적이지 않은 행위에 물리는 벌금은 내지 않겠다."

하루에 50달러씩 계산해 16일 징역형을 선고받은 필리는 감옥에
서 단식 투쟁을 벌였다. 남성이 윗옷을 벗을 수 있는 곳에서 여성도
윗옷을 벗을 수 있는 권리를 확보할 수만 있다면 감옥에서 기꺼이
죽겠다고 말했다. 의료진은 필리를 철저히 관찰(감시)했고, 필리는
2013년 8월 15일 몬머스 카운티 교도소를 걸어 나왔다. 필리는 토
플리스 운동 단체인 '고 토플리스^{Gotopless.org}'의 페이스북 페이지에
소감을 적었다.[●]

> 벌금을 대신 내겠다고 제안한 익명의 기부자, 메일을 보낸 낯선 지지자
> 들과 지지를 보내준 친구들, 토요일에 감옥 앞에서 불꽃놀이(내 유일한
> 오락이었다) 시위를 한 분들에게 감사드립니다. …… 9일 동안 벌거벗
> 은 채로 더러운 감옥에 갇힌 채 단식 투쟁을 했습니다. 담요 두 장과 외
> 부 세계로 연결된 작은 창문 말고는 방문객, 우편, 전화가 허용되지 않
> 았고, 24시간 비디오 감시는 새로운 경험이었습니다. 이런 시간이 끝나
> 서 행복합니다. 여러분들이 보내준 사랑이 아니었다면 저는 살 수 없었
> 을 겁니다.

이렇듯 피닉스 필리는 미국 토플리스 운동에서 매우 중요한 구
실을 했다. 2005년 뉴욕 주 사건은 '고 토플리스 운동'이 시작되는

● Dustin Racioppi, "Topless activist freed early from jail", *Usa Today*, Aug. 15, 2013.

계기가 됐다. 경찰을 상대로 소송을 제기한 과정에서 뉴욕 주는 여성 토플리스가 합법이라는 사실을 밝혀내고 합의금을 받아낸 일도 의미가 있다. 벌금 대신 감옥을 선택하고 감옥 안에서 단식 투쟁을 벌이는 모습은 1910년대 서프러제트들이 펼친 단식 투쟁을 떠올리게 한다. 다만 이번에는 투표권을 가진 여성이 윗옷을 벗은 탓이라는 점이 놀라울 뿐이다. 미국의 프리 더 니플 운동과 고 토플리스 운동이 2014년을 기점으로 활발해진 데에는 피닉스 필리가 벌인 불굴의 저항도 한몫했다.

❹ 벌거벗은 가슴은 우리의 무기
페멘

페멘은 2008년 우크라이나 출신 안나 훗솔, 인나 셰브첸코, 옥산나 샤츠코, 사샤 셰브첸코가 만든 단체다.● '가부장제에 맞선 완승'이 목표다. 가부장제가 발현시킨 3대 악인 '섹스 산업, 독재, 종교의 교조주의'에 저항하는 활동을 펼치고 있다.

페멘이 처음 관심을 가진 문제는 우크라이나의 거대한 성매매 산업이었다. 성매매가 금지이지만 성매매 관광이 성행하는 현실을 비판하려고 '우크라이나는 매음굴이 아니다'고 적은 피켓을 들고 시위를 벌였다. 처음에는 연극적 요소를 지닌 퍼포먼스를 벌였는데, 상의 탈의 시위를 한 뒤 미디어가 크게 주목하자 이런 형태의 시위를 이어갔다.

화관을 쓰고 벗은 가슴에 글자를 새긴 뒤 주요 행사장이나 상징적 공간에서 여성 인권을 외치며 기습 시위를 하는 '페멘 스타일'로 화제가 됐다. 화관은 여성성, 자랑스러운 불복종, 영웅을 상징하는데, 특히 우크라이나에서 꽃은 자유와 독립, 평화로운 저항을 뜻한

● 《분노와 저항의 한 방식, 페멘》(디오네, 2014)에는 페멘 4인방이 페멘을 만들고 상의 탈의 시위를 하게 되는 과정, 우크라이나를 떠날 수밖에 없던 사연이 자세히 나온다. 창립 성원인 옥산나 샤츠코는 2018년에 세상을 떠났다.

페멘의 로고.

다. 좌우명은 '내 몸은 내 무기!'로, 몸을 종이 삼아 새긴 포스터(바디 포스터Body-poster)에 의미를 실어 진실을 전달했다. 로고 타입은 키릴 문자인 '에프Φ'인데, 페멘의 주요 상징인 여성의 가슴에서 비롯됐다.

페멘은 새로운 페미니즘 운동 방식으로 '성극단주의Sextremism'를 주장했다. 성극단주의는 여성이 가부장제에 맞서서 직접 시위를 벌이는 극단적인 정치 행위를 통해 성차별적 면을 부각하는 방식이다. 성극단주의의 극단성은 가부장제의 독재 체제, 섹스 산업, 종교를 강요하고 착취하는 남성들에 견줘 여성이 지닌 지적, 심리적, 육체적 우월성에 기반한다. 이 전술은 여성이 가부장제가 허락하지 않는 불법적 성극단주의 시위를 벌여 언제 어디서나 항의할 수 있으며 가부장적인 법 집행 구조와 여성의 행동을 일치시키지 않을 수 있다는 저항의 권리를 뜻한다. 페멘은 성극단주의가 비폭력적이지만 매우 공격적인 방식으로 오래된 가부장 문화의 근본을 뒤흔드는 강력한 무기가 될 수 있다고 주장한다.

페멘은 성매매 산업 말고도 독재 정부를 비판했으며, 여성을 억압하는 종교를 거부하면서 키예프 시내에 세워진 십자가를 절단기로 자르기도 했다. 급진적인 시위 방식에 분노한 이들이 활동가들을 납치하고 폭행하자 페멘은 이어지는 협박과 위협을 피해 2012년 파리로 근거지를 옮겼다. 파리 본부에는 '저항은 우리의 사명! 가슴은 우리의 무기! 누드는 자유다!' 같은 구호들을 적었다. 이곳에서 페멘 활동가들은 미디어에 메시지를 잘 전달하는 능력을 기르느라

1 '미스 우크라이나 2017'을 뽑는 미인 대회 무대에 몸에는 '슬럿'이라고 적고 곰 모자를 쓴 페멘 활동가가 올라가 여성의 상품화를 비난하는 시위를 벌였다(출처: https://femen.org/gallery-femen-broke-into-miss-ukraine-contest).

2 2018년 파리 주재 한국 대사관 앞에서 페멘 활동가가 가슴에 '유죗무죄 무죗유죄'라는 글자를 새겨 한국 여성과 페미니즘에 지지와 연대를 보냈다(출처: https://femen.org/femen-protest-at-the-south-korean-embassy-in-paris).

3 2018년 4월 9일 배우 빌 코스비가 성폭행 혐의로 재판에 출석할 때 페멘 활동가가 기습 시위를 벌였다(출처: https://femen.org/gallery-convict-cosby-rapist).

페멘 선언문

태초에 몸이 있었으니, 여성은 자신의 몸에 여러 가지 감정을 느끼며, 그 몸이 가볍고 자유롭다는 기쁨을 누렸다. 그런데 살을 에는 듯 예리한 불의가 닥쳤다. 이런 불의 때문에 여성의 몸은 마비돼 움직이지 못하게 됐다. 어느새 당신은 놈의 포로가 돼 불의에 맞선 싸움에 몸을 던진다. 가부장적이고 굴욕적인 세계에 맞서기 위해 온몸의 세포 하나하나를 모두 동원해 전쟁을 벌인다.

우리의 믿는 신은 여성이다!
우리의 임무는 저항이다!
우리의 무기는 벌거벗은 가슴이다!
이것이 페멘의 탄생이자, 성극단주의의 시작이다.

페멘 행동 강령

옷은 남의 눈에 띄지 않을 때 순식간에 벗어야 한다.
머리에 곧바로 화관을 써라.
구호를 외칠 때는 양발을 벌리고 당당하게 서라.
절대 웃지 마라.
마음속의 분노와 공격성을 표출하라.
어느 순간에도 고개를 숙여서는 안 된다.
끌려가더라도 시선은 언제나 카메라를 향하라.
야생 동물처럼 절규하라!

분노에 찬 표정을 짓고 단호하게 구호를 외치는 연습을 하며, 경찰에 연행될 때 저항하기 위해 기초 체력을 키우고 시위 상황을 대비한 행동 강령을 훈련한다.[*]

페멘은 2013년에 유럽, 남미, 미국, 중동에 걸쳐 전세계 17개국 15만 명의 지지자를 둔 큰 단체가 됐으며, 우크라이나, 프랑스, 독일, 브라질, 이집트에 지부를 뒀다. 홈페이지(https://femen.org)에서는 전세계 페멘 활동가들이 어떤 활동을 펼치는지 살펴볼 수 있다.

---

[*] 그렇지만 페멘은 파리에서도 상의 탈의 시위를 한다는 이유로 날마다 살해 협박을 받는다고 한다 (목수정, 〈상의 탈의했다고…매일 살해 협박 받는다〉[목수정이 만난 파리의 생활좌파들⑭] 프랑스 페멘 활동가 폴린 일리에), 《오마이뉴스》, 2014년 10월 24일).

❺ 가장 비폭력적이고 가장 강력한
페멘 코리아 토플리스 시위

2014년 7월 21일 오후 2시, 광화문광장 세종대왕 동상 앞에서 송아영(2014년, 2015년 반라 시위 때 페멘 코리아 대표 활동)이 세월호 특별법 제정을 촉구하는 1인 토플리스 시위를 벌였다. 송아영은 가슴 위에는 '페멘', 가슴 아래에는 '코리아'라고 글씨를 적고, 가슴에는 페멘 로고인 'OIO' 모양과 태극 문양을 결합한 그림을 그린 뒤, 윗옷을 벗은 채 '세월호 특별법을 제정하라'고 적은 피켓을 들었다. 광화문광장에 상주하는 경찰이 송아영을 바로 연행했다. 세종로파출소에서 조사를 받은 뒤 경범죄 처벌법 위반으로 범칙금 5만 원이 나왔고, 오후 3시 무렵에 풀려났다.●

2015년 11월 송아영은 여성주의 글을 검열하고 여성 혐오 페이지를 방치하는 차별적 정책에 항의하려 페이스북 코리아 앞에서 윗옷을 벗었다. 가슴에는 '검열 반대'라는 피켓을 붙이고 '혐오는 커뮤니티의 표준이 아닙니다'고 적힌 피켓을 든 채 1인 시위를 벌였다. 2020년 8월, 송아영을 만났다(주고받은 이메일을 대화 형식으로 각색했다).

● 《한겨레》는 〈세월호 특별법 촉구 '반라 시위' 송아영씨 동행 취재〉라는 기사에서 송아영 대표가 토플리스 시위를 준비하고 시위하다가 연행되고 풀려날 때까지 전 과정을 취재했다(http://www.hani.co.kr/arti/society/society_general/647921.html).

가슴해방운동 자료를 조사하다가 2014년 광화문 시위를 알았습니다. 불꽃페미액션 가슴해방운동 참여자 중에 아영 님을 알고 계신 분이 그때 시위와 페이스북 코리아 시위 이야기를 해주셨어요. 광화문 시위는 기사로 봤지만 페이스북 코리아 시위는 몰랐거든요. 두 분이 아는 사이라니 정말 놀랍더라고요. 우리는 이렇게 다 연결 돼 있구나 하는 생각도 들고 말이죠. 반갑습니다. 먼저 페멘은 어떻게 알게 됐나요?

2014년 2월에 친러시아 성향인 빅토르 야누코비치 우크라이나 대통령이 저지른 부정 선거와 유혈 진압을 다룬 뉴스를 관심 있게 지켜보다가 '페멘 우크라이나' 회원들이 하는 '반라 시위'를 봤어요.

페멘 코리아는 언제, 어떻게 구성됐나요?

평범한 시위는 관심을 끌기 어렵다고 생각하고 있었는데, 페멘 우크라이나 회원들처럼 '반라 시위'를 해야겠다고 결심했어요. 광화문 시위를 위해 프랑스 페멘 팀에 연락해서 허락을 받고 '페멘 코리아' 라는 단체를 만들었죠. 영어로 이메일을 주고받았어요. 시위는 제가 기획했지만, 익명의 동지가 소통을 도와주셨어요. 그 뒤에는 따로 연락은 안 하고요.

광화문 시위 때 취재 요청은 아영 님이 하신 건가요? 《한겨레》가 동행 취재를 한 사연도 궁금하고, 1인 시위는 경찰에 알릴 필요가 없다는데 아영 님이 상의 탈의를 하자마자 경찰이 온 듯해서요.

시위를 하기 전에 날짜와 시간, 내용을 보도 자료로 만들어 스태프들이랑 주요 언론사에 돌렸습니다. 이왕 세상에 목소리를 내는 김에 제대로 해보자는 뜻이었죠. 덕분에 좋은 사진이 많이 남아서 보람이 있다고 생각합니다. 경찰에는 따로 알리지 않은 걸로 기억하는데, 다른 스태프가 맡아주신 일이라 제 기억이 좀 부정확합니다. 광화문광장에는 사복 경찰이 늘 있고 의경들도 언제나 상시 대기 중이잖아요? 상의를 벗자마자 한 3초 만에 사복 경찰들이 뛰어오더니 손을 대지 않으려고 서로 팔을 감싸서 저를 덮었고, 그다음에 의경들이 우르르 몰려와서 마치 바닷속 정어리 떼처럼 저를 에워쌌어요. 한 15초쯤 지나고 나니까 '아 덥다. 매우 덥다. 아저씨들 땀 냄새 진짜 힘들다'는 생각이 들었죠. 7월이어서 정말 더웠거든요. 세종로파출소에 데오드란트를 선물로 드리려 했는데, 벌써 6년이나 지나버렸네요.

그때 가장 민감한 정치적 사안인 세월호 특별법이 주제여서 시위가 빠르게 제압당하지 않았을까 생각해요.

보통 상의 탈의 시위는 2인 이상이 하는데, 아영 님은 페멘 회원 한 분이 도와만 주시고 시위는 혼자서 하셨어요. 시위할 때 어려움은 없었나요? 저는 한 번 참여했는데, 여러 가지가 걱정돼서 얼굴을 가려달라고 했거든요. 사진이 남게 될까 하는 두려움은 없었는지도 궁금합니다.

왜 없었겠어요, 저도 사람인데. 그때는 일베가 한창 활개를 치고 다니면서 진보적인 의견을 드러내는 언론인과 개인의 신상을 털어 괴롭히던 시절이라 큰 두려움을 딛고 시위에 임했어요. 악플보다도 일베가 하는 신상 털이와 물리적 공격이 더 무서웠어요. 다행히 주변에 좋은 분이 많았고, 운이 괜찮아서 잘 살아남았다고 생각해요.

사진은 그다지 두렵지 않았어요. 저는 행위 예술가이고, 사람이 살면서 큰 뜻을 품고 한 번쯤은 좋은 일을 해야 하지 않을까 생각하고 있었거든요. 나쁜 일도 아니고, 사회 정의를 위해 목소리를 내는데 얼굴 나오는 게 뭐가 두렵겠어요. 게다가 스물네 살 패기 넘치는 청년 예술가니까 오히려 당당했죠. 지금도 그 일은 한 점도 후회하지 않아요. 예술가로서, 그리고 시민으로서 험한 시국에 꽤 괜찮은 일을 했다고 생각해요. 그 역사를 살고 그런 목소리를 낸 제 자신이 자랑스럽고, 다시 한 번 그 시간을 산다고 해도 상황이 똑같다면 저는 같은 선택을 할 겁니다.

광화문 시위를 한 뒤 주변 반응은 어땠는지 궁금합니다.
제가 한 시위는 단순히 페미니즘 메시지를 담은 반라 시위를 넘어서서 반정부적 정치 시위로 취급됐어요. 내용도 세월호 특별법이고, 장소도 대단히 정치적인 곳인 광화문광장이었죠. 심지어 메갈리아가 나오기도 전인데, 한국 사회에 페미니즘 자체가 핫이슈는 아니었어요. 페이스북 유머저장소나 김치녀 같은 혐오 페이지에 시위 사진이 박제됐고, 일베는 말할 것도 없이 많은 남초 사이트에서 욕이란 욕은 다 먹었으니까요. 인상 깊은 댓글을 몇 가지 기억해요. 악플러를 고소하러 경찰서에 갔는데, 고소장에 적힌 일베 유저 아이디가 '항문연구원'인 거예요. '저런 년은 쇠파이프로 대가리를 깨버려야 한다'는 악플도 있고, 별의별 소리를 다 들었죠. 덕분에 제

수명이 많이 늘어났어요. 욕먹으면 오래 산다잖아요. 하하하.

다만 악플은 불꽃페미액션 분들이랑 비슷할 수도 있겠는데, 선플로 편들어주는 분들이 좀 달랐어요. 악플은 대부분 제 외모를 품평하거나 깎아내리는 내용이고, 우크라이나 페멘 회원들의 섹시하고 예쁜 시위 사진을 가져와서 비교하는 놈들도 계시더라고요. 그밖에 '미친년이다, 관종이다' 같은 예상할 수 있는 악플이 좀 많았고요. 선플을 보면 여성 인권에 관한 이야기에 공감하는 분들도 있었지만, 세월호라는 첨예한 사회적 주제를 다룬 만큼 '정의롭고 개념 있는 행위 예술가'라든가 '깨어 있는 젊은 여성'이라고 적은 분들도 기억납니다. 물론 세월호라는 엄숙한 사건을 어떻게 그런 식으로 표현하느냐고 매우 엄숙주의적으로 부정적인 평가를 내린 분도 있었죠. 아무래도 2014년이라는 특수한 시기이기 때문에 그렇지 않았을까요. 박근혜 정부를 향한 불만이 고조되는 시기에 세월호 참사라는 비극적인 사건이 일어나면서 반정부 메시지가 터져 나왔죠. 게다가 보수 집권당과 행정부 고위 관료들이 예술가 블랙리스트 따위를 만들고 정치 공작을 해대면서 군사 독재 시절을 연상시키는 짓을 많이 저질렀거든요. 아무튼 살벌하기는 했죠. 지금은 반페미니즘 정서에 젖어 페미나 메갈이라는 낙인을 찍어대는 남성들이 화를 내잖아요. 그때는 '으악, 미친년이다!' 하면서 분노라기보다는 사전적 의미에서 악플을 많이 단 걸로 기억해요.

페이스북 코리아 앞에서 시위하는 다큐멘터리를 보고 '불꽃페미액션이 여기서 처음 상의 탈의 시위를 하지는 않았구나. 아영 님 정말

멋지다' 생각했습니다. 메갈리아 페이지 삭제 등 페이스북 코리아
가 한 여성 혐오 검열에 항의하는 시위라고 하셨는데요?

감사합니다. 정확히 말하면 페이스북의 '차별적' 검열 정책에 반대
하는 시위였죠. 김치녀 페이지 같은 여성 혐오 페이지는 아무리 신
고해도 그대로 놔두면서 메갈리아 등 페미니즘을 말하고 여성 혐오
를 고발하는 페이지는 '일부 남성'만 신고해도 삭제되는 일이 너무
자주 지속적으로 일어났거든요. 속칭 '썰린다'고 하죠. 그런 현실에
문제를 제기하려고 페이스북 코리아 본사 앞에서 1인 시위를 했어
요. 날이 추워서 옷도 좀 입고 3초 만에 잡혀간 때가 떠올라 가슴
부분을 피켓으로 가리기도 했는데, 악플은 비슷하게 달리더라고
요. 짐작대로 대부분 제 외모를 너무나 신경쓰는 분들이었는데, 거
울이나 보고서 말하라고 하고 싶었어요. 그런 악플이 대부분 페이
스북에 있는 여성 혐오 페이지에서 나온 사실은 아이러니하죠. 시
위 목적을 잘 달성했다고 생각해요. 그리고 불꽃페미액션 여러분들
이 벌인 시위를 보면서 제가 참 좋은 일을 했구나 하고 보람도 느꼈
죠. 고마워요.

아영 님에게 상의 탈의 시위는 어떤 의미일까요? 시위 뒤에 개인적
인 변화가 있었나요?

여성으로 태어나 세상에 얼굴과 목소리를 알릴 큰 뜻을 품고 있다
면 인생에서 한 번쯤은 해볼 만한 용맹한 일이라고 생각해요. 제가
해봐서 아는데, 생각보다 재미있더라고요. 으하하하. 여성 신체를
지닌 사람이 할 수 있는 가장 비폭력적이면서도 가장 강력한 시위

아닐까요. 가부장제가 만든 프레임을 거꾸로 이용해서 치는 일이니 얼마나 재미있어요. 벗은 가슴에 주목하지 않게 하려면 성적 대상화를 집어치워야 하니까 가부장제가 해체돼야 한다는 모순이 뒤따른다는 점이 무엇보다도 재미있고요. 뜻이 없다면 무난히 살아도 좋은 삶이지만, 세상에 뜻이 있다면 한 번쯤 시도해볼 만한 행동이라고 생각해요.

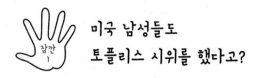

미국 남성들도
토플리스 시위를 했다고?

남성들은 해변에서 운동하거나 수영할 때 윗옷을 벗는다. 다들 당
연하다고 생각한다. 1930년대 미국 대부분의 주와 도시에서는 그
렇지 않았다. 남성이 공공장소에서 셔츠를 벗는 행위는 불법이었
고, 실제로 해변에서 가슴을 드러낸 남성이 검거되기도 했다. 90년
전 미국 남성들은 지금 여성들이 가슴해방운동을 하듯 토플리스
할 권리를 얻으려 싸워야 했다.

앨라배마 주 플로렌스에서 발행된 일간지《더 플로렌스 타임스》
1934년 6월 16일자에는 어느 도시나 주가 상의 탈의를 한 남성을
음란죄로 감옥에 가두거나 벌금을 매기는지 자세히 쓰여 있다. 이
를테면 뉴욕 시는 상의 탈의한 사실이 발각되면 체포되고 벌금 1달
러를 내야 했다. 또한 상의와 트렁크, 또는 둘을 결합한 원피스 슈
트 같은 수영복을 고집했다. "우리가 요구하는 것은 품위입니다."
윗옷 벗은 남성들에게 재판부는 이렇게 말했고, 북동부에서 유행
한 미끄러지는 끈이 달린 수영복 패션은 금지됐다. 뉴저지 주와 애
틀랜틱시티는 남성들의 상의 탈의를 금지했다. 버지니아 주 비치에
서 남성은 트렁크 차림을 할 수 있지만 길거리에서는 목욕 가운이
나 스웨터를 걸쳐야 했고, 여성은 무조건 브래지어 등으로 가려야

1930년대 해변에서 가슴을 드러낸 미국 남성들(출처: https://thegailygrind.com/2015/05/14/did-you-know-it-was-illegal-for-men-to-show-a-nipple-in-public-in-the-1930s).

했다. 1935년 8월 뉴저지 주 애틀랜틱시티의 해변에서 윗옷을 벗고 수영한 남성 42명이 경찰에 체포돼 2달러 벌금형을 받았다(벌금이 1 달러라는 기사도 있다). 판사는 상의 탈의한 남성들을 준엄하게 꾸짖었다. "우리 해변에는 고릴라를 두지 않을 겁니다."●

　남성들의 상의 탈의 투쟁도 평탄한 길만 걷지는 않았다. 1936년 여름, 남성들은 '노 셔츠 운동'을 펼치며 가슴을 가려야 한다는 조건에 항의했다. 뉴욕의 몇몇 여성 시민은 반발했다. "가슴에 털

● 다음을 참고했다. Petula Dvorak, "Men were once arrested for baring their chests on the beach: Nearly 100 years ago, men fought for the right to go topless. Now women are doing the same.", *The Washington Post*, Jan. 5, 2019; The Associated Press, "Perennial battle of togs starts 1934 swim season", *The Florence Times*, Jun. 16, 1934.

이 많은 남성들을 바라보고 싶지 않다"(1936년 6월 29일 에이피 통신). 상의 탈의를 허용하라는 남성들을 향해 '털 많은 남성'은 '고릴라'라고 조롱하거나 수북한 가슴털은 보고 싶지 않다는 캠페인까지 등장했다. 상의를 벗고 싶은 남성들은 그래도 포기하지 않았다. 계속 벗었고, 결국 입법부를 흔들었다. 그 뒤 지금까지 남자 수영복은 헐렁헐렁한 반바지 차림이나 윗옷을 안 입는 스타일을 유지하고 있다.

노 셔츠 운동은 프리 더 니플 운동이 활발해지면서 재조명됐다. 공공장소에서 가슴을 노출하는 여성이 남성하고 다르게 처벌받는 현실에 맞서는 방법으로 남성들이 벌인 토플리스 운동의 역사를 가져온 시도는 매우 현명했다. 미국 남성들이 일상에서 누리는 벗을 수 있는 권리는 90년 전 벌어진 투쟁의 결과라는 점을 상기시킨 셈이었다. 성평등이 중요한 문제로 떠오른 지금도 여성의 벗은 가슴을 불법으로 간주하는 현실이 얼마나 부정의한 일인지 의문을 품게 했고, 가슴해방운동이 평등과 인권에 관한 이야기라는 점을 알려줬다. 상의 탈의 시위를 벌이는 여성들에게 굳이 이렇게 해야 하냐고 여전히 말하는 사람들을 향해 여성의 상의 탈의가 불법이라는 생각이 시대착오라고 말할 근거가 됐다. "90년 전에는 남자들도 이렇게 했어. 90년 전에 말이지."

90년 전 상의 탈의 시위를 한 미국 남성들은 음란하다거나 고릴라 같다는 조롱과 비난에 시달리고 벌금형을 받았다. 성별만 바꾸면 지금 우리들이 겪는 상황하고 똑같다. 남성들이 90년 전에 얻은 권리를 위해 여성들은 아직도 싸워야 한다. 다시 한 번 견고한 가부장제의 힘을 목격한다.

⑥ 내 가슴을 검열하지 마
프리 더 니플

2012년 뉴욕을 중심으로 시작된 프리 더 니플 운동은 영화 〈가슴 노출을 허하라!^{Free The Nipple}〉(2014)에서 따온 이름이다. 예술가이자 활동가인 리나 에스코가 감독한 이 영화는 공공장소에서 여성이 가슴을 노출하는 행위를 불법으로 규정하는 법에 항의하려고 윗옷을 벗은 채 뉴욕 거리로 나온 여성들 이야기다. 토플리스 활동가인 리브와 위드가 홍보와 선전 활동을 벌이고, 언론, 종교, 집회의 자유를 보장하는 수정 헌법 제1조를 무기로 여성의 가슴 노출을 금지하는 법에 항의하고, 전쟁과 살인 같은 폭력적 장면은 놔두면서 여성의 벗은 가슴은 제한하는 미디어에 문제를 제기한다.

영화를 제작하는 동안 리나는 '#FreeTheNipple'이라는 해시태그를 달아 티저 영상을 공개했는데, 2013년 페이스북은 가이드라인을 위반했다며 이 영상을 삭제했다. 영화에 여성의 유두가 나온다는 이유로 개봉에 어려움을 겪자 크라우드 펀딩도 모색했다. 소셜 미디어를 기반으로 지지하는 목소리가 모이면서 마일리 사이러스, 레나 던햄, 첼시 핸들러, 리한나, 사바 파이살, 가나 알리 등 할리우드의 '셀럽'들도 힘을 보탰다. 개봉을 앞두고 캘리포니아 주에서 모금 행사도 열었다.

리나는 성평등에 관한 진지한 대화를 시작하는 데 재미있는 소재가 필요하다고 생각했다. 여성의 가슴은 포르노 비디오와 스트립 클럽에서 돈을 내고 볼 수 있지만 정작 여성이 자기 몸을 소유하고 스스로 드러내면 수치스럽게 여기는 문화를 지적하면서 리나는 '프리 더 니플'을 고안했다.

여성 가슴 노출을 정상으로 여기려면 긴 시간이 필요하다고 보고, 1930년대까지 뉴욕에 산 남성들도 공공장소에서 토플리스 차림이 불법이던 역사적 사실을 들어 여성만 처벌하는 법은 성차별이라고 주장했다. "여성 토플리스가 합법화되면 모든 여성이 토플리스 상태로 뛰어다니게 된다고 생각하는가? '프리 더 니플'은 단지 선택권을 갖는 문제에 관한 이야기다."

프리 더 니플 운동이 시작될 무렵 미국의 35개 주는 여성의 토플리스가 불법이었고, 몇몇 주는 공공장소에서 모유 수유도 하지 못했다. 이런 법이 여성의 몸을 검열하고 억압하며 여성의 권리를 침해하는 성차별이라는 사실을 알려 젠더 평등으로 나아가야 했다. 공공장소에서 여성들이 벌인 토플리스 시위는 '실제 삶의 평등을 위한 운동'이자 '여성의 몸에 가해지는 억압과 검열에 저항하는 행동'이었다. 특히 프리 더 니플 해시태그는 여성 개개인이 온라인에서 자기 몸을 담은 이미지가 삭제되지 않게 하려고 다양한 시각적 전략을 활용했는데, 유방이나 유두를 손가락으로 가리거나 꽃과 채소 같은 다른 소재로 덮고 찍은 사진을 올리는 식이었다.

문신과 피어싱, 또는 유방 수술을 한 각양각색의 가슴 이미지가 온라인을 통해 전세계에 퍼졌다. 프리 더 니플의 인스타그램에 31

영화 〈가슴 노출을 허하라!〉 속 한 장면.

만 3000여 명, 트위터에 11만 8000여 명, 페이스북에 7만 1000여 명
의 팔로워가 있었고, 다양한 개인들이 자기만의 콘텐츠로 연대하기
시작하면서 '#freethenipple'은 인스타그램에 100만 건, 페이스북
에 10만 건이 넘었다.

〈가슴 노출을 허하라!〉는 페이스북 코리아 앞 기자 회견을 마친
시원이 보고 싶다고 해서 함께 본 영화였다. 영화 초반에는 윗옷을
벗지 못하지만 나중에는 벗는 주인공에 완전 몰입해 나도 언젠가는
벗을 수 있기를 바랐다. 영화 속 여성들이 윗옷을 벗고 어깨에 망토
를 두른 채 도로변을 가로질러 달리는 모습만 봐도 후련했다. 나도
그렇게 달려보고 싶었다.

2018년 토플리스 데이Topless day에 그 꿈을 이뤘다. 어깨에 무지
개 깃발을 두르고 해변을 뛰어다녔다. 바닷바람이 가슴을 꿰뚫고
지나가듯 시원했다. '그동안 남자들만 이 기분을 즐긴 거구나. 나는

이제야 맛보다니, 억울하다.' 프리 더 니플 운동은 그런 억울함과 불평등에 관해 말하고 있다.

❼ 브라보! 노브라
한국여성민우회 이것또시위

안녕하세요.● 한국여성민우회(민우회)에서 겨털과 탈브라를 주제로
진행한 '이것또시위'가 어떻게 기획된 건지 궁금합니다.

2014년 즈음 페미니즘에 사회적 관심이 높아졌어요. 보통 사회운
동 차원의 시위라면 비슷한 패턴을 띠는 대규모 시위라고 많이들
생각하는데, 일상 속에 균열이 나야 사회는 근본적으로 바뀝니다.
성차별 문제는 너무 당연하게 받아들이는 경향이 두드러지거든요.
그래서 불편함, 차별, 이물감이 있지만 본격적으로 부각되지 않는
문제들을 작고 크게 제기하는 활동을 고민하다가 탈브라를 주제로
두 차례 액션 활동을 하게 됐죠. 그동안 하던 방식에서 벗어나 더
많은 시민들하고 함께할 수 있는 활동을 고민한 결과죠. 회원팀에
서 많은 사람이 함께할 만한 액션 주제를 찾다가 브래지어를 떠올
렸어요. 여성의 몸을 압박하는 대표적인 상징인데다가 한국적 특징
까지 더해졌잖아요. 무엇보다도 활동가들이 큰 관심을 보였죠. 브
래지어에 균열을 내보자는 생각으로 회원 그룹에서 나눈 이야기를
참고해 회원팀이 진행했죠(민우회에는 후원자이자 민우회 활동을

● 2020년 6월 한국여성민우회 꼬깜 활동가하고 주고받은 이메일을 각색했다.

지지하는 회원 그룹이 회원 단체로 있어요). 온라인보다는 오프라인에서 메시지를 전하기로 하고, 7월에는 광화문광장에서 '내 겨드랑이에 붓 있다'로, 8월에는 홍익대학교 일대에서 '브라보! 노브라'라는 제목으로 시위를 했죠.

2차 이것또시위를 한 날은 8월 26일인데요, 이날은 '여성 평등의 날 Women's equality day'이자 '토플리스 데이'죠. 날짜를 맞춘 건가요?
네, 그때 맞춰서 기획했습니다.

홍대에서는 가슴에 큰 눈을 그리거나 옷 위에 유두를 그리고 행진하는 모습이 유쾌해 보이더라고요. 반응은 어땠나요?
응원하는 분도 많았고, 생각보다 기자도 꽤 왔어요. 여성들은 공감대가 당연히 높았는데, 민우회는 대중적 여성운동을 지향하기 때문에 악플도 일종의 반응 차원이니까 무조건 부정적으로 보지는 않아요. 오히려 무반응이 더 부정적이죠. 나중에 언론에 보도도 되면서 여러 회원들이 관련 활동에 공감을 나타냈고요.

2019년에 '#브라는_악세사리다'● 운동도 민우회에서 진행했는데,

● "다년간 탈브라를 고수해오신 분들, 이제 막 시작하시려는 분들 탈브라에 대한 자신의 이야기를 나눠주세요! 탈브라 응원에 동참하고 싶으신 분들은 해시태그 #브라는_악세사리다와 함께 탈브라 후기를 적어주세요!" 민우회는 2019년 6월 25일 '긴급 액션 사이렌 〈탈브라〉 #브라는_악세사리다'를 기획해 온라인 운동을 펼쳤다. 이 해시태그 운동은 한 예능 프로그램에서 고 설리가 한 말에서 비롯됐다 ("브래지어는 악세사리다", "(탈브라는) 자연스러운 것이다"). 여성들이 다양한 탈브라 경험을 나누는 한편 소신 발언을 한 고 설리를 응원하는 연대의 활동이었다.

브라는 악세사리 맞다, 집에 들어가면 제일 먼저 발 씻기보다 브래지어 벗기를 한다. 즉 더럽다고 느끼는 감정보다 날 옥죄는 것에서 해방되는 게 급선무라는 말. #브라는_악세사리다 #고마워 설리

나는 유방질환 환우로서 사회적 시선 때문에 회사서는 브래지어를 착용하지만 그 외의 경우에는 착용하지 않는다. 탈브라를 외치는 여성 동지들을 응원하고 언젠가는 회사에서 브라를 하지 않아도 이상하게 보지 않는 사회가 오길 원한다. #브라는_족쇄다 #브라는_악세사리다

한 이삼년 전부터 천천히 브라를 안 하기 시작했습니다. 청소년기에는 엄마가 거의 짧은 런닝 수준으로 큰 사이즈의 스포츠 브라를 사줬어서 '덥다'는 불편함만 있었는데, #브라는_악세사리다

그 이야기도 좀 해주시겠어요?
리트윗이 888번 되고 해시태그 운동에 200명이 넘게 참여하는 등 반응이 좋았어요. 해시태그 내용도 매우 풍부했는데, 참여 자체가 응원의 일부라고 생각했죠.

탈브라 운동을 2014년에 진행한 사람으로서 불꽃페미액션이 벌이는 가슴해방운동을 어떻게 보셨나요? 2019년 불꽃페미액션이 한 가슴해방운동 사진에 달린 댓글 10만 개는 대부분 악플이었죠. 왜

가슴해방운동을 위한 상의 탈의가 악플을 받는다고 생각하세요?

사회 변화는 그게 무엇이든 움직이거나 목소리를 내는 사람들 속에서 일어난다고 봐요. 방식과 전략, 사람을 모으는 기획은 내용이 무엇이든 여성의 몸을 분절시켜 성애화된 방식으로 보는 시선을 벗어나야 한다는 큰 방향을 갖는 한 모두 동료 시민으로서 존중해요. 당연히 페미니즘을 실천하는 많은 그룹을 관심과 애정을 품고 바라보고 있죠.

악플은 이물감 때문이라고 생각해요. 꽉 모아지고 크기도 적당한 예쁜 가슴, 관련 산업에서 부추기는 정형화된 여성의 몸, 일상에서 남성이 생각하는 성적 존재로서 여성의 몸, 미디어가 재현하는 여성의 몸을 당연하다고 생각하는 관념하고는 다른 행동이니까요.

마지막으로 가슴해방운동이 앞으로 나아가야 방향에 관련해 민우회는 어떤 고민을 하고 있는지 궁금합니다.

민우회에 여성건강팀이 있어요. 난임, 임신 중지, 다이어트 산업, 성형 산업, 성차별적 의료 서비스 등 전통적 사회 규범과 가부장제 아래 갇혀 건강할 수 없는 여성의 몸에 초점을 둬 문제를 제기하는 활동을 했죠. 누구든, 어떻게든 많은 문제를 이야기해야 한다고 봐요. 익숙한 현실에 균열을 내려면 지구력이 가장 중요해요. 가슴에 부여된 남성 중심적 가치들에서 해방되자고 외치는 목소리가 필요하죠. 한 단체가 할 수는 없을 테고, 많은 이들이 이런 문제를 다시 생각하고 목소리를 낼 수 있는 플랫폼이자 장을 만들 생각이에요.

아이슬란드 프리 더 니플 운동

아이슬란드에도 가슴해방운동은 있었다. 예술사를 전공하는 아이슬란드 대학교 페미니스트연합회 위원장 헤이두르 안나 헬가도티르는 열일곱 살이었다. 헤이두르는 소셜 미디어에 그 주 목요일인 2015년 3월 26일을 '프리 더 니플 데이'로 하자는 게시물을 올렸다. "가슴은 몸의 일부일 뿐이에요. 남성도 여성처럼 가슴도 있고 유두도 있지만, 남성이 유두를 노출할 때는 괜찮잖아요. 여성에게도 똑같은 기준이 적용돼야 해요."

한 남성이 소셜 미디어에 상의 탈의한 모습을 올리자 다른 여성이 벗은 가슴을 찍은 사진을 올려 응답하면서 사건은 시작됐다. '트위터 트롤'●들이 이 여성의 몸을 조롱하며 난동을 부렸다. 분노한 10대 여성들 사이에 프리 더 니플 운동이 번져갔다. 디지털 공간에 성평등을 주장하는 목소리가 터져 나오자 교육계도 지지를 보냈다. 젊은 여성들은 벗은 가슴 사진을 트위터에 올렸고, 이 이미지를 본 다른 여성들도 벗은 가슴 사진을 찍은 뒤 프리 더 니플을 해시태그로 달아 지지를 보냈다.

● 트롤은 북유럽 신화에 등장하는 괴물로, 온라인 공간에서 분쟁을 일으키는 말썽꾼을 뜻한다.

온라인에서 시작한 가슴해방운동은 오프라인으로 옮겨 붙었다. 의회 앞에서 상의 탈의를 하고, 토플리스로 수업에 들어가고, 수영장이나 광장에서 이벤트를 열었다. 이 운동에 참여한 여성들이 하는 이야기를 들어보자.

친구는 자기 몸이 너무 불만스러워서 오랫동안 수영을 못 했다. 친구는 자기 몸에 만족하지 못했지만 지금 가슴 사진을 찍어 인터넷에 올렸다고 말했다. 이런 행동은 정말 소녀들의 자신감에 영향을 미친다. 자기 자신에 관해 더 안전하다고 느끼고, 힘을 되찾게 되거든. (*Stundin.is*, 2015년 3월 30일)

많은 여성이 자기 몸을 정의하는 힘을 얻으려고 가슴을 드러냈다. (*Stundin.is*, 2015년 3월 27일)

이건 사실 가슴에 관한 이야기가 아니다. 가슴을 넘어 여성들이 힘을 갖게 되는 데 관한 이야기다. 완전히 일상의 태도를 변화시키는 거다. (*Frettatiminn.is*, 2015년 6월 12일)

내가 목격한 가장 아름다운 사건의 하나는 온라인 성폭력 생존자가 해시태그 프리 더 니플에 참여하는 모습이었다. 그 생존자는 자기 몸에 관한 힘을 되찾고 싶다고 말했다. 성폭력은 온라인이든 오프라인이든 권력에 관련된다. 이제 우리는 힘을 얻었다. 우리는 우리의 손으로 우리의 힘을 가져왔다. (*Knuz.is*, 2015년 3월 31일)

나는 사진을 올리며 생각했다. "젠장, 언젠가 내가 이렇게 한 걸 후회할까?" 그때 나는 그건 중요하지 않다고 생각했다. 우리는 보복성 영상물을 평가 절하하고 있고, 그 영상물은 우리가 생각한 정도보다 더 많은 영향을 미친다. 그러니까 부끄러워 할 일이 아니다. (*Visir.is*, 2015년 3월 26일)

두려움에 맞서고 가슴 사진을 게시하는 행동은 해방을 뜻한다. 그러면 두려움이 더는 개인을 통제하지 않는다. 모든 여성이 자기 가슴 사진을 올리지는 않지만, 이 정도 되는 사진도 충분하다. 이런 행동은 완벽하지는 않지만 보복성 영상물에 맞선 가장 독창적이고 최고의 해결책이다. (*Visir.is*, 2015년 3월 27일)

아이슬란드의 프리 더 니플 운동은 10대 여성을 중심으로 조직되고 확산됐다. 내 몸에 관한 힘을 여성 스스로 되찾은 점에서 '혁명'이라고 불렀다. 참여자들이 한 이야기에 보복성 영상물이 나오는 점도 의미심장했다. 여성들은 디지털 공간에서 보복성 영상물 등 디지털 성폭력에 노출돼 있었다. 디지털 공간에서 자기 몸이 감시되고 재생산되는 현실에 지친 여성들은 자기 몸을 스스로 공개해 빼앗긴 힘을 되찾으려 했다.

"내 가슴은 내 것이고, 망할 가부장제는 더는 내 가슴을 가질 수 없어." 아이슬란드의 프리 더 니플 운동은 이렇게 성폭력의 대상이 되는 몸에서 주체적인 내 몸으로 변화하는 혁명이 된다. 이 운동은 다른 세대 페미니스트들에게도 새로운 관점과 희망을 품게 했다.

나는 보복성 영상물이 주는 두려움을 모르고 자랐고, 그래서 소녀들에게 거기에 어떻게 반응해야 하는지 말할 수가 없었어요. 그 소녀들은 자기 길을 찾았습니다. 이런 길이 바로 새로운 세대가 자기 손으로 힘을 되찾고 젊은 여성들 사이에서 더 강한 연대를 만들 수 있는 방법입니다. 이 힘이 계속되면 우리를 어디로 데려갈 수 있습니까? 어쩌면 가부장제에서 완전히 벗어날까요? (*Stundin.is*, 2015년 4월 1일)

디지털 세대 여성들은 이전에는 상상하지 못한 방식으로 길을 찾아가고 있다. 다른 세대 페미니스트들이 프리 더 니플 운동에 연대하기도 했지만, 한편으로는 10대 여성들의 가슴 사진이 소아 성애자가 모인 웹 사이트에 수집될지도 모른다고 염려하기도 했다. 10대 여성들도 자기가 찍은 가슴 사진이 끊임없이 재생산될 수 있다는 사실을 모를 리 없었다. 그렇지만 두려움보다 내 몸의 힘을 갖는 문제가 더 중요했다. 이미 많이 지쳤고, 지금 당장 내 몸이 지닌 힘을 찾아 안전해지기를 바랐다. "너희들은 이제 나를 대상화할 수 없어. 내 몸은 음란하지 않거든." 당당한 10대 여성들의 가슴 사진은 그렇게 말하고 있었다. •

• 다음을 참고했다. I-D, "free the nipple icelandic style", March 26, 2015(https://i-d.vice.com/en_uk/article/a3g7mk/free-the-nipple-icelandic-style); Annadís G. Rúdólfsdóttir, Ásta Jóhannsdóttir, "Fuck patriarchy! An analysis of digital mainstream media discussion of the #freethenipple activities in Iceland in March 2015", *Feminism & Psychology* 28(1), 2018, pp. 133~151; https://www.huffpost.com/entry/free-the-nipple_n_6956978.

❾ 강간 문화를 끝내자
남아프리카공화국 흑인 여성 토플리스 시위

처음 자료를 찾을 때부터 페멘과 프리 더 니플 운동에 눈길이 많이 갔다. 가장 유명한 만큼 자료도 많은데다가 정말 멋져 보여서 한동안 파고들었다. 그러다가 두 운동이 백인 여성 중심이라고 비판하는 목소리에 마음이 꽤 불편해졌다. '백인 여성이 먼저 운동을 시작하면 이렇게 비난받아야 할까? 좀 지나치네. 백인 여성이 경제적으로 여유롭고 학문적으로 혜택을 많이 받았으니까 페미니즘도 일찍 시작하고 가슴해방운동도 먼저 펼칠 수 있지 않을까?'

여러 글을 읽으면서 백인도 아닌 내가 스스로 백인 중심으로 생각한다는 사실에 적지 않게 충격을 받고 반성했다. 페멘과 프리 더 니플 운동이 여성해방운동에 한 획을 긋고 전세계 여성에게 큰 영향을 미친 사실은 틀림없다. 백인 여성이 중심인 덕분에 유명해져서 가슴해방운동의 기폭제가 된지도 모르겠다.

페멘과 프리 더 니플 운동에 참여한 흑인 여성이 있는데도 백인 여성의 몸만 가시화되는 이유는 백인 여성의 몸이 '정상'으로 여겨지기 때문이다. 비백인 여성의 가슴이 주변화되는 사회와 문화 안에서 비백인 여성이 자기 몸을 드러내는 행동은 다른 의미를 지닐 수밖에 없다.

흑인 여성의 몸을 이해하려면 흑인 노예의 역사를 살펴야 한다. 흑인의 몸은 노예로 팔리는 과정에서 벗겨진 채 수치를 겪고 오랜 시간 동안 자기 자신의 힘을 가질 수 없는 존재로 여겨졌다. 특히 흑인 여성 노예는 성적 대상이 되는 이중고를 감내해야 했다. 이런 전통은 오늘날에도 영향을 미치는데, 성형 수술이 인종과 계급에 연결되는 브라질이 좋은 사례다.

브라질 여성들은 유방 축소 수술을 많이 하는데, 특히 상류층은 성년이 된 딸에게 유방 축소 수술을 '선물'한다. 상층 계급인 자기의 몸과 하층 계급 여성의 몸을 구별하려는 시도인 셈이다. 1888년까지 흑인 노예제가 유지된 브라질에서 흑인 여성 노예의 풍만한 몸은 노동 착취의 대상이자 성적 대상이 되는 식민지의 종속된 몸을 상징한다. 지금도 흑인 여성은 대부분 하층 계급이기 때문에 상류층 여성은 노예-하층민의 표식인 풍만한 가슴을 축소해 신체적 약점을 제거한다.[•] 흑인 노예라는 역사적 배경을 가진 나라에서 흑인 여성과 백인 여성의 몸은 다른 맥락에 자리한다.

미국에서 시작된 프리 더 니플 운동이 백인 여성을 중심으로 한다는 비판은 흑인 여성의 역사나 흑인 공동체와 경찰의 관계에 관련된 무지함에서 비롯됐다. 프리 더 니플 운동에 관해 묻자 한 흑인 여성은 이렇게 되물었다.

"경찰이 당신을 보호하려고 거기에 있었을까요? 모두 흑인 여성이었다면 경찰은 '화난 흑인 여성'들이 잘못된 행동을 할 때를 기다

● 설혜심 지음, 《소비의 역사》, 휴머니스트, 2017.

렸겠죠. 경찰이 사람들을 보호하려고 거기 있었다고 생각하지 않아요. 체포할 핑계를 기다린 거겠죠."

백인 여성은 토플리스 시위를 할 때 경찰이 자기를 보호해준다고 생각할 수 있지만, 흑인 여성에게 경찰은 다른 의미다.

비무장 흑인이 경찰 폭력 때문에 목숨을 잃는 사건이 속출하고 '#흑인목숨도중요하다' 캠페인이 대대적으로 펼쳐진 상황을 곱씹어야 할 대목이다. 백인보다 쉽게 의심을 받는 흑인은 총을 든 경찰 앞에서 범죄자가 아니고 선량한 시민이라는 사실을 스스로 증명해야 한다.

몇몇 주가 아직도 공공장소에서 여성이 상의를 탈의하는 행위를 불법으로 간주하는 현실에서, 경찰 앞에서 불법을 저지른 흑인 여성은 백인 여성에 견줘 감수해야 하는 몫이 크다. 시위 참여자의 인종과 계급이 연행 과정에서 영향을 미친다. 나는 이런 문제를 생각하지 못했다.

2016년 4월 22일, '로도스 대학교 참고 리스트[RU Reference List]'가 온라인에 공개됐다.● 남아프리카공화국 그레이엄스타운에 자리한 로도스 대학교에 다니는 강간 혐의자 11명의 명단이었다. 여성들은 여성을 성적으로 침해한 이 남성 가해자들이 제대로 처벌받지 않았다고 주장했다. 가해자들은 평소처럼 수업에 들어오고 같은 거리를 걸으면서 피해자들을 계속 괴롭혔다. 이 명단이 공개된 뒤 만연

● 다음을 참고했다. Amanda Gouws, "#EndRapeCulture Campaign in South Africa: Resisting Sexual Violence Through Protest and the Politics of Experience", *Politikon* 45(1), 2018, pp.3-15.

한 대학 내 성폭력을 반대하는 아프리카 여성들이 윗옷을 벗은 채 코뿔소 가죽으로 만든 채찍sjambok●을 휘두르며 '#강간문화를끝내자(#EndRapeCulture)' 캠페인을 벌였다(남아프리카에서 백인 주인이 흑인을 착취할 때 쓴 가죽 채찍은 식민주의와 인종주의의 상징이다). 여성들은 이렇게 함께 외쳤다. "이제 충분해! 우리는 이 따위 폭력에 지쳤다!"

참여자는 대부분 흑인 여성이었다. 억압받는 사람들이 직면한 착취 시스템을 몸으로 깨달은 이 흑인 여성들은, 흑인, 여성, 성 소수자, 장애인의 신체가 여전히 인간 이하로 취급된다는 점에서 흑인 여성의 몸이 탈식민지 프로젝트에 밀접히 연결된 사실을 알게 됐다. 이런 교차적 접근 덕분에 흑인 여성 참여자들이 벌인 투쟁은 엘지비티에이아이큐LGBTAIQ(레즈비언·게이·바이섹슈얼·트랜스젠더·무성애자·간성·탐색자) 공동체들이 하는 투쟁에 연결됐고, 흑인 여성들은 '급진적-교차적 아프리카인 페미니스트radical, intersectional African feminists'라는 정체성을 드러냈다.

흑인 여성을 다룬 자료는 턱없이 부족하다. 자료가 삭제되거나 사이트가 없어지기도 했다. 흑인 여성이 벌인 캠페인은 가시화되지 않았고, 그나마 있던 기록마저 사라졌다. 한국에서는 '#강간문화를 끝내자' 캠페인을 다룬 기사를 찾아볼 수 없었다. 흑인 여성의 경험과 목소리는 백인 여성의 경험과 목소리보다 훨씬 듣기 어렵다. 관심을 갖고 찾아내 이야기하지 않으면 계속 지워지고 사라진다.

● 남아프리카에서 백인 주인이 흑인을 착취할 때 쓴 길고 딱딱한 가죽 채찍을 가리킨다. 공격과 정복을 뜻하며, 이 운동에서는 반격을 상징한다.

참으로 멋지지 않은가. 강간 문화에 저항하려 자기 가슴을 드러내고, 흑인의 철학과 고통에 바탕해 탈식민주의와 인종 차별 반대를 외치고, 성 소수자 공동체하고 연대하는 모습 말이다.

⑩ "아, 시원해"
언니미티드 브라보관소

안녕하세요.• 2017년 여성의 날을 맞아 열린 '페미답게 쭉쭉간다' 페미니즘 문화제에서 언니미티드 브라보관소를 보고 참신하다고 생각했어요. 아쉽게도 제가 그날 노브라여서 참여하지는 못했는데요, 먼저 언니미티드를 소개해주시겠어요.

'언니미티드'는 '언니'와 '언리미티드unlimited'를 합쳐서 지은 이름이에요. 제한 없는 여성의 몸 해방을 응원하는 의미를 담고 있죠. 다양한 작업을 했는데, 그중 브라보관소는 일회성으로 끝나지 않고 여성 관련 행사에서 여러 번 진행했습니다. 제가 특히 기쁘게 생각하는 점은 이제 브라보관소를 거의 운영하지 않는다는 점이에요. 처음 열 때만 해도 꽤 많은 분이 이용했는데, 노브라를 실천하는 분들이 늘어나면서 브라보관소 이용자도 줄어들었어요. 지금은 몇몇 행사에서 상징적인 의미로 운영합니다.

텀블벅에서 브라렛제작소를 열 때만 해도 와이어 브라를 대신할 선택지가 적었어요. 시중에서 파는 브라렛도 성적 어필만 강조하고 정말 편안한 제품은 많지 않으니까 선택 폭을 넓히자는 의미에서

● 2020년 5월 언니미티드 김수빈 님하고 주고받은 이메일을 대화체로 각색했다.

펀딩을 했는데, 많은 분이 후원했죠('세상에서 제일 편한 브라 만들기: 브라렛제작소'는 펀딩 목표 금액을 545퍼센트 달성했다). 여러 단체가 함께한 '다다름네트워크'에서는 몸 다양성에 관련된 영화제 '다다름 필름파티'를 해마다 진행해요. 구성 단체는 조금씩 달라졌는데, 2019년에는 불꽃페미액션도 함께했어요. 2020년에는 66100, 여성환경연대, 창작집단 3355, 언니미티드로 구성됐고, 언니미티드는 영화제를 기획하고 추진하는 일도 했습니다. 이 밖에 '내 몸에게 편지 쓰기'나 '페미니즘 티셔츠 만들기' 같은 활동도 했고요.

언니미티드라는 이름에 중요하고 매력적인 의미가 담겼네요. 저는 브라보관소와 브라렛제작소만 알고 있었는데, 다른 활동도 많았어요. 언니미티드 브라보관소는 어떻게 기획하게 됐나요?
제가 소화 기관이 약해서 불편한 브라를 하고 밥을 먹으면 자주 체했어요. 속이 안 좋아서 가끔 노브라로 다니다가 어느새 익숙해져서 꽤 긴 시간 노브라로 지내게 됐고, 브라를 안 하면 얼마나 편하고 소화가 잘되는지 알게 됐죠. 그래서 노브라로 외부 활동을 해보지 않은 여성들에게 여성의 날 행사에 오는 시간만이라도 노브라 상태로 자유롭게 즐길 수 있는 기회를 주고 싶었죠. 그때 함께 활동한 팀원 '밍가스'가 아이디어를 냈어요. 간이 탈의실을 만들어서 브라를 맡아주거나 가져갈 수 있게 하자는 생각에서 시작됐죠.

기억에 남는 에피소드를 들려주시겠어요.
간이 탈의실에서 나오면서 큰 소리로 시원하다고 외친 분이요. 바로 그 느낌을 참여자들에게 전하고 싶었거든요. 생각보다 부정적인 반응은 없었고, 브래지어가 얼마나 불편하고 답답한지 공감하는 분이 많았습니다.

주위에서 찌찌 해방 배지를 가방에 달고 계신 분을 보고 정말 귀엽다고 생각했어요. 직접 제작하신 건가요?

언니미티드가 만들어 브라보관소를 이용한 여성 15명에게 선착순으로 선물했어요. 굿즈 아이디어 회의를 한 뒤 고혜주 작가가 디자인했는데, 여성의 가슴은 부끄럽거나 야하지 않기 때문에 숨길 이유가 없다고 생각해서 직접적인 표현과 이미지를 그대로 드러냈죠.

'찌찌 해방'이라는 단어를 쓴 계기가 궁금합니다.

언니미티드가 찌찌 해방이라는 단어를 정말 처음 쓴 곳인지는 잘 모르겠어요. 굿즈 아이디어 회의를 하다가 나온 말이죠. 그냥 '브라를 벗는다'가 아니라 '여성의 몸을 해방한다'는 의미를 담고 싶었고, 에두르지 않고 직설적으로 표현되기를 바랐죠. 브라보관소를 운영하면서 피켓이나 홍보물에 계속 썼죠. 어떤 이름으로 부르든, 어떤 방식으로 활동하든 여성의 몸 해방을 위한 행동이 더 늘어나고 많은 사람에게 각인될 수 있기를 바라요.

불꽃페미액션의 가슴해방운동은 어떻게 보셨나요? 한국 사회에서 가슴해방운동은 어떤 방향으로 나가야 할까요?

불꽃페미액션이 펼친 찌찌해방운동은 훨씬 많은 사람에게 문제를 알리고 사회적으로 논의할 수 있는 장을 만들었다고 생각해요. 어떤 사람은 과격하다고 말할 수 있겠지만, 값진 활동이에요. 앞으로 불꽃페미액션이 펼칠 활동을 응원할 겁니다. 저는 찌찌해방운동이라는 말이 잊히는 사회가 되기를 기원해요. 여성 관련 행사에 참여하는 분들이 점점 노브라를 실천하면서 브라보관소가 상징적으로 남게 됐듯이, 더 많은 여성에게 더 많은 선택지가 주어지기를 바라요. 내 몸에 관한 선택을 눈치보지 않고 내 마음대로 할 수 있는 사회가 되면 좋겠네요.

⑪ "속옷색이 무엇이든 내 자유입니다"
검은 브라 시위

"한국에서는 검정색 브라를 하면 안 돼?"

미국에 사는 친척이 어느 날 물었다. 내가 질문을 잘 이해하지 못하자, 10대 때 검은 브라를 하면 엄마가 여자는 검은 브라 하는 거 아니라고 말리던데 한국에 정말 그런 문화가 있는지 궁금하다고 덧붙였다. 중학교 시절이 떠올랐다. 흰 브라에 흰 나시를 꼭 입어야 했다. 예전에는 한국이 좀 보수적이라 몇몇 학교는 속옷 색깔도 정해주고 비치지 않게 브라 위에 나시도 꼭 입어야 했지만 지금은 세상이 바뀌어서 검은 브라를 하는 여성도 많다고 이야기했다. 2016년쯤 오간 대화였다. 나는 한국이 내가 중학생일 때하고는 달라졌다고 생각했다. 그 기사●를 읽기 전까지는.

2018년 6월 1일, 부산시 동래구에 자리한 어느 중학교에서 몇몇 교사가 학교 규정을 내세워 검은 브라를 입은 학생을 규제하려 했다. 6월 3일, 학생들은 오픈 채팅방을 만들어 교내 포스트잇 부착, 탄원서 작성, 서명 운동을 시작했다. '속옷 색이 무엇이든 그것은

● 〈노브라든 검은 브라든 보는 게 잘못된 것 아닌가요?〉… 거세지는 교실 페미니즘〉, 《경향신문》 2018년 6월 8일.

내 자유입니다', '속옷 색 규정 '시선 강간'이다', '속옷이 비치는 것이
선정적인가요? 그렇게 생각하는 것 자체가 문제 아닌가요?' 같은
메시지를 포스트잇에 적어 교내에 부착하고, 창문에 '검은 브라'라
는 글씨를 크게 써붙였다.

기가 막혔다. 2018년에도 저런 곳이 있다니. 가슴해방운동을 하
겠다고 강남 한복판에서 상의 탈의 시위를 하는 여성들이 등장한
때에 말이다.

검은 브라 운동이 일어난 이 중학교에 다닌 어느 학생이 한 인터
뷰에서 아주 흥미로운 대목이 눈에 띄었다.

이번 운동에서 가장 많이 나온 말이 '내가 브라를 입든 말든, 무슨 색을
입든 상관하지 말라'였어요. 우리는 여성 청소년은 조신하고 소녀답게
용모를 가꾸고 관리해야 한다는 외모 코르셋을 비판하고 싶었던 거예
요. 불꽃페미액션 활동가들이 상의 탈의를 하고 '내 몸은 음란물이 아니
다'라고 외쳤던 것과도 비슷해요. 우리의 가슴은 성적인 것이 아니에요.

2018년은 달랐다. 학교는 아직도 변화를 받아들이지 못하고 말
도 안 되는 규정으로 학생들을 억압하려 했지만, 2018년을 살아가
는 10대 여성들은 부당함에 저항하는 방법을 함께 찾고 실천했다.
검은 브라라고 크게 써붙인 사진을 보자 가슴이 뜨거워졌다. 나는
한여름에 브라만 착용하고 흰 나시를 입지 않은 채 하복 차림으로
복도를 걷다가 여성 교사에게 등짝을 맞았다. 폭력과 억압을 당연
하게 견뎠고, 저항하지 못했으며, 부당하다고 인식하지 못했다. 다

만 등짝이 아프니까 다음에는 꼭 나시를 입자고 생각했다. 브라를 하지 않아도 되고 나시를 입지 않아도 된다는 사실을 알았다면, 항의까지 하지는 못해도 등짝을 맞고서 수치심을 느끼지는 않았겠다. 2018년의 검은 브라 시위는 인상적이었다. 다른 세상이 오고 있다고, 변화가 일어나는 중이라고 알리는 신호 같았다.

가슴해방운동은 서로 연결돼 다른 문화를 만들어가고 있었다. 불꽃페미액션의 상의 탈의 시위가 저 멀리 부산에 사는 10대 여성들의 가슴에 가닿았다. 가슴해방운동의 언어를 공유하면서 똑같은 고민을 하는 여성들이 있다는 사실에 위로받고 힘을 얻었다. 10대 시절의 부끄러운 경험이 내 탓이 아니라는 사실을 깨달은 나는 저렇게 싸울 수도 있었구나 하고 각성했다. 그 10대 여성들은 지금 어떻게 살고 있을까.

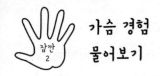

또래 친구들에 견줘서 발육이 빠른 편이었다. 생일이 빠르니까 당연한 일일 수도 있다. 초등학교 때는 키가 커서 뒷줄에 앉았다. 5학년 어느 날, 몸에 달라붙는 청조끼를 입은 나를 가리키며 한 남자애가 말했다.

"야, 쟤 가슴 좀 봐."

팔짱을 꼈나 뒤돌아섰나 잘 기억나지 않는다. 그 아이의 장난기 가득한 말투, 호기심 어린 눈빛, 혼자 보기 아까운 구경거리라는 듯 친구를 부르는 목소리. 그 뒤 나는 남들보다 빨리 자라는 키와 가슴이 싫어졌다. 가슴을 웅크리고 다녔다. 다시는 아무도 내 가슴을 보지 못하게, 다시는 내 가슴이 다른 사람의 구경거리가 되지 않게.

그렇게 내 가슴과 키는 성장을 멈췄다. 멈출 때가 돼서 그런 건지, 아니면 더는 안 크면 좋겠다며 웅크리고 다녀서 그런 건지 모르겠다. 어깨를 쫙 펴고 다니지 못한 그때를 생각하면 억울할 뿐이다.

20대가 되고 나서는 가슴이 작다는 말을 많이 들었다. 기숙사에 함께 사는 언니들이 내 가슴을 보고 '명품 티브이'라고 불렀다. 평면 텔레비전이 인기를 끌기 시작한 시절이었다. 가슴이 절벽에 가깝다는 말이었다.

나는 가슴에 관해 이런 기억들이 있다. 다른 여성들은 어떤 경험을 했는지 궁금했다. 그리고 물어봤다. 우리는 얼마나 비슷하고 얼마나 다를까.

2부

x

그날부터

x

불꽃페미액션과

가슴해방운동

이야기

❶ "가슴이 아니라 시선이 문제예요"
재미있게 운동하는 가현 이야기

2016년 9월 어느 일요일, 서강대학교 농구장에서 가현을 처음 만났다. 처음 만난 사람들하고 농구를 하려니 꽤 어색했지만 정말 재미있었다. 그날도 우리는 짜장면을 먹었을까. 보통 농구를 하고 나면 짜장면을 배달해 먹었다. 일요일 오전에 느지막하게 만나 농구 좀 하다가 짜장면 먹고 수다떨다가 흩어졌다. 돌아갈 때면 일요일을 알차게 시작한다며 뿌듯해했다. 책모임에서 만나고, 액션단 데이에서 만나고, 기자 회견과 페미들의 성교육 등 불펨●이 연 주요 행사에는 늘 가현이 있었다. 가현은 내가 불펨 활동을 하면서 가장 많이 만나고 가장 오래 만난 사람이다. 이 인터뷰 이야기도 가장 먼저 했고 인터뷰도 가장 먼저 요청했다. 불펨 활동을 가장 오래 하고 있는 활동가이고, 가슴해방운동이 펼친 활동에 모두 참여한 단 한 사람이기 때문이다.

#

● 2부에서는 '불꽃페미액션'을 '불펨'으로 줄여서 부르겠다.

저는 가현 님을 2016년 9월에 처음 만났는데, 가현 님은 페미니즘을 어떻게 만났는지 궁금해요.

2016년 전에는 페미니즘을 알고 공부는 해도 운동이라는 의미는 없었어요. 노동운동이나 학생운동 조직에서 남자들이 발언권과 리더십을 독차지하는 상황을 비판하는 언어를 가져오는 정도였다면, 2016년 강남역 여성 혐오 살인 사건 뒤에는 '나의 사회운동'으로 전환됐어요. 그전에는 노동운동이 중심이 돼서 사회적 약자에 연대하는 운동이었다면, 2016년에는 여성 당사자라는 정체성 아래 나랑 비슷한 정체성을 가진 사람이라는 이유로 죽어야만 하는 이들을 살리려는 운동으로 바뀌었죠.

먼저 여성 혐오가 있다는 사실을 알려야 한다고 생각했어요. 다들 그런 건 없다고 하는데, 묻지 마 살인이라는데, 가해자가 너무 명백하게 여자들이 나를 무시해서 저지른 살인이라고 말했잖아요. 저도 그동안 몰랐지만 연쇄 살인의 주요 타깃은 여성이었어요. 연쇄 살인의 주요 피해자가 여성인 현실이 성차별에서 비롯된 문제라는 걸 사람들이 알아야 한다고 생각했어요. 왜냐하면 성차별이 나쁘다는 건 이미 사람들이 다 알거든요. 성차별이 없다고 말들은 하지만 현실에 엄연히 존재한다는 진실을 알리면 고치려고 노력하겠지 생각했죠.

2016년 이전에는 페미니스트라는 말을 그렇게 크게 생각도 안했고, 굳이 그런 말을 붙이지 않아도 성평등을 지향한다고 하면 상관이 없었는데, 어느 때부터 페미니스트라고 말해야만 남성들의 저오만을 누를 수 있을 듯한, 나 페미니스트니까 너 입 닥치라고 소리쳐야 되는 일들이 자꾸 벌어지는 거예요. 제가 운동 조직 안에서는 이런저런 문제 제기를 하기는 했지만 외부에서는 성평등을 위해 딱히 실천하는 게 없어서 페미니스트라고 말하기 좀 뭐한 탓도 있었죠. 그런데 강남역 여성 혐오 살인 사건 이후에는 페미니스트로 제 자신을 정체화했죠.

가현 님과 불펨이 페미니즘을 접하고 활발히 활동하게 된 시기가 딱 맞아떨어지는군요. 본격적으로 가슴 이야기를 해볼까요. 가슴하면 어떤 기억이 가장 먼저 떠오르나요?
초등학교 5학년 때 태권도 학원 가려고 엘리베이터를 탔는데, 거울을 보니까 흰 티셔츠 위로 튀어나온 젖꼭지가 눈에 확 들어오는 거예요. 그때 뭔가 낯설다, 내 가슴이 낯설다는 생각을 처음 했어요. 그다음에는 가슴이 나오기 시작한 걸 가족들이 알게 되는 순간이 있었어요. 엄마가 우리 가현이도 이제 가슴 나오기 시작했다고 말하니까 아빠가 그러는 거예요. "어이, 그래 어디 한번 만져보자." 엄마랑 저랑 완전히 얼어서 무슨 소리냐고 한 기억도 나요. 6학년 때쯤 브라를 차기 시작하니까 같은 반 남자애들이 브라 가지고 장난을 많이 쳤죠. 뒤로 당겨서 놓는다거나 옷 속으로 손을 집어넣어서 브라 끈을 만진다거나 하면서 장난치고, 뒤에서 자기들끼리 브래지어 다 보인다고 수군거린 기억도 나네요.

저도 그런 기억이 있는데, 가슴에 관한 서사는 다들 비슷해요. 대체왜 그렇게 여자 가슴에 관심들이 많은지. 그냥 가슴인데 말이죠. 그

럼 가슴해방운동 이야기를 할까요. 찌찌 해방, 상의 탈의, 가슴 해
방 등 이름이 여럿인데, 어떻게 이런 이름을 갖게 됐나요?

저희가 원할 때마다 다른 뉘앙스를 주는 이름으로 바꿔서 불렀거
든요. 인터뷰를 할 때나, 기자 회견을 할 때나, 페이스북에 글을 올
릴 때나 누구든 쉽고 가볍게 받아들이면 좋겠다고 생각할 때는 '찌
찌 해방'을 썼어요. 뭔가 벗는 액션, 메시지에 집중하고 싶을 때는
'상의 탈의'라는 용어를 썼죠. 여행은 '가슴해방 출렁출렁'이었잖아
요. 그때는 너무 가벼워 보이지 않으면 좋겠는데 그렇다고 상의 탈
의 정도는 아니고 조금 적절한 선을 찾고 싶었어요. 그 무렵 활발
하게 진행된 불법 촬영 편파 수사 규탄 시위랑 맥락이 이어질 수 있
다는 생각도 들었고, 좀 무게 있어 보이면서도 너무 진지하지 않은
표현을 고르다보니까 '가슴 해방'을 쓴 거죠. 젖이라는 표현도 쓰는
데, 젖이라는 단어는 사실 액체를 이르는 말이잖아요. 가슴이 있어
도 젖을 평생 안 먹이는, 안 나오는 사람도 있을 거고, 신체 기관을
표현하는 데 알맞지 않다고 생각했어요. 이 신체 기관을 이르는 중
립적인 단어는 가슴밖에 없었죠.

이름에도 이런 고민들이 담겨 있었군요. 저는 '찌찌 해방'이 어감이
좋고 바로 이해가 돼서 많이 쓰기는 하는데, '가슴해방운동'이 다양
한 위치를 담고 있는 듯해요. 불펨 단톡방에서 2017년 퀴어 퍼레이
드 때 찌찌 해방을 한 사진을 봤거든요. 그때는 어떻게 시작하게 된
거죠?

○○이가 개인적으로 인스타그램에 올린 사진인데, 관리자가 계속

삭제해서 온라인에 남아 있지 않을 거예요. 그때는 즉흥적으로 해서 이름을 붙이지는 않았어요. 2017년 5월에 수영이 제2회 천하제일겨털대회를 준비하면서 그러는 거예요. 자기는 겨털대회 말고도 꼭 해보고 싶은 게 있는데 바로 찌찌 해방이라고요. 불펨 회원들이 여성 마라톤 대회에 참가했잖아요. 남자들은 웃통 벗고 마라톤 달리지 않냐, 우리도 그렇게 하고 싶다는 거였죠. 우리도 결승선 들어오면서 퍼포먼스로 찌찌 해방을 하자는 이야기였는데, 아직은 아닌 것 같다, 아직은 이 운동을 설명할 맥락이 없다, 괴짜 취급을 받을 수 있다는 의견을 나누고는 안 하고 넘어갔죠.

그 뒤 저한테 좀 변화가 있었어요. 그 회의를 5월에 했고, 퀴어퍼레이드가 7월이었잖아요. 그사이 6월쯤에 여자 친구 두 명이랑 남자 친구 한 명하고 저까지 넷이서 강릉 여행을 다녀왔어요. 여자들은 불펨 초기 멤버인 A와 B인데, A가 사람 아무도 없는 밤바다에서 꼭 웃통을 까보고 싶다는 거예요. 여자들끼리 웃통 까고 사진 한 번 찍자고 하더라고요. 그 자리에서 B랑 제가 그럼 같이 찍자고 해서 셋이서 훌렁 벗었어요. 남자인 친구가 폴라로이드로 찍어준 사진을 한 장씩 나눠 가졌죠. 그러고는 퀴어 퍼레이드에서 겨털대회 마치고 행진하고 돌아와서는 마지막이니까 가슴 한 번 깔까 하는 얘기가 자연스럽게 나온 거죠.

그 세 달 사이에 가현 님에게 변화가 많았네요.

그사이에 삭발하고, 강릉 여행 가서 찌찌 해방 사진 찍고, 서울퀴어문화축제에서 겨털대회까지 한 거죠. 그때 몸으로 하는 액션이나 삭발이 어떤 의미를 만들어내게 될까 하고 되게 민감하게 반응하고 의미를 찾아내려 한 시기이기도 했어요. 가슴을 성적 상징이라고 생각해서 무척 망설였는데, 남자 앞에서 윗옷을 벗어도 아무렇지 않은 A를 보니까 멋있어서 같이하고 싶은 마음이 들었어요. 그 뒤에는 몸을 있는 그대로 보여준다는 의미를 덧대었죠. 맥락이나 의미가 아주 정교하지는 못했지만, 뭔가 해방적이라는 생각이 들기는 했어요. 우리가 2016년 농구할 때부터 남자들처럼 웃통 까고 하고 싶다는 이야기를 했잖아요.

그럼 2017년 찌찌 해방 사진은 기획된 건 아니네요.
그렇죠. 그때 ○○가 젖꼭지에 스티커 같은 걸 붙이고 로브를 입은 채 펄럭거리면서 다녔을 거예요. 젖꼭지에 스티커 붙인 채 상의 탈의 하고 돌아다니는 또 다른 겨털대회 참여자를 보고 '찌찌 해방, 이거 해도 되겠는데' 하는 생각이 들었어요. 즉흥적이었죠. 우리끼리 남기는 깜짝 이벤트 같은 느낌이었고, 그래서 단체 페이스북 페이지에는 안 올렸어요.

저도 기억이 나요. 불펨 깃발 밑에 앉아 계셔서 제가 인사를 하니까 이러시는 거예요. "여여 님, 좀 있다 와요. 우리 좀 있다 깔 거예요." 무슨 말이냐고 물으니까 웃통 깐다고 하시더라고요. 2016년 천하제일겨털대회에 제가 참가하지 못해서 이번에는 겨털 잘 기르고 왔는데, 찌찌 해방도 한다는 거예요. 헉! 일단 포기하고 도망 다녔어요. 불펨이 뭘 강요하는 곳은 아닌데, 왠지 옆에서 하고 있으면 나도 해야 될 듯한 느낌이 들기는 하잖아요. 저, 그날 불펨 보라색 깃발만 보이면 숨었어요.

찌찌 해방 한다는 걸 알고 있었는데도 단체 사진 찍는 모습은 정말 충격이었어요. 거기는 광장이었고, 사람도 많았고. 물론 많은 사람이 다른 사람을 굳이 신경쓰지는 않았지만, 그래도 엄청 많았잖아요. 그 공간에서 가슴을 드러내고 사진을 찍는다는 게 놀라웠어요. 맨가슴이 드러나는 옷을 입은 참가자도 있어서 계획된 퍼포먼스라고 생각했는데, 즉흥적이었네요. 그때 사진이 밖으로 나가지는 않았잖아요. ○○ 님이 개인 인스타그램에 올리고 사진이 삭제될 때 어떤 액션을 취하지는 않았죠?

그렇죠. ○○가 사진 올리면 삭제하고 올리면 삭제한다고 말해서 알기는 했는데, 그냥 인스타그램을 욕하고 말았죠. 뭔가 작정을 해야 삭제될 때 액션을 할 텐데, 그런 생각은 못 했어요.

탈브라는 어떻게 하게 됐나요?

2016년 여름부터 탈브라를 했는데, 국회 앞에서 최저 임금 1만 원을 주장하면서 단식할 때였어요. 저랑 남자 조합원 2명이 함께 단식을 했는데, 땡볕에 밥도 못 먹어서 짜증나고 힘든데 브래지어가 너무 갑갑하고 땀 차서 힘든 거예요. 쟤네들은 안 입어도 되는데 나는 여자라는 이유로 차고 있어야 하나? 건강에 안 좋은데, 안 그래도 밥 안 먹어서 맨날 혈당 체크를 하는데 브라까지 감당해야 하나 싶고. 그때 벗고 그다음부터 안 입었어요.

저는 귀찮아서 안 입기는 했는데, 그래도 여름에는 꼬박 입었거든요. 2017년 찌찌 해방 사진은 불펨 단톡방에서 봤거든요. 충격이 컸지만 이런 생각이 번뜩 드는 거예요. '아니, 광장에서 저렇게 가슴을 내놓고 사진도 찍는데 나는 왜 이 더운 날 브라를 해야 하지. 옷도 입잖아. 다 벗고 다니지도 않는데 브라를 왜 해야 하지?' 그래서 여름에도 탈브라를 시작했어요. 저한테는 이 사진이 중요해요. 여름에 안 하니까 가을이나 겨울도 안 하게 되고, 이제 정말 '브라는 안녕'을 했죠. 이듬해 월경 페스티벌에서 가슴 해방 사진을 찍고 공식적으로 페이스북에 올렸잖아요?

겨털대회 같은 느낌이었어요. 한 번 겨털을 보여주면 제모에 관한 인식도 깨지고 겨털을 신경쓰지 않게 되잖아요. 상의 탈의도 강릉 바다에서 친구들이랑 한 번 하고 몇 만 명 모인 퀴어 퍼레이드에서도 하니까 여자들끼리 모이는 월경 페스티벌 같은 곳은 정말 안전하고 거리낄 게 없죠. 하루 종일도 아니고 잠깐 기자 회견처럼 멋지게 사진 한 번 찍어서 여성의 가슴이 자유로울 수 있다는 사실을 보여주고 싶었어요.

찌찌 해방은 겨털 해방이랑 또 다르잖아요. 사진 올릴 때 그런 점도 고민했나요?

사진이 삭제될 수 있다고 생각했고, 그래서 뭔가 큰 반응이 온다거나 위협을 받는다는 걱정은 안 했죠. 금방 삭제되겠지만 그래도 얼굴 가릴 분은 가리라고 안내했어요. 그런데 5월 28일에 사진을 올리자마자 빠르게 삭제되니까 더 화가 났죠. 불펨 페이스북 페이지를 없앤다고, 음란물이라고 하고. 혜화역 시위 일주일 뒤에 벌어진 일이라 더 화가 났죠. '이런 삭제는 말이 안 된다. 우리 사진이 무슨 음란물이냐!' 삭제되자마자 불씨● 텔레그램 방에 메시지가 공유되면서 페이스북에 한번 가자는 말이 나왔고, 가자고 결정이 돼서 그다음 우즈 회의에서는 기자 회견을 준비했죠.

항의하는 방식이 여러 가지 있잖아요. 메일을 보내거나…….

페이스북이 정한 통로나 분류를 통해야만 문제를 제기할 수 있고, 전화나 이메일로 문의나 항의를 할 수 없었어요. 그러니까 답답하죠. 불펨도 어떤 이슈에 항의할 때는 그곳에 직접 찾아갔으니까 그렇게 결정된 거죠. 일단은 월경 페스티벌에서 깐 사람들이 가고 불펨 단톡방에 그날 찌찌 해방을 할 사람을 모으자 해서, 참여자를 모으고 따로 단톡방을 만들었어요. 그리고 피켓 문구를 만들고 기자 회견문도 작성했어요.

5월 26일 월경 페스티벌에서 찍은 이 사진으로 두 가지를 드러내고 싶었어요. 첫째, 우리는 브라를 할 필요가 없다, 건강에 안 좋으니까. 둘째, 여성의 가슴은 성적이거나 음란하니까 가려야 하는 대상이 아니라 그저 몸의 일부일 뿐이고, 여성의 가슴도 남성의 가슴하고 똑같다. 이런 맥락을 보여주려는 찌찌 해방 퍼포먼스였는데, 여성의 가슴은 음란하다는 이유로 사진을 삭제하니까 직접 가서 설

● 불꽃페미액션 운영진을 가리키는 말. 불펨 활동의 불씨가 되는 사람이라는 뜻이며, 2016-2019년에는 '우즈'(장작이라는 뜻의 영어 단어)로 불렀다.

명을 해야겠다 싶었어요. 가서 웃통 까고 사진 한 번 찍어 올리고, 그 사진이 또 삭제되더라도 항의는 해야 한다는 의견이 모였죠.

아직도 기억이 나요. 제가 월경 페스티벌 때 너무 분한 거예요. "나는 왜 같이하지 못할까? 다음에는 꼭 할 거야. 직접 보니까 정말 아무렇지 않게 하는데 나는 왜 못했지?" 주변 사람들에게 이렇게 얘기했는데 찌찌 해방 한다고 오라는 연락이 온 거예요. 이제 겨우 월경 페스티벌 같은 공간이면 한 번 해봐야지 하는 마음이 생겼는데, 강남 한복판에서 한다는 거예요. 다음에는 나도 꼭 할 거라고 했는데, 그게 너무 빨리 온 거죠.
하하하, 일주일 뒤에, 하하하.

그러니까요. 한 일 년 뒤쯤으로 생각했는데, 며칠 뒤에 한다니까 꼭 하겠다는 당찬 각오가 흔들렸어요. 천만다행으로 일정 때문에 못 간다고 했죠. 영화를 예매했거든요. 버스 타고 가면서 지금쯤 기자 회견 할 텐데, 이런 핑계라도 없으면 어쩔 뻔했나 했죠. 취지에는 매우 동의하지만 앞장서서 실천하지 못할 때 핑계라도 있으니 좀 안도가 됐어요. 영화 보고 나와서 검색하는데 기사가 엄청 많이 떠서 깜짝 놀랐어요.
그렇게 많이 올 줄 몰랐어요. 기자 회견 할 때마다 돌리는 리스트 그대로 보냈는데 정말 많았고, 심지어 방송사 카메라도 왔어요.

기자 회견을 홍보할 때 상의 탈의 퍼포먼스도 이야기했나요?

네, 그랬죠. 그때도 말을 아주 골라서 했어요. 상의 탈의로 할 거냐, 찌찌 해방으로 할 거냐, 가슴 해방으로 할 거냐 이야기하다가, 좀더 능동적이고 남성들이 쓰는 표현으로 고르자고 해서 상의 탈의라는 이름을 붙인 거거든요. 그래서 '기자 회견문 읽고 난 뒤에 상의 탈의 퍼포먼스가 있을 예정입니다' 그랬죠.

기자 회견 현장 이야기를 좀 해주세요.
한 사람 몸에 한 글자씩 적었어요. 여유 있게 천천히 공들여서 써야 하는데, 기자들이 너무 많고 빨리 하느라 제대로 못 썼어요. 우리가 웃통을 벗자마자 경찰들이 가리고 난리를 치니까 몸을 뒤로 돌리자고 해서 그 상태에서 뒤로 돌았죠. 페이스북 건물을 향해 분노를 외치는 그림을 만들고 싶었는데, 경찰이 기자들이랑 저희 사이를 다 가려버리니까 어쩔 수 없었죠. 현장은 아수라장이 됐지만, 저는 '가만히 있어야 한다. 이 시위는 폭력이 필요 없는 비폭력 시위다'고 생각했어요. 저항하거나 동요하지 않고 가만히 자리를 지키면서 구호 외치는 의연한 모습을 보여주려 했죠.

경찰이 연행할 수 있다고 이야기했다면서요.
오는 도중에 경찰이 저한테 전화를 두 번이나 걸어서 상의 탈의를 하지 말라고 해서 싸운 상태였어요. 저는 연행은 안 될 거라고, 말이 안 된다고 생각했죠. 막무가내로 하면 어쩔 수 없이 끌려가겠지만, 정당성은 우리한테 있다고 생각했어요. 시위 끝나고 경찰이 오더니 그러더라고요. "이제 가시죠."

어디로 가요?

경찰서로.

진짜요?

엄청 젠틀하게 말해서 뭘 가냐고 그러는데 경찰차가 와 있어요. 타
래요. 저랑 ○○ 감독이 연행 경험자라서 경찰이랑 대거리하는 데
도가 텄거든요. 우리가 왜 연행하냐고 했더니 공연 음란죄래요. 영
상도 촬영하고 녹음도 하면서 우리 가슴을 음란하다고 보는 거냐,
누구 한 명이라도 신고한 사람이 있냐, 판단의 근거가 뭐냐, 우리
는 음란한 게 아니라 퍼포먼스를 하는 건데 우리 몸을 음란하게 보
는 거냐고 계속 물어봤죠. 우리 퍼포먼스를 공연 음란죄라고 하면
페이스북에서 찌찌 해방 사진을 삭제한 논리랑 경찰이 말하는 논
리가 똑같잖아요. 현행범으로 체포하려면 범죄를 저지른 게 있어야
하는데 지금 경찰이 자의적으로 우리 퍼포먼스를 범죄 행위로 해석
한다는 거냐, 그렇게 막 대거리를 하니까 그냥 가는 거예요.

그냥 갔어요?

네. 어이없어. 이럴 시간에 불법 촬영범들이나 잡으라고 얘기했죠.
그때가 6·14 지방선거 기간이고 신지예 후보 홍보물이 훼손되는
일도 생겨서 그런 사건이나 제대로 처리하라는 얘기도 했어요. 경
찰관이 그럼 나중에 소환장 보낸다면서 신상 정보를 적어서 갔는
데, 그 뒤에 연락은 없었어요.

저는 지금도 경찰을 보면 완전 주눅드는데, 경찰한테 맞서는 게 두렵지는 않았나요?

저나 ○○은 연행 경험자여서 두려움이 별로 없었고, 다른 참여자들은 연행 경험자들을 믿었겠죠. 기자 회견을 하자고 한 사람들이 알아서 처리할 거라고 생각하지 않았을까요.

페이스북 기자 회견 뒤에는 반응이 뜨거웠잖아요.

네이버 실시간 검색 1위도 하고.

가족이나 지인들은 반응이 어땠어요?

기사가 대대적으로 난 다음에 엄마가 먼저 연락을 했어요. "가현아, 댓글이나 이런 거 보고 너무 상처받지 마." 무슨 의도인지 잘 이해되고 알아들을 사람은 알아들었을 테니까 악플 같은 데 신경쓰지 말라고 하셨어요. 다른 분들도 '기사 봤다, 응원한다, 멋지다' 같은 좋은 이야기를 해주셨어요. 기자 회견 끝나고 사무실에 들어가니까 다른 단체 활동가들이 '와' 하면서 막 박수를 치더니 실검 1위도 하고 진짜 멋있다고 해준 기억이 나네요. 주변에 남자 사람이 얼마 없는데, 대뜸 아이스크림 선물을 보내면서 '고생이 많아. 항상 응원해' 같은 연락도 하고요.

저랑은 다른 경험이네요. 저는 페이스북 코리아 시위 뒤에 사무실에서 같이 일하는 활동가들이 이해는 하지만 너무 과격하다고 해서 점심시간 내내 논쟁을 했거든요. 다들 페미니스트이니까 당연히 이해할 거라고 생각했어요. "남자도 여자도 가슴 까는 거 보기 싫고, 누군가의 가슴을 보는 게 너무 불편해요. 불펨이 하는 운동을 이해는 하는데 저런 일까지 해야 하나요." 이런 말을 반복해서 힘들었어요. '내가 보고 싶지 않으니까 벗지 마'는 위험한 논리라고 생각하거든요. 퀴어 퍼레이드가 항상 그 지점에서 공격받잖아요. 퀴어들 보고 싶지 않으니까 퀴어 퍼레이드 하지 말라고. 내가 불펨 성원이라는 걸 알면서 이런 얘기를 하는 건 불펨에 자기 의견을 전해달라는 건가, 아니면 내가 불펨 소속이기는 하지만 가슴을 깐 당사자는 아니니까 이렇게 대놓고 말하는 건가 싶기도 하고. 가슴 깐 사람한테는 이렇게 말 못 할 거 같았거든요.

그런 분들은 남자가 상의 탈의를 할 때는 그런 얘기 잘 안 하잖아요. 여성 상의 탈의에는 왜 그렇게 과격하다는 말을 많이들 하는지.

그러게요. 남자 가슴도 보기 싫으면 남자한테도 그런 말을 좀 해야죠. 다만 자기 몸을 던져 엄청난 이슈를 만들어낸 운동인데다가 제가 그 운동을 매우 지지한다는 걸 알면서도 그렇게 말하는 모습이 속상하고 서운했죠. 페미니스트들 사이에 서로 다른 점을 확인하고 소통하는 건 중요하지만, 그날 논쟁은 좀 버거웠어요. 여하튼 가현 님 주변에는 좋은 분이 많네요.

그렇죠. 좋은 일만 기억할 수도 있고요. 주변에서 지지를 보내주는데도 댓글이 묘하게 신경이 쓰이기는 했어요. 2018년 《여성신문》 인터뷰에서도 말했는데, 몸매나 외모 평가가 너무 많으니까 우리가 전하려는 메시지는 분명히 '우리 몸은 음란물이 아니다'인데 나쁜 사람들은 몸매 평가에 집중하는 거예요. 그래서 내가 조금 더 날씬하면 우리가 하려는 액션의 의미가 사람들에게 제대로 전달되지 않았을까, 우리가 좀 뚱뚱해서, 내가 좀 살이 쪄서 사람들 눈에 거슬리고 의미를 파악하지 못하게 해서 내 몸매만 보게 되는 걸까, 내 몸의 결점 때문일까, 그런 생각 때문에 입맛이 없던 적이 있었죠. 머리로 알기는 하잖아요. 저 말을 하는 사람이 잘못됐고, 내가 날씬해도 성희롱은 벌어졌고, 저 사람은 원래 그런 사람이었다는 사실을 아는데, 한편으로 그런 말을 듣거나 목격하면 사람 마음이 상처를 받잖아요. 그때 마음의 부침은 저 자신이랑 하는 싸움이었죠.

정말 악플은 해롭죠. 페이스북 코리아 기자 회견 뒤에 '가슴해방 출렁출렁 여행'도 진행했죠?

여여 님처럼 하고는 싶은데 망설이는 분들을 위해 우리끼리 바다로 여행을 가자고 했어요. 전세계에서 토플리스를 찾아보니까 8월 26일 '토플리스 데이'라고 '찌찌 해방의 날'이 있어요. 그래서 그날에 뭘 해보자 한 거죠. 다른 나라처럼 토플리스 행진이나 페스티벌을 할 역량은 안 되고, 경찰이 또 연행한다고 하거나 누가 신고를 하면 책임질 수 없겠다 싶었죠. 우리가 감당할 수 있는 액션은 뭘까 고민하다가, 사진이 중요하고 여름이기도 하니까 바다에 가서 실컷 놀다가 사진 찍으면서 그날의 의미를 되새기는 게시물을 올리자고 했죠. 여행을 홍보하면 테러를 당할지도 모르고 불법 촬영범이 나타날 수도 있으니까 불펨 회원이나 지인만 모집해서 동해 바다로 가슴해방 출렁출렁 여행을 갔죠.

한국방송에서 행사를 영상으로 찍자고 해서 영상 찍는 팀이랑 노는 팀으로 나눴잖아요?

네. 원래는 우리끼리 놀러가는 기획이었고, 《일다》의 주연 님만 취재를 하기로 했죠. 그런데 페이스북 코리아 시위 뒤에 《한국방송KBS》이 〈2018 여성, 거리에서 외치다〉라는 다큐를 제작하고 있었어요. 주제는 신지예 서울시장 후보, 미투 운동 참여자, 불꽃페미액션 활동가 가헌이었어요. 세 여성의 일상을 따라가면서 페미니즘을 이야기하는 형식인데, 제작진에서는 저를 중심으로 불꽃페미액션 이야기를 담고 싶어했어요. 페이스북에서 이 여행 계획을 본 뒤 영상을 찍고 싶어하셔서 처음에는 어렵겠다고 했는데, 정말 간절하게 부탁을 하셔서 오시라고 했죠.

여행, 어땠어요?

스트레스 받았죠. 촬영 빨리 끝내고 놀고 싶었거든요. 날씨도 안 좋아서 좀 추웠고요. 영상 촬영에 동의했지만 얼굴 가리고 싶은 사람은 멧돼지탈을 썼어요. 탈 쓰면 앞도 잘 안 보이는데, 촬영이라는 게 스트레스를 받잖아요. 녹음도 해야 하고, 원하는 모습을 연출해야 되니까 불펨 깃발도 흔들고 드론을 향해 안녕도 해야 되고. 그래도 어쨌든 공영 방송에 이런 모습이 나가면 좋겠다고 생각해서 다들 꾹 참고 촬영했는데, 제작진이 가슴을 모자이크해도 되냐고 물어봤어요. 참가자들은 그러려면 뭐하러 찍었냐, 모자이크하지 말라고 이런 운동을 하고 영상도 찍었다면서 모자이크 처리를 원하지 않았어요. 그래서 방송에서는 젖꼭지가 나오는 순간 자르고 벗고 노는 장면은 멀리 찍은 부분만 잠깐 나갔죠. 많이 아쉬웠어요.

다른 나라 가슴해방운동에는 관심이 있었나요?
먼저 페멘을 알았죠. 정확한 계기는 기억이 안 나는데, 이른바 메갈리아 사태 뒤에 페미니즘이 막 부흥하기 시작할 때 어떤 남성이 댓글을 달았어요. 한국 페미니즘은 문제다, 정신병이다, 외국 페미니스트들은 가슴 노출 시위도 하는데 한국 페미들은 정통 페미니즘이 아니라서 그런 행동을 안 한다는 내용이었죠.

어이가 없네. 대체 뭘 보고 그런 소리를 하는 거죠?
해외 페미니스트들이 한 상의 탈의 시위를 성적으로 소비한 뒤 한국 여자들도 페미니스트라면 몸 해방, 성해방 시위를 하면 좋겠다는 마음에 그런 댓글을 달겠죠. 웃기고 있다고 생각하면서 찾아봤죠. 모피 반대 시위 할 때 옷 벗고 많이 하잖아요? 페멘은 민족주의 관련된 시위도 하는데, 여자들 몸매가 정말 늘씬하고 좋은 거예요. 그래서 엄두가 안 나기는 했어요. 뱃살이나 주름이 드러나고 가슴이 처진 여성들 사진은 찾아볼 수 없으니까 날씬한 사람들만 하는 운동인가 싶어서 약간 거리감이 있었어요.

그래서 페멘이 비판을 받죠. 페멘도 이런 비판을 꽤 아쉬워해요. 미디어에는 모델 같은 몸을 한 활동가만 나온다는 거죠. 페멘 홈페이지를 보면 활동가들 체형이 다양해요. 언론이 문제죠. 기자가 선택한 사진이 전세계로 퍼지니까요. 프리 더 니플 운동은 조금 달라서 평범한 여성들도 가슴 사진을 찍어서 올리잖아요. 불펨은 그런 방식은 생각 안 해봤나요?

단체라는 보호막 아래에서 여럿이 사진을 찍으면 무슨 일이 생겨도 같이 대응할 수 있고, 재정도 지원되고, 인력도 함께할 수 있지만, 개인이 사진을 찍어서 온라인에 올리면 단체가 책임질 수 없잖아요. 혼자 가슴 해방 사진을 올려서 도용을 당하거나 빔죄 티깃이 될 때 개인이 온전히 책임져야 하는 고통과 비용과 시간을 생각하면 가슴 해방 사진 찍어서 올리라고 함부로 말하기 어렵죠. 그리고 우리가 찍는 가슴 해방 사진은 철저하게 성적 대상화가 되지 않는 모양새로 촬영하려 하잖아요. 그런데 개인이 가슴 해방 사진을 올리면 해방이라는 명목 아래 성적 대상화되는 이미지들이 많이 만들어질 수 있다는 생각도 했어요.

페미니스트들이 공격을 많이 받으니까 인증 숏 올릴 때 신상이 드러나지 않게 하는데, 삭발이나 겨털은 그래도 별 문제가 아니에요. 성적으로 소비되거나 문제가 될 일이 없으니까. 찌찌 해방은 옷을 입고 찍으면 티가 잘 안 나잖아요. 가슴만 찍어서 올리면 아무리 해시태그가 있다고 해도 온라인에 넘쳐나는 성적 대상화가 된 여성 가슴 이미지랑 다를 게 없죠. 그런데 얼굴이 드러나면 개개인이 감당해야 하는 게 있어서 아무래도 개별적으로 자기 가슴 사진을 올리는 방식은 추진하지 않은 듯해요. 개인 사진이 아니라 단체 사진으로 올리면 뒤따라오는 반응이나 상황을 혼자 감당하지 않아도 되고, 사진 같이 찍은 다른 사람들이랑 함께 대응할 수 있잖아요.

저도 혼자면 못했죠. 주변에 먼저 벗은 분들 보고는 나도 해볼까 하는 생각이 들고, 한번 벗으니까 입고 싶지 않더라고요. 정말 후련해서. 바다에서는 벗어줘야 되는구나 하고 느꼈죠.

이제까지 이 시원한 바람과 차가운 바닷물을 남자들만 맨가슴으로 느꼈잖아요. 정말 시원해요. 가슴으로 자연 바람을 맞는 게 태어나서 처음인 거잖아요.

춥다는 느낌이랑 달라요. 시원하다는 표현을 어떻게 해야 할지 모르겠는데, 후련한 기분?

맞아, 맞아, 맞아요.

혼자는 아마 못할 거예요.

저는 익명이 아닌 사람들의 힘이라고 생각해요. 다 이름을 알잖아요. 몇 번 보고 무슨 일 하는지 대충 알고. 그런 사이에서 싹튼 신뢰를 기반으로 용기를 낼 수 있는 거죠. 신상은 어느 정도 보호해야 할 수도 있겠지만, 우리가 다 처음 보는 사이에 이름도 모른 채 서로 익명인데 상의 탈의 하자고 하면 안 되지 않았을까요? 내가 저 사람 뭘 믿어서 옷 벗고 가슴 드러내?

그렇죠. 저도 그날 거기에서 처음 본 사람이 있었지만, 이 사람이 누군가의 친구이고, 나는 모르지만 내가 아는 사람이랑 친해 보이니까 서로 섞여서 웃통 벗고 놀 수 있었죠. 가슴해방운동을 기획할 때는 뭐가 어려웠을까요?

항상 법적 대응이 어려워요. '폭력적 댓글이 달릴 때 어떻게 해야 하지? 변호사 선임할 돈도 없고 지원받을 인력도 충분하지 않은데 얼마나 책임질 수 있을까?' 이런 문제가 항상 고민이기는 해요.

개인적으로 어떤 변화가 있었나요?

그전에는 옷을 벗는 일, 샤워할 때 말고 옷을 벗는 일은 사실 성적인 관계를 맺을 때밖에 없었어요. 그런 관계에서 옷을 벗을 때는 상대에게 잘 보이고 싶고, 잘 보이려면 내 몸이 보기 좋아야 하니까, 내 몸은 흠 없는 모습, 군살 없이 매끈한 몸매여야 했죠. 몸매 관리에 강박이 있었는데, 찌찌 해방을 한 뒤로 완벽하지 않은 몸이어도 얼마든지 드러내고 신경쓰지 않게 됐어요. 물론 완벽함의 기준은 사회적이겠지만, 그래도 내 몸 어디가 마음에 안 들어도 내 몸이 잘 못된 게 아니니까 드러낼 수 있다고 마음이 바뀌었죠. 그 뒤 성적인 관계를 맺을 때 '아, 내 몸이 지금 너무 뚱뚱한가? 너무 관리 안 됐나?' 같은 생각을 전혀 안 하게 됐죠.

중요한 얘기네요. 미디어가 보인 반응에서는 뭐가 기억나나요?

저는 《경향신문》이 실은 사진이 가장 좋았어요. 다른 신문이나 방송은 기자 회견 장면을 그대로 내보내면 잘릴 것 같으니까 모자이크를 해서 시위를 말로 설명하는 거예요. 우리는 가슴을 직접 보여줘서 의미를 전달하는 게 목적인데, 정작 사진은 있으나마나한 수준으로 가려버리고 구구절절 말로 설명하니까 너무 싫었어요. 그런데 《경향신문》이 뒷모습 찍은 사진을 모자이크 없이 내보냈죠.

이 의제에 관한 이해가 없이는 이런 사진을 찍을 수 없거든요.* 정말 좋은 언론사구나, 똑똑하구나 생각했죠.

기억나는 유튜버도 있어요. 여성인데, 안티 페미니스트도 아니고 페미니스트도 아니에요. 예쁘게 입고 상담하는 콘셉트인데, '강남역 상의 탈의'를 주제로 인상을 찡그리면서 섬네일을 찍었더라고요. 영상을 끝까지 봤어요. 나는 평범한 여성으로서 취지에 정말 공감한다, 과격하기는 한데 저 사람들이 강남역에서 가슴 흔들면서 다니자고 말하지는 않는다, 나는 반대한다, 강남역에서 가슴 흔들며 다니고 싶지는 않다, 저 기자 회견은 나름대로 취지도 있고 잠깐 저러는 거니까 나는 이해한다는 정도로 이야기하니까, 많은 사람이 '누님, 그렇네요' 하면서 수긍하는 모습이 재미있더라고요.**

미디어에서 욕 많이 먹고 이 운동도 이해받지 못하겠지, 부정적인 기사만 나오겠지 했는데, 생각보다 다들 잘 이해하더라고요. 신기하기도 하고, 내가 너무 사람들을 얕잡아 본 건가 반성했어요. 페이스북이나 인스타그램 같은 플랫폼은 올리는 족족 다 지우니까 보통 사람들도 그렇다고 생각했죠. 어쨌든 우리 행동의 맥락을 설명해주는 미디어가 있으니까 할 만하네, 그냥 떼쓰는 게 아니라 이 방향이 맞는다는 확신이 들어서 기분이 좋았죠.

● 이유진, 〈"찌찌가 찌찌지 별 거냐" 여성들이 페이스북 앞에서 외친 까닭〉, 《경향신문》 2018년 6월 2일.
●● 유튜브 채널 《이아나TV》는 2018년 6월 5일 〈[누나의 상담실] 상의 탈의 합법화? 여자가 아무데서나 벗진 않아요 | 페미니즘〉이라는 영상을 게시했다. 2020년 6월 17일까지 이 영상은 조회 수 5만 4037회였지만, 지금은 비공개 동영상으로 바뀌었다(https://www.youtube.com/watch?v=cB1TyS5YtlQ&list=PLai9yVzKJBYgYuJBwoo7fpehBjbq7giiy).

가현에게 찌찌 해방이란?

찌찌 해방이 탈브라에서 시작되고, 탈브라를 시작한 계기는 건강이기 때문에, 저한테 찌찌 해방은 건강이에요. 남성 신체를 한 사람들하고 비교하니까 제가 건강을 손해 보더라고요. 평등한 건강의 의미가 커요. 이제는 너무 답답해서 브라를 못 하잖아요. 그런 것만 봐도 브라가 얼마나 건강을 해치는지 알 수 있어요.

그럼 한국에서 찌찌 해방은 어떤 의미일까요? 2018년 이전에도 이런 운동은 있었는데 2018년에 빵 터진 이유는 뭘까요?

불법 촬영 이슈가 매우 컸고, 디지털 성폭력 피해도 막 알려지기 시작했죠. 불법 촬영이 심각한 피해로 인식되고, 그런 흐름에 맞물려서 이제 더는 여성의 몸을 음란물로 보면 안 된다는 의미로 많이 공유가 됐죠. 그러니까 시선 문제를 말하는 거죠. **여성의 몸이 음란한 게 아니고, 네가 몸가짐을 야하게 해서 그런 게 아니고, 여성의 몸을 음란하게 바라보는 시선이 문제라고 외치기 시작했고, 그게 잘 전달됐죠.**

외모 평가 하는 댓글도 있었지만 시선과 음란물의 상관관계를 이해한 반응이 많았어요. 이를테면 '여성의 몸이 음란물이 아니라면'에서 반박을 시작하는 거죠. '여성의 몸이 흥분을 유발하지 않는다면 인류는 재생산될 수 없을 거예요'라는 댓글! 하하하! '여성의 몸은, 가슴은 성적인 의미를 가져야 해요', '여성의 가슴은 소중한 거예요. 남편에게만 보여줘야 되고, 그다음에는 아이들에게 젖 먹일 때만 보여줘야 해요', '여성의 가슴은 신성한 것이기 때문에 함부로 보여주면 안 돼요' 같은 말은 여성의 몸이 음란물인지 아닌지 고민하게 하는 의미가 있죠.

모성의 가슴에 관련해서, 비혼이냐 기혼이냐는 가슴해방운동에서 어떤 의미일까요?

엄마들 가슴은 그나마 모유 수유할 때만 잠깐 '이건 성적인 가슴이 아니야' 하면서 보여줄 수 있죠. 공공장소에 만든 수유실은 조용하게 젖을 먹이는 공간이지만, 사실은 여성의 가슴을 가리려는, 타인의 시선을 피해서 보호하거나 불편을 주지 않으려는 곳이잖아요. 맥락은 같아요. 비혼과 기혼이 똑같은 억압을 받는데, 기혼 여성의 몸은 다른 누군가에게 소유되거나 종속돼 있다고 생각하잖아요. 기혼 여성이 가슴해방운동을 하면 사람들은 말하겠죠. "남편 있는 여자가 다른 남자도 볼 수 있게 저러면 저 여자 남편은 괜찮대?"

여성은 사춘기 때부터 줄곧 가슴은 당연히 감춰야 한다고 여기면서 살아가잖아요. 온라인 댓글 이야기도 나왔는데, 그 이야기를 좀 더 해보죠. 불꿰의 가슴해방운동이 오프라인에서 찍은 단체 사진을 페이스북에 게시하는 방식이잖아요. 큰 이슈가 된 2018년은 댓글이 많아도 이해할 수 있는데, 2019년은 별다른 계기가 없는데도 2018년보다 열 배 넘는 댓글이 쏟아졌잖아요. 왜 그랬을까요?

페이스북 코리아 시위는 경찰도 오고 미디어에도 많이 나와서 공적인 저항 운동 같은 느낌이었는데, 2019년에는 우리끼리 한 사적인 이벤트 같은 분위기가 강했죠. 사회적인 운동을 하는 사람들한테 뭐라고 비판하거나 면박을 주면 무시당할 수도 있잖아요. "야, 너 저 사람들이 저렇게 하는 의미를 몰라?" 그런데 2019년에는 즐겁게 웃는 모습을 올리니까 저항의 의미를 잘 잡아내지 못한 사람이 많고, 몇 년 동안 페미니즘 운동이 성장하면서 백래시가 심해진 측면도 있어요. 댓글 쓴 사람이 대부분 중고등학생이거든요.

그래요?
네, 화가 나서 악플을 다는 게 아니라 댓글 창에서 노는 게 문화인 거예요. 댓글 창에 우리를 모욕하는 사진을 올리고 주고받고 태그하는 게 문화 같더라고요. 어쨌든 2018년에 상의 탈의 시위를 하고 팔로워들이 확 늘 때, 안티 페미니스트들도 많아진 거죠. 물론 이렇게 많은 사람이 이 게시물을 봤으니 대중적으로 퍼졌겠지만, 글은 잘 안 읽고 이미지만 본 뒤 댓글을 다니까 운동의 의미가 잘 전달되지 않는 부작용이 나타났죠.

굳이 와서 글을 쓰는 일은 매우 수고롭잖아요.
네. 그런데 자기들끼리 그런 댓글을 아주 재미있어 하더라고요. 누구 유두가 어쩌고저쩌고, 누구는 어떻게 생겼고, 누구를 닮았고 하면서 놀아요.

2018년에는 고소 생각이 없다가 2019년에 고소를 했잖아요. 어떤 계기가 있었나요?
2019년에는 댓글이 너무 많았어요. 대부분 조롱이나 비난이었는데, 이해를 시켜보겠다고 구구절절 친절하게 설명하는 글을 올려도, 무슨 글을 올려도 조롱 댓글이 달렸어요. 댓글 문화가 정말 심각했고, 겨털대회나 찌찌 해방 활동을 시작할 때부터 욕을 많이 먹어서 고소하려다가 못 했거든요. 그런데 이렇게 악플에 시달리던 두 여성 연예인이 세상을 떠났잖아요. 이런 댓글을 단 사람들도 악성 댓글이 얼마나 심각한지, 성희롱이 왜 폭력인지 알게 해야 한다, 또 하나의 운동으로 의미 있겠다고 생각하게 돼서 증거를 수집했어요. 고소장을 어떻게 써야 하는지 몰라서 계속 미루다가 2020년 1월에 한국성폭력상담소에서 법률 지원을 받아 고소를 진행했죠.

악성 댓글을 달지 말라고 하고 싶은데 강제할 수단이 없으니까 계속 악성 댓글 달면 고소한다고 말할 수밖에 없는 거예요. 악플러들이 진지하게 받아들이고 댓글 못 달게 하는 방법은 고소 밖에 없었죠. 그렇게 고소한다고 이야기했는데 안 하면 얘들이 우리를 얼마나 우습게 볼까 싶어서 고소했죠.

여성 혐오 댓글은 여성에게 어떤 영향을 미칠까요?
우선 여성 혐오 댓글이 너무 많고, '아, 나도 여자지만 이해 안 돼' 같은 댓글도 있잖아요. 그렇게 이상하고 제정신 아닌 애들이 찌찌 해방 활동을 한다는 의견이 다수처럼 보이면, 이 운동에 동의를 해도 표현하기가 어렵겠죠. 그러면 찌찌 해방을 실천하는 시기가 늦춰진다고 생각해요. 그만큼 억압이 유지되는 거죠.

이런 일도 있었어요. 한 분이 가슴해방운동을 옹호하는 댓글을 달고 안티 페미니스트들이랑 싸우다가 댓글을 박제(캡처)당해서 집단 괴롭힘에 시달렸나 봐요. 저희한테 연락을 해서 자기가 댓글을 쓴 게시물 자체를 삭제해달라고 하더라고요. 그런데 가슴해방운동 게시물을 어떻게 삭제해요. 그러면 이 운동은 온라인에서 사라지게 되고, 끝나게 되고, 지는 거잖아요. 그 대신 싸움이 시작된 댓글을 삭제하기는 했어요. 내가 동의하는 행동이어도 막상 여성 혐오 댓글을 보면 이런 게 페미니즘을 보는 보편적 인식일까 생각하게 되고, 내가 다른 곳에 가서 페미니즘을 이야기하면 이런 대접을 받아야 되나 고민하게 되고, 일상에서 페미니즘을 말해야 하는 순간에 정작 입을 떼지 못하게 되겠죠.

여성 혐오 댓글을 온라인 플랫폼 자체에서 제지해야 해요. 그렇게 빨리 여성의 맨가슴을 찾아내는 인공 지능이 여성 혐오 댓글을 못 찾는다니 말도 안 된다고 생각해요. 여성 혐오 댓글을 다는 사람은 회원 자격을 박탈해야 하고요. 이렇게 많은 사람이 악플을 다는데 개인이나 단체가 알아서 고소를 하는 건 한계가 있잖아요. 고소를 해도 시간이 오래 걸리고, 그동안 혐오 댓글은 계속 쌓이죠. 이런 부작용이 다 온라인에서 벌어지는 일인데요, 그래도 온라인 액티비즘은 여전히 효과적이죠?
온라인이라는 기반이 있기 때문에 우리가 가슴 해방을 해도 의미가 확산될 수 있거든요. 사람들이 윗옷 벗은 여자들의 몸을 보지 않는 이상 아무 의미가 발생하지 않는데, 그걸 가능하게 한 매체가 온라인이잖아요. 온라인으로 더 많은 세상을 보고 더 많이 소통하니까 앞으로 온라인이 주가 되겠죠. 심지어 거리 행진을 해도 거리에서 만나는 사람보다 행진이나 집회를 취재한 온라인 기사를 접하는 사람이 훨씬 많아요. 그래서 운동이 되는 거고, 그래야 의미가 발생하고, 그렇기 때문에 좋든 싫든 미디어나 온라인 매체랑 함께 갈 수밖에 없어요. 그런 면에서 성평등의 가치를 지향하는 언론이 있다는 게 든든하죠.

지금 제 목표는 더 알게 하는 것보다는 실천하게 하는 데 있어요. 어떻게 온라인 액티비즘으로 바뀔지는 잘 모르지만, 일단 실천이 가능하게 하려면 더 많은 사람이 모여야죠. 더 만나고, 확인하고, 저 사람이 가슴을 까고, 같은 시공간에 있는 내가 그 모습을 보고서 용기를 얻는 과정이 필요해요. 그래야 확산될 수 있겠죠. 어떤 멋있는 사람들만 하는 소수의 운동이 아니라 평범한 한 사람이 동참하는 게 의미 있다고 생각하거든요.

온라인 액티비즘의 양면성이네요. 가슴해방운동이 풀어야 할 과제는 뭘까요?

확장성이 좀 부족해요. 3년 동안 가슴해방운동을 했는데, 다른 페미니즘 단체들도 함께하면 좋을 텐데, 안 하는 거예요. 하라고 강요할 수는 없지만.

이런 일이 있었어요. 한국성폭력상담소에서 주최한 행사에 패널로 참여하게 됐는데, 홍보에 필요하다고 제 사진을 요청해서 2019년에 찍은 찌찌 해방 사진을 보냈어요. 그랬더니 그 사진으로 활동가 앎 님이 진짜로 웹자보를 만든 거예요. 그런데 그 웹자보가 결국 또 페이스북에서 삭제되니까 한국성폭력상담소에서 논평을 냈죠.

그래서 또 기사가 나오고. 이렇게 여성 단체에서 찌찌 해방에 좀더 관심을 갖고 함께할 계기를 만들고 싶어요. 퍼포먼스를 다른 여성 단체들이랑 같이하면 좋을 텐데…….

연대의 퍼포먼스가 없다는 거죠?
네. 언젠가는 안전하지 않은, 폐쇄되거나 사람 없는 공간이 아니더라도 대규모 찌찌 해방 행진을 해보고 싶은데, 너무 멀어 보이네요.

퀴어 퍼레이드 때 해야 할까 봐요.
아, 찌찌 해방 트럭 만들고, 그 뒤는 아예 다 벗으라고 할까요?

유두에 스티커 붙일 사람은 붙이고, 자기 방식대로 가슴을 드러내는 거죠. 2018년 페이스북 시위 뒤에 한 여성학자를 만나서 사람들이 불펨 보고 과격하다고 한다고 말하니까 이러시더라고요. "야, 미국에서는 퀴어 퍼레이드 때 여자들이 윗옷 벗고 한 무리로 걸어가는데?" 꼭 상의 탈의가 아니더라도 자기만의 가슴을 드러내고 같이 하자고 하면 더 많은 사람이 함께하지 않을까요. 가현 님은 그동안 다양한 탈코르셋을 시도했는데, 그렇게 할 수 있는 힘은 뭔가요?
제가 여성주의를 많이 모르고, 공부한 것도 책이랑 대학 때 들은 강의가 전부라서, **운동은 공부하지 않은 사람도 직관적으로 이해할 수 있어야 한다고 생각해요.** 삭발, 탈브라, 가슴 해방은 이론적 근거를 대지 않아도 눈으로 보면 어렴풋이 이해가 되잖아요. '아, 여자가 머리를 짧게 잘랐어. 그럼 머리가 길어야 한다는 것에 저항하는 사람이구나.' 이 정도는 아는 거죠.

가슴 해방도 마찬가지죠. '과격하기는 하지만 여자의 가슴은 성적 대상화가 된다는 거지. 여자 가슴만 그렇다는 거지. 너희들도 농구할 때 까고 싶다 이거지.' **몸으로 직접 보여주면 효과적이고, 그래서 적극적으로 하게 됐죠.**

불펨 운동의 특수성, 또는 강점은 뭘까요?
음, 재미있다? 사람들이 웃고 있고, 즐거워 보여서 같이하고 싶고, 이런 게 강점 아닐까 싶어요. 쟤네는 맨날 운동을 우습게 만든다고 욕도 많이 먹지만.

누가 그렇게 욕해요?
2019년 3·8 여성의 날 버닝워닝 집회 때도…….

우리, 엄청 신나게 춤춘 거요?
네, 정말 욕 많이 하더라고요. 비판하는 분들 말은 피해자가 있는 사건에 관련해서 운동을 하는 사람들이 그렇게 가벼울 수 있느냐는 거였어요.

마약 없고 성폭력 없는 안전한 곳에서 여성들이 신나게 춤추고 재미있게 놀 수 있어야 한다, 여성을 성폭력하는 버닝썬 같은 클럽은 필요 없다고 외친 댄스 퍼포먼스라고 생각했는데, 의도가 잘 전달되지 않았나 보네요. 춤은 욕망과 분노, 저항, 화합을 표현하는 아주 예전부터 이어진 표현 방법이잖아요. 불펨이 운동을 가볍게 보이게 한 게 아니라, 춤을 '논다'는 의미로 가볍게 본 듯해서 아쉽네요. 운동을 재미있게 해야지, 운동을!

다른 분들은 항상 진지하게 투쟁하시니까. 그런데 저는 운동에서 엄중한 투쟁을 오래할 수는 없다고 생각해요. 페미니즘이 지금 2016년부터 시작해서 긴 흐름이 이어지고 있지만, 집단적인 힘 덕분이지 개개인이 항상 분노하면서 운동할 수는 없다고 보거든요.

지속 가능하려면 어쨌든 운동 자체를 재미있게 할 수 있어야 한다고 생각해요. 진지할 때는 진지하게 하면 되고, 재미있게 하고 싶을 때는 재미있게 하면 되고. 사람들이 받아들일 때 찌찌 해방이나 겨털대회에서 활짝 웃는 모습이 가져다주는 다른 감정이 있거든요. 항상 진지하고, 불편하고, 보는 순간 뭔가 죄책감을 들게 하는 게 아니라, '어, 재미있네?' 이러면서 가볍게 보기도 하지만 그 문제를 다시 한 번 생각하게 하는 게 불펨이 지닌 장점이죠.

'재미있게 운동하기'는 다른 참여자들도 말하시더라고요. 불펨이 지닌 강점이고, 좋은 키워드예요. 저도 이 점이 페멘과 불펨의 차이라고 생각해요. 페멘은 상의 탈의 시위를 할 때 웃으면 안 된다, 최대한 오래 연행되지 않고 버틴다, 구호를 크게 외쳐야 한다는 규칙이 있거든요. 불펨도 분노할 때는 성난 목소리를 내지만 재미있는 퍼포먼스도 많이 하거든요. 겨털 해방, 찌찌 해방 사진을 찍을 때는 재미있다는 게 표정에서 나타나잖아요. 가부장제를 전복한 여성들이 짓는 승리의 웃음처럼 보여서 좋아요. 그 바탕에 '재미있게 운동하기'라는 의미가 담겨 있었네요. 앞으로 재미있게 오래 운동할 수 있으면 좋겠습니다.

**"브라가 여성의 가슴을
보호해주잖아요"**

2018년 7월, 불꽃페미액션이 페이스북 앞에서 한 기자 회견이 가
져온 여파로 노브라가 화제가 됐다. 남자 고등학교 1학년 교실에
서 30명이 넘는 학생들을 상대로 성평등 교육을 했다. 우연찮게 노
브라 이야기가 나왔고, 자유로운 분위기에서 남성 청소년들이 자
기 생각을 쏟아냈다. 한 남성 청소년은 확신에 찬 목소리로 말했
다. "그런데 여자들이 브라를 착용해야 하지 않나요? 브라가 여성
의 가슴을 보호해주잖아요." 마치 자기 임무가 여성 보호라도 된다
는 듯 말했다. 진짜 질문이라기보다는 여성이 자기 가슴을 보호하
지 않고 세상에 드러낸 행동에 분노하는 마음이 내비쳐서 순간 당
황했다. 브라가 얼마나 불편한지, 왜 가슴을 내놓고 페이스북 앞에
선 건지 고민해보자며 마무리했다.

　수업이 끝나고 돌아오는 내내 뭔가 찜찜했다. 질문에 정확히 답
했다고 확신할 수 없었고, 백래시를 당한 기분도 들었다. 그 남성
청소년은 질문을 하는 게 아니라 나를 가르치려 들었다. 생각해보
니 브라를 찬 경험이 없을 남자 고등학생이 20년 경력의 브라 전문
가에게 충고한 셈이었다. "여자들이여, 브라를 착용하시오. 브라가
당신의 가슴을 보호하나니."

그 남성 청소년이 한 말은 꽤 중요하고 좋은 고민거리를 줬다. 밤늦게 다니지 말아야 한다, 옷을 야하게 입지 말아야 한다 같은 여성 보호 프레임은 여성 스스로 자기 몸을 억압하고 남성도 이런 상황을 당연히 받아들이게 했다. 여성의 가슴을 보호하는 데 브라가 필수라는 말에 맞서서 남성 신체 기관의 가장 취약한 부분을 떠올렸다. '아하, 있다! 남성들에게도 급소가!'

다음 교육 때 브래지어 이야기가 또 나와서 나는 질문을 던졌다.

"여성의 가슴을 보호하려고 브라를 착용한다면 말이죠, 남성들은 음경이 급소잖아요. 저는 잘 모르겠는데, 성기에 충격을 가하면 매우 아프다면서요. 그럼 남성은 성기 보호대를 해야 하지 않나요? 그래서 어떤 운동선수들은 경기 전에 한다던데, 급소 보호대인가? 그런데 왜 많은 남성이 급소 보호대를 안 하나요? 대부분의 여성은 브라를 매일 하는데 말이죠."

페호●가 생각났지만, 논쟁이 될 듯해 꾹 참았다. 여성의 몸은 일상생활에서 끊임없이 억압받는다. 때로는 보호 담론으로, 때로는 아름다움을 유지해야 한다는 속삭임으로. 여성은 물론 남성도 보호 담론은 더 쉽고 자연스럽게 받아들인다. 어떤 여성은 가슴을 보호할 보호대가 필요하다. 운동할 때 가슴이 당기는 등 불편하면 착용한다. 운동선수들이 급소 보호대를 차듯이 말이다. 내 가슴을 보호하는 방식은 내가 선택할 테니, 부디 신경 끄시기를.

● 소설 《이갈리아의 딸들》에서 맨움(이갈리아에서 남성을 가리키는 말)은 페호를 착용해야 한다. 페호는 맨움의 페니스가 처지지 않고 모양을 유지할 수 있게 하는 속옷으로, 어떤 옷을 입든 착용해야 한다. 페호는 정확하게 브라의 미러링이다.

어떻게 페미니즘을 만났나요? 그 이야기부터 들어볼까요?

노동운동을 시작하고 나서 페미니즘에 관해 계속 듣기는 했는데, 처음에 메갈과 페미니스트는 다르다고 동일시를 거부하는 시기가 있잖아요. "나는 메갈은 아닌데 페미니스트다. 메갈이 이야기하는 방식이 잘못됐다고 보지만, 이런 부분은 맞는다고 생각한다." 이런 정도로 논쟁하는 시기랑 노동운동을 하는 시기가 2015년 중반부터 2016년 말까지 겹쳤어요.

그때 데이트하던 남자가 있었는데, 같이 술을 마시다가 제가 취했고, 그걸 이용해서 그 남자가 저를 겁탈했어요. 제가 취해서 정확하게 기억이 나지는 않지만요. 한동안 그 남자 연락을 씹다가 일주일 뒤에 만나서 얘기했죠. "그날 나는 기분이 나빴고, 그 일은 거의 강간이야." 동의한 적도 없고 꺼림칙한 기억이어서 다시는 연락하고 싶지 않다고 했더니, 그 친구가 무슨 말이냐고, 네가 나를 강간했다고 그러는 거예요. 제가 그때 기억이 좀 끊긴 걸 이용해서 자기가 나를 벗기기 전에 내가 자기를 벗겼다는 식으로 얘기하는 거죠. 제 기억에는 전혀 아니거든요. 필름이 엄청 끊어지지도 않았어요. 그런데 그 말을 듣고 약간 쾌감이 오는 거예요. "내가 너를 강간했다고? 그래, 내가 너 따먹었다. 그런데 어쩌냐, 맛이 없다. 퉤!" 이러면서 말했죠. "너, 다시는 연락하지 마. 맛없으니까." 그러고 박차고 나왔어요. 그때 메갈의 의미를 어렴풋이 깨달았죠. 왜 미러링을 하는지 마음으로 이해한 거예요. 가상의 형태이더라도 미러링을 통해 권력 관계를 전복해서 자기를 위로할 수만 있다면, 미러링을 할 수밖에 없겠구나 싶었죠.

그즈음 알바노조에서 '뜀틀'이라는 여성주의 캠프를 열어서 참가했어요. 강연 때는 졸아서 많이 못 들었지만, 강연 끝나고 사람들이랑 자기 경험을 나누는 시간이 있었어요. 그때 처음 그날 겪은 성폭력 얘기를 하게 됐고, 자연스럽게 깨달았죠. 그런 경험 자체를 어디에서 말하지 못했거든요. 찝찝하면서도 어떤 쾌감을 느꼈는데, 경험을 공유하다 보니까 내가 그 일을 전복하는 방식으로 기억하고 있었구나, 이렇게 메갈이라는 게 성립하는구나 깨닫게 됐어요.

그렇게 페미니즘을 처음 만났죠. 그때부터 온라인 미러링을 하면서 시끄러운 메갈이 됐어요. '메갈리안'에 로그인하거나 커뮤니티를 들어간 적은 없지만, 페이스북에서 활동적인 워리어로 살았어요. 《중앙일보》 댓글 창에서 엄청 싸우고 그랬어요.

그럼 가슴에 관한 기억을 들려주세요.

엄마가 '너, 이제 브라 해야겠다'고 하기 전에는 저도 제가 가슴을 갖고 있는지 별로 신경 안 썼죠. 더 어릴 때 아는 가족들이랑 수영하러 간 적이 있어요. 그런데 엄마가 저는 남자 수영복을 입힌 거예요. 언니는 비키니인데 나는 왜 이렇게 생겼냐, 왜 사각이냐고 물어보니까 엄마가 너는 아직 아무도 모른다고 한 기억이 나요. 지금도 비키니 입는 애기들 보면 애기한테 왜 비키니를 입히지 하는 생각이 들어요. 또 재미있는 기억으로는, 걸스카우트 활동을 하는데 숙박 프로그램이 있었어요. 4~6학년이 성에 관심이 많은 때인데, 특히 같이 간 친구들이 호기심이 왕성해서 저희 방이 좀 핫했어요. 최대 관심사가 가슴이었어요. 여자애들끼리 방에서 나는 야동 본 적이 있다, 가슴은 언제부터 나왔다, 가슴 크기가 어떻다 같은 야한 이야기를 하는 거예요. 그때 약간 장난기가 발동해서 아동용 브라를 밖에 다 보이게 베란다에 널었어요. "야, 쟤네 방 뭐야!" 이런 식으로 친구들이 놀린 기억이 나네요.

획기적인데요. 몸 해방 활동을 초등학교 때 시작한 셈이네요.
그럴 수도 있겠어요.

그때 나눈 브라 이야기 중에 기억나는 게 있어요?
브라를 하는 게 당연했고, 하고 싶었고, 언제 할 수 있을까 부러워했어요. 처음에 할 때는 이제 여자가 되나 그런 정도이지 막 불편하다거나 그렇지는 않았어요. 너무 늦게 하면 오히려 사람들 시선 때문에 창피했죠. 반에 살집이 있는 친구가 가슴이 좀 나왔는데 브래지어를 안 했어요. 남자애들이 그 친구를 놀린 기억이 나요.

지금 '여자가 된다'는 표현을 썼는데, 사춘기를 기점으로 월경을 시작하고 브라를 차면 이제부터 여자가 된다는 인식이 강했죠. 성별 기준이 월경과 가슴은 아닌데 말이죠. 딱 그 시점부터 여성은 몸가짐에 억압을 당하기 시작하고요. 브라를 바라보는 생각은 언제 바뀌었죠?

페미니즘을 만나고 나서 브라가 불편하다고 인식하게 됐죠. 그전에는 브라로 가슴을 만들었다고 해야 하나, 하하, 가슴이 워낙 작은 편이라 브래지어로 가슴을 만들자 이러면서 친구들이랑 야한 속옷 가게 놀러가고 그랬어요. 제가 파인 옷을 입지 않아도 브라가 항상 흘러내리는 어깨를 가졌어요. 끈이 이렇게 흘러내리면 사람들은 끈 내려왔다면서 넣어주고, 그러면 저는 내려오는 끈을 올려도 어차피 또 내려오는데 왜 올리라고 하냐고 대꾸했죠. 그게 귀찮아서 끈 없이 컵으로 된 걸 샀다가 가슴에 수포 같은 게 생겨서 진짜 고생했어요. 불편하기는 했지만, 확실히 깨달은 때는 2016년 겨울이에요. 그전에는 겨울에도 브라를 했거든요. 페미니즘을 만나고, 불펨에서 행사도 하고, 노브라 얘기를 듣고, 나도 이번 겨울에 시도할까 했죠. 브라 없이 생활하니까 정말 편한 거예요. 겨울 지나고 여름이 됐는데, 다시 착용하지는 못했죠.

가슴을 바라보는 시선을 느낀 적 있어요?

노브라 하기 전에는 브라를 가슴 키우기용으로 쓸 정도로 가슴이 작아서 사람들이 내 가슴을 쳐다본다는 생각은 하지 못했어요. 그렇게 점점 코르셋을 벗고 노브라에 익숙해질 때쯤, 그래도 한번씩 코르셋을 껴야 할 때가 있잖아요. 끼고 싶은 날도 있고. 오랜만에 다시 브라를 한 날, 유독 가슴을 바라보는 사람들 시선이 느껴지는 거예요. 사실 원래 시선이 있었구나, 그런데 내가 너무 무감했구나, 익숙해져서 문제로 생각하지 못했구나, 그러니까 가슴이랑 관련된 기억이 나더라고요. 초등학교 때 남자애들 엄청 짓궂잖아요. 여자애가 달리기할 때 아프고 출렁거리니까 잡고 뛰면 남자애들이 그랬어요. "쟤 가슴 잡고 뛴다!"

다들 초등학교 때 남자애들이 가슴 갖고 놀린 일, 여자애들 달리기할 때 가슴을 향하는 시선을 얘기하시더라고요. 요새 엔번방 사태를 보면서 10대 남성이 어디에서 이런 걸 배울까 고민하게 돼요. 제가 학교 다닐 때도 그렇고, 지금도 그렇고. 남자애들이 가슴 얘기를 하면 정말 듣기 싫었다는 느낌 말고는 기억이 안 나는데, 여러 세대에 걸쳐 그런 경험을 하고 있다는 건 문제잖아요. 지역도 다 다르고 나이도 다 다른데 학교에서 벌어지는 일은 똑같잖아요. 제가 인터뷰한 40대 기혼 여성들이 어린 시절에 겪은 가슴 경험도 20대 여성들이랑 별반 다르지 않아서 신기하더라고요. 여자들이 브라를 왜 하지 생각하면, 사실 안 할 수 없는 환경인 거예요. 저렇게 놀리고 저렇게 바라보는데, 정말 제대로 된 교육이 필요해요. 불펨의 가슴해방운동에는 어떻게 참여하게 됐나요?

불펨에는 2016년 12월에 들어갔어요. 가현이 같이 우즈하자고 해서 우즈도 하고, 디자인 작업 위주로 활동했어요. 2017년 퀴어 퍼레이드는 가고 싶은데 못 갔거든요. 가슴 해방 사진이 재미있어 보여서 저도 계속 하고 싶었는데, 이게 혼자는 못하잖아요. 기회가 있어야 하지. 그래서 2018년에는 해야지 생각했어요.

월경 페스티벌 때 겨털 해방이랑 월경컵 교환은 미리 홍보했지만, 찌찌 해방 할 거라는 얘기는 안 했거든요.

네, 서프라이즈였죠. 그때 제가 가현이랑 함께 우리 어떻게 하고 다닐까, 페스티벌인데 좀 꾸미자 이랬어요. 마침 가현이 안 쓰는 브라가 두 개 있다고 해서요. 브라를 머리에 막 쓰고는 정말 예쁘다고, 브라는 이렇게 쓰는 거지 이러면서 복장도 미리 입어보고, 셀카도 찍고, 당일에 머리에 매달 브라를 챙겨 갔죠. 하하하.

찌찌 해방 할 때 오신 분들이 대부분 아는 사람이었는데 처음 보는 얼굴이 한두 분 있었거든요. 그분이 겨털 사진 찍을 때 엄청 부끄러워해서 저희가 용기도 드릴 겸 정말 자랑스러운 겨털이라고, 찌찌 해방 할 때도 꼭 오시라고 했어요. 그분이 되게 용기 있게 찌찌 해방을 하시더라고요. 다시 보고 싶은데 그분, 왜 불펨에 입단 안 하시지? 하하하.

원하는 사람은 몸에 립스틱으로 글자를 적었는데, 저는 '브라젲 나시러'라고 썼어요. 가슴을 깔 때는 두근두근했어요. 저는 놀이라고 생각했죠. 수영이랑은 그전부터 웃통 까고 농구 한번 하자는 얘기를 해와서 농구 퍼포먼스를 하기로 했는데, 그때 농구공이 없어서 진짜 아쉬웠어요. 사진 찍을 때 기자가 많아서 좀 당황했고, 제가 얼굴을 가려서 미안했어요. 인터넷에 올라갈 때 얼굴 드러낸 친구들은 욕을 먹을 거잖아요. 얼굴 드러내지 못해서 미안은 한데, 차마 옷을 내리지는 못했어요. 처음부터 얼굴 가리고 해야지 생각했어요. 제가 여성운동만 하는 게 아니고 영화 산업이라는 워낙 보수적인 집단에서 일하잖아요. 그러다 보니까 좀 무서웠죠.

발언문을 써서 갔는데 시간이 없어서 읽지 못했거든요. 가려지는 것들에 관련해서 우리는 가릴 필요가 없다는 말을 하고 싶었어요. 가려지는 것들이 **얼마나 정치적으로 가려져왔는지, 가려진 것을 폭로하는 일이 얼마나 정치적인지** 얘기하고 싶었어요. 겨털 해방이 왜 찌찌 해방으로 이어져야 하는지 머릿속에서 정리해야 했어요. 월경 페스티벌에서 왜 가슴 이야기를 하는지 설득해야 한다는 의무감이었죠. 월경처럼 가슴도 가려지고 터부시되잖아요. 가슴이 월경처럼 지저분하다거나 신성시되지는 않지만 비슷한 맥락에서 여성을 억압하는 방식으로 신체를 통제하니까 가슴 해방을 얘기하고 싶었어요. 불펨은 항상 튀려고 한다, 갑자기 주인공이 되려고 한다, 왜 월경 페스티벌에서 가슴을 까냐, 이런 식으로 공격받을까 봐 좀 걱정됐죠.

멋진 말을 준비했는데 현장에서 공유되지 못해서 정말 아쉽네요. 월경 페스티벌 때 머리에 브라 쓴 거 새록새록 생각나네요.
재미있었어요. 저는 그런 외설적인 게 재미있었어요. 영화랑 미술을 공부할 때부터 페미니즘 이론에 관심이 갔어요. 왜 그런지는 모르겠어요. 약간 운명 같기도 해요. 자존감이 낮은 편이라서 오랫동안 그 문제를 고민했는데, 내가 여자이기 때문에 그렇다는 걸 어렴풋이 알지 않았을까요. 낮은 자존감이 외모나 매력적이지 못한 신체 탓이라고 고민했어요. 특히 냄새라든가 창녀 이론 있잖아요. 어릴 때부터 자위를 시작해서 자책감 같은 게 컸어요. 2016년에 페미니즘을 만나기 전에도 그런 이론을 많이 찾아봤어요. 페미니즘 영화 이론을 찾아보면서 여성은 왜 괴물이 될까에 관심을 갖고 바바라 크리드의 여성 괴물, 로라 멀비의 시선, 줄리아 크리스테바의 아브젝시옹을 읽었어요. 미하일 바흐친의 카니발리즘이나 그로테스크 미학 등에 관심이 생겼고, 항상 외설적인 것을 공개해야 하며 그게 바로 포스트모더니즘이라는 생각이 머릿속에 있었어요.

그런 미술을 하고 싶어서 졸업 작품도 연관된 주제로 했어요. 혹시 김애란 단편 소설 〈벌레들〉 읽어보셨어요? 재개발 구역 바로 앞 오래된 아파트에 사는 임신한 가정주부가 청소를 아무리 해도 재개발 구역에서 벌레가 자꾸 올라와요. 임신한 상태이니까 벌레를 낳지 않을까, 또는 내 구멍으로 벌레가 들어가지 않을까 같은 공포를 그리거든요. 임신 공포를 아주 잘 묘사했어요. 출산 자체가 여성 혼자 오롯이 감당해야 되는 과정이 아닌데 그 공포를 정말 뛰어나게 드러냈죠. 월경할 때 냄새 같은 게 있잖아요. 냄새들, 섞이는 것들, 청결하지 못할 때의 공포. 보통 순결을 여성의 속성으로 생각하지만, 건강을 위해 몸을 깨끗이 보호해야 하는 일이 여성만의 문제는 아니잖아요. 그런데 왜 여성만 순결해야 하고 청결해야 할까 하는 고민을 많이 했어요. 외설적인 것에 관한 이야기를 좋아했고, 몸에 관한 이야기를 하는 데 관심이 있었어요.

여성에게는 순결 압박이 있어요. 제가 여중, 여고를 나왔는데, 진짜 지저분하거든요. 정리정돈은 사실 각자 성향인데, 여성은 깨끗하게 정리해야 하고 몸에서는 향긋한 냄새가 나야 하고. 아니, 몸에서 피가 나오는데 피 냄새가 나는 게 너무 당연하지 않나요? 면 월경대를 쓰면서 피 냄새에 좀 친숙해졌어요. 그전에는 월경 냄새가 정말 싫었거든요. 그러니 월경하는 내 몸을 좋아하기 어렵고. 내 몸의 경험을 이야기하는 건 정말 중요해요. 현아 님, 가슴 해방을 처음 한 기분은 어땠어요?

재미있다! 하고 싶었는데 드디어 했다! 진짜 활동가가 된 느낌이었어요. 그동안 얼굴을 드러낸 적이 거의 없었는데, 월경 페스티벌에서 행사 할 때 피켓 들고 있거나 일하고 있는 사진이 게시되면서 나도 이런 큰 이벤트에서 한몫하는 활동가가 됐구나 하고 느꼈어요. 그전까지는 디자이너로 일한다는 생각만 했거든요.

가슴해방운동 경험 덕분에 활동가 정체성을 좀더 갖게 됐네요. 그러고 나서 페이스북 기자 회견을 하는데, '나는 음란물이 아니다'는 슬로건은 어떻게 만들어졌나요?

페이스북이 여성의 맨가슴이 나오는 사진을 삭제하는 규정을 만든 명분은 여성의 몸을 음란물로 소비하는 폭력에서 여성을 보호한다는 것이었어요. 그런데 정작 페이스북을 보면 여성이 보호가 필요할 때는 보호하고 있지 않다는 이야기를 나눴어요. 여전히 여성의 몸은 성적 대상화 되고 아슬아슬한 이미지로 유통되면서 음란물로 소비되거나 보호받지 못하고 있는데, 반대로 주체적으로 아예 자기 몸을 드러내는 사진은 음란물로 규정되고 '보호'를 명목으로 삭제되잖아요. 그래서 여성의 몸은 음란물이 아니라는 말이 나온 거죠. 여성의 몸이 온라인에서 어떻게 소비돼서 그런 규정이 마련된 건지를 이야기하면서 자연스럽게 나왔어요. 발언문에 이런 말이 있어요. "우리는 왜 꼭지가 달린 몸을 부정해야 하는 걸까요? 우리가 가슴을 가져서요? 우리가 월경하는 몸이라서요? 아니요, 전혀 그렇지 않습니다. 만약 그렇다면, 덜렁거리는 것을 가진 모든 사람들은 보정대를 차야겠지요. 지금 그렇지 않지 않습니까? 우리의 몸이 성애화되어 있고, 성적으로 기호화되어 있고, 섹스할 수 있는 몸, 임신할 수 있는 몸, 그 이상도 그 이하도 아니게 객체화되어 있기 때문입니다. 우리의 몸은 음란물이 아니라 그저 우리의 몸입니다."

이렇게 멋진 발언문과 기자 회견문이 있는데 기자들은 안 듣나봐요. 왜 기사에 잘 안 쓰냐고!
사진만 찍는 거죠. 찌찌.

그래도 기자들이 그렇게 많이 오고 큰 이슈가 되니까 찌찌 해방 사진이 당일에 탈환되잖아요. 그 소식 듣고 기분이 어땠어요?
기분 좋았죠. 웬일이냐, 우리가 이겼다. 페이스북을 '블루 일베'라고 불렀어요. 우리가 블루 일베를 이겼다, 성공 사례가 됐다면서 신나 했죠. 한편으로는 페이스북 코리아의 규정을 바꾼 건데, 이미 여성의 몸이 상업적 용도 아래 성적 대상화된 이미지로 유통되는 현실도 걱정되는 거예요. 완전히 목적이 다르지만 규제가 누군가에게 도움이 될 수도 있잖아요. 혹시나 바뀐 규제를 역이용해서 여성의 몸을 성적 대상화할까 염려가 됐어요.

● 페이스북의 파란색 로고와 극우 혐오 사이트 일간베스트(일베)를 합친 말.

기자 회견 뒤에 신문 인터뷰를 할 때는 얼굴을 공개하셨더라고요.
주변 반응은 어땠나요?

좋았죠. 가족 중에는 엄마만 알았어요. 제가 얘기한 거는 아니고, 주변에서 네 딸 아니냐는 말을 듣고 찾아본 뒤 그러셨어요. "그래, 활동 좀 하나 보다." 엄마가 쿨하게 축하해주셨어요.

저는 주변에서 쟤는 놀아도 재미있고 화끈하게 논다고 봐주기를 원해요. 사람들은 노는 줄 알지만, 활동가가 되게 소모적이잖아요. 그게 싫었어요. 불꽃페미액션이라는 단체를 많은 사람이 알게 되고 연락도 오니까 신기하기도 했어요. 2018년에 여성의전화에서 여성 단체 하면 어디가 떠오르냐고 설문 조사를 했어요. 한국여성의전화, 민우회, 그다음이 불꽃페미액션이었어요. 불펨이 이름을 굳건히 했구나, 사람들 사이에 인식이 좋아졌네 하면서 뿌듯했어요.

덕분에 회복된 관계도 있어요. 예전에 '너 메갈 아니냐, 남혐 하는 거 같다'면서 멀어진 친구가 '그래, 네 운동 인정한다'고 연락을 하더라고요. 오랜만에 만난 친구가 이제는 페미니즘을 하는 이유를 이해한다고 말하기도 했어요.

페미니즘이 이렇게 전파되는군요. 가슴해방 출렁출렁 여행 이야기도 해주세요.

바닷바람을 맨가슴에 맞는 경험이 처음이니까 몸이 기억하는 가장 재미있는 순간이었어요. 바다에 들어간 일도 기억나요. 안 들어가려고 하는데, 서로 끌고 들어가고.

파도가 너무 높아서 무릎 깊이까지 들어갔죠. 겨우 무릎까지 물이 오는데도 파도가 심해서 넘어가고. 그래서 서로 손을 잡고 있었죠. 지금 생각하면 파도 위에서 손잡고 서 있었다는 느낌이 드네요. 기념비적인 장면이었죠.

불펨이 진짜 재미있게 가슴해방운동을 하는데, 활동에 관한 피드백은 너무 둘로 나뉘어 있어요. 한쪽은 지지하는데 한쪽은 여성 혐오 댓글이 폭발하고. 혹시 페이스북 댓글은 보셨어요?
그전부터 제가 워리어여서 백래시가 있었어요. 그런데 다 같이 받는 건 다르잖아요. 댓글 안 보려고 노력하다가 댓글 창 정리해야 한다고 해서 본 적이 있거든요. 이게 분리가 어려운데, 그전에 들은 거랑 가슴 해방 사진 뒤에 들은 거랑 결이 다르기는 해도 비슷한 구석이 있잖아요. 협박 중에 '니 보지 전구 넣고 깨버릴 거야', 줄여서 '보전깨'가 정말 충격이었죠. 대부분 외모 평가와 가슴 평가였어요.

　댓글 보다가 댓글에 맞는 묻고 답하기 시간 같은 걸 하면서 댓글을 유형화한 적이 있는데, 첫째 유형은 몸 평가하기, 둘째 유형은 뭔가 깨달은 유형, 뒷걸음 페미예요. 이를테면 '이제부터는 가슴 보면서 딸칠 수 없을 것 같애' 같은. 셋째는 '나도 여자인데' 유형인데, '나도 여자이지만 상의 탈의 하는 짓은 조금 그런 것 같다'거나 '나는 남자가 상의 탈의 하는 것도 싫더라' 같은 댓글이죠. 2018년에는 고소해야겠다는 생각 자체를 안 했어요. 이런 것도 관심이라고 생각하자는 정도였죠. 그러다 정도가 심해져서 댓글 삭제팀이 생겼어요. 댓글 삭제를 번갈아가면서 했는데, 저는 하다가 이거 못해먹겠다 싫어서 안 했거든요. 정말 힘들더라고요.

진짜 어려운 싸움이잖아요. 피해자를 지원하고 피해자 옆에 서는 활동에서 자부심도 느끼고 보람도 찾는 분들이 있지만, 저는 절대 못할 것 같거든요. 즐거운 것, 확산하고 영향 끼치는 활동을 주로 하고 싶은데, 어떤 일에 책임을 진다는 게 너무 무거워요. 불펌이 한 어떤 실수 때문에, 부족함 때문에 사람들이 피해를 입게 되는 상황이 정말 힘들더라고요. 이러려고 한 게 아닌데, 좋은 의도가 늘 좋은 의도로 비칠 수 없고, 그럴 때마다 진이 빠지다가 나가고 싶어져요. 누군가는 책임져야 하니까. 그게 정말 힘들죠.

그런 문제를 이야기하고 힐링하는 자리는 있었어요?

같이 인터뷰하는 시간이 어떻게 보면 댓글 자체를 무력화하는 작업도 되더라고요. "그런데 그 사람들은 그런 목적으로 이야기한 거 아냐?" "뒷걸음질 페미네, 까악까악." 이렇게 웃으면서 댓글을 무력화하고 다시 우리에게 집중하는 시간이었어요.

온라인 액티비즘은 어떻게 시작했어요?

저는 페이스북을 했는데, 종종 담벼락에 빨은 조중동 기사가 뜨면 읽고 나서 '빨았다'는 논조로 댓글을 썼어요. 이러면 '페미다. 메갈이다' 하는 댓글이 달리고, 계정 폭파당하고.

계정 폭파도 당해요?

네, 계정 정지요. 세 번 정도. 정기적으로 붙게 되는 사람이 있었어요. 그 사람이 우성이라면 이러죠. "우성아, 오늘도 나타났냐?"

그러면 그 사람도 폭파될 거 아니에요.
그 사람은 폭파 안 돼요.

왜요?
여성 모욕은 계정 정지 사유가 아니더라고요. 그 사람을 욕했다고, 우성이라는 이름을 썼다고 계정을 정지당했어요. 페이스북은 규정 자체가 아주 남성 중심적이에요. 여성 비하 언어를 써도 정지를 안 먹어요. 키보드 배틀 하다 보면 정말 빡쳐요. 나는 옳은 말을 해도 계정 정지를 몇 번 당하는데, 쟤는 저렇게 쌍욕을 하고 다녀도 아무 피해가 없어? 완전 블루 일베예요.

키보드 배틀, 힘들지 않아요?
엄청 소모적이고, 시간은 진짜 빨리 흘러가고, 항상 싸우는 중이잖아요. 그래서 흥분도가 항상 최고조에 있고 다른 일을 못해요. 늘 전투 중인 거죠. 그런데도 여성 혐오 댓글을 보면 하게 돼요. "나를 감히 모욕해!" 이렇게 화가 나니까요. 제가 교화한 사람이 두 명이거든요. 페이스북 메시지로 자기는 솔직히 궁금해서 그러는데 왜 그렇게 생각하시냐고 물어보는 남자들이 있어요. 대부분 저랑 어떻게든 해보려고 하는 사람들이었는데, 그 두 명은 군대나 맨박스 문제를 잘 설명해줬죠. 군대는 어떻게 생겨나고, 여성은 어떻게 착취당하고, 남자를 군대로 부른 건 국방부이고, 이런 식으로 잘 얘기하면 여성 탓이 아니구나 하면서 끝내는데, 그 뒤의 행동을 보면 바꾸는 거죠. 앞으로 뭔 소식 있으면 알려달라고 하면서 잘 끝나기도 하고. 그런 경험 덕분에 오랫동안 키보드 배틀을 할 수 있었어요.

혼자 책을 읽거나 강연 들으면서 페미니즘 지식을 쌓기도 했지만, 키보드 배틀을 지기 싫어서 다른 사람이 쓴 자료를 찾다가 많은 걸 알게 됐어요. 그런 시간이 없었으면 페미니즘 지식을 습득하기가 좀 어렵지 않았을까 생각해요. 싸우려고, 이기려고 논리를 찾는 거죠.

여성 혐오 댓글을 다는 사람들에게 반격할 때 어떤 말을 하나요?

"넌 그게 뭐가 좋아?" "아무한테도 안 좋을 텐데, **가부장제를 유지해서 뭐가 좋은지 생각해봤어?**" 이런 말들을 주로 했죠. 가부장제가 너한테도 안 좋으니까 다 너 좋으라고 하는 말이라고. 시혜적이죠? 하하하.

온라인 액티비즘의 장점과 과제는 뭘까요?

온라인이 아니면 접근성이 너무 떨어지지 않아요? 저는 **페미니즘이 학문인 줄 알았어요.** 운동이라고 생각을 안 하고, '저스트' 학문. 그냥 이해하는 방법, 렌즈로 생각했고, 운동성은 전혀 몰랐거든요. 처음에는 학문적으로 여성주의 영화를 접했고. **지금 운동을 할 수 있게 된 계기는 온라인이에요. 온라인에서는 내가 당사자라는 사실을 받아들이기 편했어요.** 참여가 쉽다는 거도 장점이고요. 불펨 활동 회원이 대부분 온라인으로 들어오는 걸 보면 확실히 온라인이 접근성을 확장하는 중요한 통로죠.

키보드 워리어 시절에 저는 몰랐는데, 페이스북에 댓글을 쓰면 주변 사람들한테 알림이 뜬대요. "현아, 걔 요새 메갈 하잖아." 이런 식으로 제가 메갈이라는 사실을 학교 사람들이 다 안 거예요. 뭔가를 하기도 전에 이미 메갈이 돼 있어서 편하기는 했지만, 알림이 뜨는지는 몰랐죠.

제가 어떤 단체에 메시지를 쓸 때, 거기에는 많은 사람이 있겠지 상상하면서 조심스럽게 일대다로 보내잖아요. 불펨에 메시지를 보내는 사람들은 그렇게 생각을 안 해요. 불펨이 1인 기업인 줄 아는 거죠. 한 명에게 보내듯이 '야!' 이러기도 하고. 물론 이런 고민이 있는데 어떻게 생각하냐는 식으로 아주 편하게 묻기도 해요. 접근성이 좋은 게 장점이자 단점인 거죠.

온라인 의사소통을 하면 함부로 하게 되는 걸까요?

사람이 듣는다고 생각 안 하는 거겠죠. 자기가 한 말을 읽는 게 사람이라고 생각 안 하는. 기계가 대답하는 줄 아나 봐요.

가슴해방운동을 한 뒤에 어떤 변화가 생겼나요?

저도 노브라는 굉장히 용기가 필요해요. 제 일상이 영화 산업에 걸쳐 있기 때문에 일하면서 아주 보수적인 눈길을 많이 받아요. 일하는 현장이 사무직이랑은 다르잖아요. 사무실은 거의 여성인데 현장은 거의 남성이고, 항상 가방을 크로스로 메고 뛰어다녀야 해요. 지나친 생각일 수 있지만, 사람들이 제 가슴을 신경쓰지 않을까 하는 고민을 많이 하거든요. 노브라가 예의가 아니라고 할까 봐. 영화 현장에서는 치마 입고 가도 욕을 먹거든요. "헉, 치마를 입고 와. 대단하다." 이런 반응이 당연한 문화거든요. 그래서 노브라를 하려면 이미지 메이킹이 많이 필요한데, 그 운동을 한 기억이 '나는 이미 다 깠는데 여기서 안 깔 이유가 뭐야'라는 **용기를 주죠. 저도 노브라를 하는 데 항상 용기가 필요해요.**

현아 님이 찌찌 해방을 하게 된 동력은 무엇일까요?
절대 혼자는 생각하지도 못했겠죠. 저는 재미있어서 했어요. 정말 웃기고 재미있잖아요. 우리의 강점은 불펨의 눈으로 볼 때 **'진짜 재미있다. 계속 하고 싶다'**는 거예요. 찌찌 해방이 공격적인 면도 있다고 생각해요. '우리는 가졌다! 우리의 무기야!' 같은 느낌. 전혀 무기가 아닌데 사람들이 무기라고 말하니까요.

찌찌를 무서워하는 걸까요? 싫어한다고 보기에는 너무 좋아하는 것 같기도 하고.
잘 모르겠어요. 무서워할 수도 있다고 생각해요. 망태 할아버지나 도깨비처럼 워낙에 안 봐서 지나치게 신성시되는 건 아닐까요?

많이 보잖아요.
여성들이 공공장소에서 스스로 가슴을 보여주는 모습이 관례하고는 안 맞잖아요.

다른 누군가 때문에 벗은 몸은 보지만 우리 스스로 벗는다는 행위
가 중요하군요.

그러니까 무섭게 느껴지는 거죠. 상의 탈의를 한 다른 그림을 보면
야하다는 느낌을 받지만, 저희가 한 모습을 보고 야하다고 느낀 적
이 한 번도 없거든요. 에로틱하게 느끼기보다는 진짜 센 언니들 같
다고 받아들여질 때가 많아요. 공포는 그런 데서 오겠죠. 그전에
본 적이 없고 익숙하지 않아서 무섭다고 느끼거나 범접할 수 없는
거죠. 우리는 이상화된 몸을 기호화해서 에로틱하게 받아들이도록
학습됐는데, 그렇지 않은 몸을 보면 생소해서 에로틱하다고 느끼
기 어렵죠.

가슴해방운동은 그런 기호화를 부수죠. 더는 여성의 몸을 그렇게
보지 말라는 거고.

여성의 몸은 다 그렇게 생긴 게 아니라는 현실을 직접 보여주죠.

현아 님에게 찌찌 해방이란?

예술을 공부하면서 포스트모더니즘의 하나로 페미니즘을 접했고,
철학이 운동으로 됐잖아요. 운동을 하지 않으면 뭔가를 쟁취할 수
없는 세상이고, 살아간다는 것 자체에 의미가 있어야 되고. 처음부
터 의미는 없지만 내가 어떻게 살아갈지 고민한다면, 저는 페미니
스트로 살아가야 하고 사람들이 언제인가 다 이쪽으로 올 거라고
생각해요. 너무 급진적이라고 하는 사람들에게 저는 이렇게 말해
요. "세상에 급진보가 있고 급보수가 있는데, 전쟁 때 빼고는 항상

왼쪽으로 가잖아. 그럼 그냥 같이 오지 그래?" 어차피 세상은 진보하고 사람들은 언제인가 이쪽으로 오기 때문에 제가 틀린지 옳은지 가리기보다는 '그냥 내가 먼저 간다' 주의거든요.

저에게 찌찌 해방이란 미래를 먼저 사는 거예요. 그렇게 생각하지 않으면 너무 우울하지 않아요? 세상이 안 바뀐다고 생각하면 우울해요. 살 이유가 없잖아요. 더 안 좋아질 세상에서 뭐하려고 살아요. 세상이 좋게 바뀐다고 믿어야 그나마 살지. 안 그래도 끝에 있어서 힘든데. 영화 일도 하고 활동가도 하면서 넓은 스펙트럼에서 여기도 가고 저기도 가보면 다 힘들잖아요. 어디 하나 행복한 곳이 없어요. 똑같이 다 힘들면 그나마 내가 나일 수 있는, 좀더 희망을 느낄 만한 곳에 서 있는 게 낫다고 생각하거든요. 그냥 조금 더 빨리 미래를 맛보고, 미래를 경험하고, 미래를 이야기하고, 미래를 살고 있다고 봐요.

미래를 산다는 것, 그리고 미래에 관해 이야기한다는 것은 그 미래를 좀더 앞당기는 것이기도 하고요.

맞아요. 찌찌 해방은 여성들이 일상에서 겪는 억압을 벗어나게 하고 해방을 경험하게 하는 최초의 질문을 던진다는 점에서 아주 중요한 운동이죠.

페미니즘 리부트 이전과 이후에 어떤 변화가 있었나요?

자기혐오가 좀 줄었어요. 아줌마 혐오도 있었고, 롤 모델이 없기 때문에 미래가 없다는 생각도 많았고, 여성인 나를 혐오하는 감정도 되게 컸어요. 타인 여성을 향해서도 오해를 많이 했거든요. 그런 감정이 많이 줄어들고, 오히려 자매를 얻었어요. 그게 가장 좋아요.

그럼 나에게 페미니스트 되기란?

제가 페미니스트가 된 전사를 말씀드렸잖아요. 그때 기계적 중립을 버리고 세상에 절대적으로 옳은 것은 없다는 가치관을 갖게 됐어요. 제 마음에 들어온 말이 '도덕은 실천이다'였어요. 활동하면서 겪은 과정이나 비건이 된 과정까지 같이 생각해보면, 저한테 페미니스트 되기란 실제로 살아가면서 세상을 좀더 정의로운 곳으로 만들기 위해 뭔가를 실천하기예요. 알고 있는 단계도 아주 중요하고 훌륭해요. 대화, 공감, 이해도 되게 중요한데, 전환점은 페미니즘을 실천하는 거예요. 실천하기 영역에서 가슴 해방이 중요해요. 노브라를 할 때마다 '그래, 나는 페미니스트야'라고 말하고 벌벌벌 떨면서 집을 나서고, 가슴 해방 시위 할 때마다 '그래, 페미니스트니까 어떤 브라도 우리를 가릴 수 없어'라고 말은 하면서 벌벌 떨면서 까잖아요. 하하하.

사람들이 너는 불펨이니까 노브라가 어렵지 않지만 여자들이 브라를 벗기는 쉽지 않다고 많이 말하는데, 우리가 그걸 모르지 않잖아요. 우리도 매일매일 고민하잖아요. 불펨을 바라보는 이미지가 있어요. 쟤네들은 페이스북 앞에서도 겁 없이 웃통을 벗으니까 노브라는 간단할 거라고 생각하는데, 나도 흰색 티셔츠를 입을 때 고민한다는 거죠. 유두가 비치지 않는 흰색 옷을 고른다든지, 유두 부분에 글자나 써 있거나 프린팅이 된 옷을 골라 입거든요.

맞아요, 맞아요.

나도 이런 고민을 한다는 거죠. 그 고민 안 하고 싶어서 우리가 이 운동을 하잖아요. 더운 날씨에도 브라를 해야 하고, 답답하고 소화가 안 돼도 브라를 해야 하는 많은 여성들을 위해 이 운동을 한다고 생각해요.

#

농구 모임에서 현아를 처음 만났고, 불꽃페미액션에서 한 이런저런 기획 회의에서 종종 마주했다. 현아하고 함께 기획 회의를 할 때는 늘 즐거운 기억이 남았다. 딱딱한 회의를 지루하지 않게 하는 힘이 현아에게 있었다. 기획 회의라기보다는 아무 말 대잔치를 하면서 저절로 기획이 된다고 할까. 인터뷰 날짜와 장소를 잡다가 현아는 흔쾌히 자기 집에 나를 초대했고, 곧이어 메뉴를 결정해달라는 메시지가 왔다. 세미 채식을 하면서 먹지 못하게 된 마라탕 맛이 그립던 나는 현아가 만든 채식 마라탕이 궁금했다. 마라탕이 정말 맛있어서 인터뷰를 하러 간 건지 마라탕을 먹으러 간 건지도 잊은 채 정신없이 먹었다.

마라탕을 다 먹자마자 나는 인터뷰를 하자고 했다. 수영을 만나 인터뷰를 할 때처럼 인터뷰에 서툰 인터뷰어가 근황 이야기를 세 시간 한 뒤 정식 인터뷰도 세 시간 넘게 한 전철을 밟지 않고 싶었다. 세 시간 인터뷰를 마치고 세 시간이 넘게 이런저런 얘기를 하다 보니 여섯 시가 넘어 있었다. 저녁까지 먹고 갈 수도 없고 돌아갈 길이 멀어서 끝없는 수다를 부랴부랴 끊고 일어섰다.

여러 사람을 인터뷰하는 동안 그 사람을 만나는 목적은 분명히 인터뷰였다. 때로는 그 사람이 만나고 싶어서 인터뷰를 핑계로 내세운 건 아니었나 하는 생각도 들었다. 인터뷰를 하기 전이나 인터뷰를 한 뒤에 오래 이야기를 나눈 사람도 있었고, 인터뷰를 마치고 함께 돌아가는 길에 또 언제 만날 수 있을까 하는 생각이 들면서 헤어지는 순간이 아쉽기도 했다.

인터뷰를 다 하고 보니 노트북은 내가 만나고 싶은 사람, 이야기가 궁금한 사람들로 채워져 있었다. 바로 이 사실이 여기 실린 인터뷰들이 지닌 가장 큰 한계이자 장점이다. 내가 다시 만나고 싶은 사람들이기 때문에 인터뷰가 재미있었고, 서로 어느 정도 신뢰하고 친밀한 덕분에 관계를 형성하는 데 오랜 시간이 걸리지 않았으며, 솔직하게 자기가 한 경험을 들려줬다.

현아는 마라탕이 평소보다 맛이 없게 됐다고 했다. 그렇지만 나는 현아가 끓인 채식 마라탕이 정말 맛있었다. 현아가 나를 위해 들인 정성이 세상에서 가장 강력한 조미료가 아니었을까. 음식에 관련된 기억이 누가 만들고 누구하고 함께 먹는지에 따라 마음속에 자리잡는다면, 인터뷰에 관한 기억은 누가 질문하고 어떤 곳에서 어떻게 진행하는지에 따라 달라진다.

현아에게 '전수'받은 비법으로 채식 마라탕을 조리할 때면, 나는 현아의 집과 마라탕과 인터뷰를 떠올린다. 인터뷰 참여자와 독자들은 이 책에 담긴 이야기들을 어떻게 기억하게 될까. 어떤 순간에 떠올리게 될까.

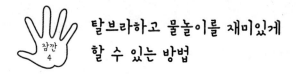

탈브라하고 물놀이를 재미있게 할 수 있는 방법

2017년 인권 캠프 '교차로'●를 진행하는 데 필요한 내규를 마련하는 모임에서 겪은 일화다.

A 숙소 근처에 계곡이 있다는데 물놀이 한번 해야 하지 않을까요?

B 날도 더운데 하면 너무 좋죠.

C 노브라라서 옷이 젖으면 비칠 텐데, 브라를 챙겨야 하나…….

A 브라가 팬티보다 말리기 어려운데.

B 짙은 색 티를 입고 오는 건 어때요? 아무래도 흰색은 좀 비쳐서 신경 쓰일 것 같기는 해요.

A 반창고라도 붙일까요? 아……브라는 하기 싫고, 신경쓰기는 싫고. (고민 중…….)

C 안 쳐다보면 되잖아요. 물놀이에 집중하라고!

A 그러네요. 옷이 문제가 아니잖아. 안 보면 되네.

● 2017년 8월 25일부터 27일까지 경상북도 문경시에서 인권 강연을 비롯해 장애와 노동, 젠더 규범과 차별, 청소년 노동과 기본 소득, 노동 라운드 테이블을 주제로 열린 행사. 불꽃페미액션, 아르바이트 노동조합, 청소년페미니즘모임, 행동하는성소수자인권연대가 함께 주관했다. 모든 공간과 활동에 젠더 프리를 적용했고, 모든 음식을 비건으로 준비했다. 참여자들은 성별, 성적 지향, 나이, 종차별 등 '교차성'에 관해 치열하게 고민했고, 틈틈이 신나게 놀면서 인권에 관해 고민하고 실천했다.

브라를 차지 않는 여자 셋이 모여 물놀이를 어떻게 하면 가장 재미있을까 고민할 때 맨 처음 나온 이야기가 브라였다. 우리는 이런저런 얘기를 하다가 깨달았다. 브라의 문제도 아니고, 옷의 문제도 아니었다. 누가 바라보고 있다는 사실, 그리고 브라를 차지 않은 여성이 받게 될 비난이 문제였다.

인권 캠프에서는 내규를 함께 읽고 일정을 시작히기보다는 그 속에 담긴 내용을 좀더 정확히 이해하기 위해 사례별 조별 토론으로 프로그램을 구성했다. 우리는 방금 한 이야기를 대화로 구성해 물놀이에서 노브라 여성이 존중받는 문제가 인권 캠프에서 중요하다는 내용을 넣기로 했다.

내규 토론에 들어간 내용은 아래 예문을 보면 된다. 이 예문을 읽은 사람들은 노브라 여성이 물놀이할 때 느끼는 고민에 관해 이야기를 나눈다. 그러다 보면 브라의 문제도 아니고 여성의 문제도 아니라는 사실을 깨달을 수 있다. 공동체 안에서 이런 고민을 나누려면 활용하기를 바란다.

(계곡에서 물놀이 중.)

A (빤히 쳐다보며) 야, 저 사람 좀 봐…….

B 헉, 노브라인가 봐…….

A 아무리 그래도 물놀이하는 데 노브라는 좀 아니지 않아?

C …….

잠깐 옆길로 빠지면, 인권 캠프 약속문을 만들 때 2박 3일 동안

에 월경하는 사람이 있을 테니 월경에 관한 내용도 넣자는 의견이
나왔다. 전체 약속문의 '지내면서'에 '6. 월경은 자연스러운 것이라
는 인식을 가지며 이에 대해 자유롭게 이야기하고, 월경하는 이가
편안함을 느끼며 생활할 수 있는 캠프를 만들어요'라는 문구를 넣
었다. 당연한 일이지만 약속문에 월경을 넣은 뒤 경험한 일들은 두
고두고 기억에 남았다.

첫째 날 밤 조별 이야기 시간이었다. 각자 할 일을 정하고 밤 프
로그램 참여자 욕구 조사를 하는데 한 분이 말했다. "저는 오늘 월
경해서 피곤해요. 그냥 쉴래요." 참여자는 월경 용품을 숨기지 않
아도 됐고, 월경컵을 숙소 한편 탁자 위에서 말리기도 했다. 몇몇은
아는 사람이지만 대부분 처음 만난 사이였다. 이 모든 상황이 젠더
프리● 공간에서 벌어졌다. 젠더 프리로 공간을 구성한다고 할 때 사
실 걱정되고 긴장도 됐다. 그렇지만 모두 기우였다. 젠더 프리로 2
박 3일을 살아보니 서로 한 인간으로 존중하기만 하면 성별 장벽을
허물기 위해 모인 사람들 사이에 성별은 중요하지 않았다. 화장실,
욕실, 숙소를 같이 써도 문제가 되지 않았다.

이 인권 캠프를 통해 나는 성별 구분에 따라 우리 삶이 얼마나
제한받고 있는지 생각했고, 월경이 여성의 몸에서 일어나는 자연
현상으로 받아들여지는 분위기에서 좀더 편안하게 월경하는 여성

● 여성과 남성이라는 이분법을 벗어나 성별을 굳이 구분하지 않는 상태. 인권 캠프에서는 화장실과
샤워실을 비롯한 모든 공간을 젠더 프리로 규정했다. 남성 소변기는 쓰지 않기로 했다. 그렇게 되면
화장실을 함께 쓰기 어렵기 때문이었다. 아무도 여성 또는 남성으로 불리지 않으려 노력했고, 당연히
성별에 따른 역할도 없었다.

을 만났다. 또한 월경 이야기를 당당하게 할 수 있을 때 월경을 경험하지 못하는 사람들도 월경에 관해 배울 수 있었다. 가슴과 월경을 잘 숨겨야 한다는 심리적 부담과 신체적 제한에서 벗어난다면, 여성들은 자기 몸을 더 건강하게 돌볼 수 있지 않을까.

❸ "이 몸이 기본이죠"

페미니스트로 살아남기 바라는 소원 이야기

소원에게 가슴이란? 가슴에 관한 첫 기억을 들려주세요.

초등학교 3학년 때 멍울이 처음 생겼어요. 그때는 기뻤죠. 다음날 가장 친한 친구를 학교 화장실로 불러서 둘이 같은 칸에 들어가 가슴 얘기를 한 기억이 나네요. 그러고 나서 초등학고 5학년인가 6학년 때 브래지어를 시작했죠.

브라를 차기 시작할 때는 관심이 많이 갔는데, 이게 좀 불편하잖아요. 나중에는 흥미가 떨어졌어요. 중학생 때부터 늘 교복 차림인데, 브라 입고, 러닝 입고, 반팔 입고, 와이셔츠 입고, 조끼 입잖아요. 거의 갑옷 같아서 굳이 브라를 안 해도 티가 안 나요. 조끼를 벗지만 않으면. 브라를 거의 안 하고 다녔는데, 친구들이 등을 만지거나 운동할 때 불편해서 주로 여름이나 체육 수업 있는 날만 했어요. 어릴 때부터 소화가 잘 안 되는 편이라 브라가 너무 불편했죠.

한번은 결핵 검사 한다고 학교에 버스가 와서 엑스레이를 찍었어요. 여고를 다녔는데, 그날 브라를 안 하고 갔죠. 남자 방사선사가 굳이 브라 벗지 않아도 된다고 말하는데, 그게 너무 당황스럽잖아요. 엑스레이에 다들 와이어 자국이 있을 텐데 나만 없으면 수치스럽잖아요. '아, 어떡하지. 와이어 없는 브라도 있지.' 이러면서 그냥 찍었어요. 나중에 친구들한테 그때 얘기를 들었어요. 강 씨랑 정 씨가 있었는데, 이름순으로 번호이고 번호순으로 엑스레이를 찍으니까 브라를 안 하고 온 강 씨한테 정 씨가 벗어주고 강 씨가 다시 벗어서 정 씨가 입고 찍고 그랬대요. 브라는 여성의 성적 매력을 더하는 요소인데, 나만 이상하다, 나만 불편해하고, 나만 브라를 안 하는구나 생각했는데, 그 이야기를 듣고 나서는 다 똑같이 불편해 하는 걸 알게 됐죠.

브라가 불편하다는 얘기를 나중에 대학 와서야 털어놓았거든요. 브라를 돌려 입은 일도 웃기고, 급한 상황에서 여자들끼리 브라 돌려 입기, 체육 해야 하는데 가슴 큰 친구가 브라 빌려달라고 하면 빌려주는 그런 일이 종종 있었더라고요. 여자들 의리는 생리대나 브라 빌려주기로 빛나죠. 아무리 나쁜 년이라도 생리대는 어디서든 꺼내준다는 말이 있잖아요. 그런 쪽으로는 여자들끼리 공감하면서 마음이 너그럽구나 생각했어요.

브라를 빌려 입을 생각은 못 했네요. 학교 다닐 때 브라 안 하고 집을 나가는 일은 상상하지 못했거든요. 당연히 친구들이 브라를 안 할 거라는 생각도 못 하고. 브라를 안 할 수 있다는 상상력이 왜 없었을까, 브라 안 하는 여성은 왜 그걸 숨기고 수치스럽게 여겨야 했을까 생각하면, 오랜 시간 여성의 몸을 훈육하고 억압한 결과죠. 여자는 가슴이 나오면 브라를 무조건 착용해야 한다고 가르치니까요. 결핵 버스 에피소드는 10대 여성이 브라 때문에 얼마나 압박받는지 잘 보여주네요. 진짜 웃프네요.

가슴은 제 일생의 콤플렉스이자 스트레스죠. 지금은 많이 자유로 워졌지만, 그래도 평생 안고 갈 고통이에요. 어릴 때는 더 심했어요. 어릴 때 아주 말라서 지방이 없었고, 그래서 제 가슴을 지금도 별로 안 좋아해요. 제 가슴을 있는 그대로 보고 긍정하는 데 오랜 시간이 걸렸어요. 예전에 브라를 벗으면서도 '가슴이 없는데 브라라도 해야 되지 않을까, 약간의 볼륨감을 위해 이거라도 해야 되지 않을까' 하는 죄책감과 박탈감이 심했는데, 지금은 '브라, 벗지 뭐' 이렇게 편하게 받아들일 수 있게 됐죠.

학교 다닐 때 작은 가슴을 보이고 싶지 않아서 움츠리고 다니다가 등이 굽었거든요. 그런데 엄청 큰 친구나 작은 친구나 똑같더라고요. 가슴이 작으면 가슴 없는 몸이 드러나니까 등을 굽히고, 가슴이 크면 무거워서 등을 굽히고. 엄마한테 등이 굽었다고 한소리 듣고. 소화가 잘 안 돼서 브라를 잘 안 하니까 떳떳하게 등을 더 펼 수 없는 거죠. 그래서 등이 많이 굽었고, 자존감이 많이 깎였어요. 여성이 타자화될 때 얼굴이 못생겼다거나 몸이 뚱뚱하다거나 가슴이 작다는 말을 많이 듣는데, 저는 가슴이 큰 스트레스였죠.

인터넷에서 남자들이 작은 가슴 좋아한다고 하지만 사실은 거짓말이라는 밈 같은 게 있죠. 남자 친구가 작은 가슴도 좋다고 그랬는데 잠꼬대로 '아, 나는 가슴 큰 게 좋은데' 했다는 고민 글도 본 적 있어요. 가슴 큰 여자를 좋아하는 게 남자들 본심이라고 생각하니까 진짜 스트레스인 거예요. 내 몸을 떠올릴 때 나를 가장 괴롭게 하는 요소가 가슴이죠.

아는 분이 얼마 전에 유방 확대 수술을 했는데, 남자 파트너가 가슴이 조금만 크면 좋겠다고 스치듯 말했대요. 말은 자기만족이라고 하는데, 저는 들으면서 마음이 좀 복잡했어요. 처음 성관계할 때 가슴 때문에 하기 싫더라는 분도 있고요. 작은 가슴이 수치스러워서 새로운 사람이랑 성관계할 때 가슴을 보여줘야 한다는 게 가장 싫다는 거예요. 남자 친구한테 자기 가슴이 작냐고 물어봐서 그 정도면 괜찮다는 말을 듣고 나서도 저게 진심인가 의심한 친구 얘기도 떠오르네요.

그래도 페미니즘 리부트 뒤에 인터넷 여초 카페가 달라졌어요.

그래요?

어릴 때부터 여초 커뮤니티를 했는데, 쭉방이 중고생용이고 '여성시대'(여시)가 20~30대예요. 그런데 요즘 청소년들은 카페를 하지 않기 때문에 나이를 그대로 먹었어요. 여시는 20대 후반에서 30대 후반 느낌이라면 중고생이 많던 쭉빵은 이제 애 키우는 사람이 나올 정도로 20대 중후반이죠. 그때 자주 올라온 글이 남자 친구가 좋아하는 여자의 말투, 행동, 속옷이나 여자를 설레게 하는 남자의 행동 같은 거였어요. 성착취(성판매) 여성 혐오도 굉장히 심했어요. '여적여'(여자의 적은 여자) 프레임이 강할 때이고, 성녀와 창녀라는 이분법 안에서 창녀가 되지 않으려면 성녀로 정체화해야 하기 때문에 '나는 창녀가 아니야. 나는 그런 사람이 될 리가 없어'라고 말하는 사람들이 있었죠. 그때도 그 정도까지 하는 게 이해가 안 됐거든요. 혹시라도 저런 일을 겪으면 나는 정말 매장되겠다는 생각이 들었어요.

지금은 인터넷에서 가슴 치수 75에이, 80시 같은 얘기들이 안 보이지만, 페미니즘 리부트 이전까지 가슴 치수 게시물이 엄청 많았죠. 그런데 이제 그런 게시물이 전혀 없어요. 그게 가장 큰 변화예요. 세상은 변하지 않는다고, 세상은 여전히 많이 바뀌어야 한다고 생각하지만, 여성들이 달라져서 숨쉴 수 있는 공간이 늘어난 걸 체감할 때 위안을 삼죠. 어릴 때 꿈이 현모양처였어요. 부모님도 그렇고, 제가 아기들을 되게 잘 돌봐요. 여초 카페에는 현모양처나 사랑받는 여자 친구가 되는 데 필요한 가슴 사이즈, 걸음걸이, 옷차림, 속옷 같은 게시물들이 중고등학교 때만 해도 엄청 많았어요. 그래서 코르셋을 엄청 조였죠. 그때에 견주면 지금의 저와 지금의 인터넷은 아주 다른 곳이에요. 여성들끼리 가슴 사이즈를 물어보지도 않고, 어쩌다 글이 올라와도 이런 걸 왜 올리냐는 댓글이 다수죠. 이제 내가 브라를 안 한다고 해서 다른 여자들이 이상하게 보는 일은 없겠다고 생각하니까 엄청 자유로워졌어요.

2018년 찌찌 해방에 참여한 계기는 뭔가요?

그날 쭉 단추가 달려서 위아래 살짝 열면 되는, 벗기 쉬운 옷을 입었어요. 가는 내내 찌찌 해방을 할까 말까 고민했는데, 같이 살던 ○○은 당연히 한다고, 그게 별거냐고 했죠. 저도 할지 모르니까 일단 벗기 쉬운 옷을 입었는데, 결국 못한 거죠. 벗지는 않아도 참여하고는 싶었는데, 사진 찍기 전에는 사람들이 쳐다보더라고요. 사진 찍을 때 같이 찍어도 될까 망설이는데, 다 같이 찍는 기념사진인데 어떠냐고 해서 찍게 된 거죠.

어떤 점이 걱정됐어요?

젊은 여성들은 목욕탕도 잘 안 가고 서로 몸을 보여주지 않잖아요. 포르노가 아니고, 레즈비언 아니고서야 여성의 몸을 볼 기회가 없잖아요. 그래서 월경 페스티벌 때 문화 충격을 받았어요. 저는 사실 찌찌 해방을 할 수 있는 가슴도 정해져 있지 않냐, 가슴에 콤플렉스가 없는 사람만 가능하다고 말했어요. 일단은 가슴을 남에게 보여주는 것 자체가 싫었고, 사진으로 남고, 공적인 일이 되고, 페이스북에 올라가고, 더는 삭제할 수도 없고, 내가 아는 모든 사람이 내 가슴을 보는, 그런 여러 이유 때문에 가슴을 드러내기 어려웠죠.

생각해보면 그때는 일상생활에서 브라를 하고 다닐 때라 브라 안 하고 온 사람을 보면 나도 모르게 시선이 가는 거예요. 그래서 그런 얘기도 우즈들이랑 회의할 때 나눈 기억이 나요. 그때는 가슴 있는 친구들이 젖꼭지가 보이는데 노브라로 오는 정도만 해도 문화 충격이었죠. 눈을 어디에 둬야 할지 모르겠고, 눈을 마주치면서 이야기하는데 어디선가 다른 눈동자가 보이는 듯했어요. 처음 겨털을 되찾듯 가슴을 되찾은 거죠. 나중에는 가슴을 봐도 아무렇지 않고, 남의 가슴을 보든 내 가슴을 보든 익숙했어요. 활동가들끼리 누가 노브라를 하고 오는지가 운동성의 기준이었고, 그 뒤에는 찌찌 해방이었죠.

그때 처음으로 많은 여성의 가슴을 봤어요. 위안과 안도를 느끼기도 했어요. 흔히 여성 가슴 기준에 맞게 똑같이 핑크빛 유두에 엎어놓은 밥그릇 모양일 줄 알았는데, 다 제각각이었어요. '유두가 아주 큰 친구도 있고, 까만 친구도 있고, 처진 친구도 있는데, 다 드러내는구나. 언젠가는 나도 할 수 있을까?' 이런 생각도 했지만, 저는 안 할 것 같았죠.

가슴에 관해 고민을 많이 했네요. 그런데도 이 운동에 참여하고 싶다는 욕구는 무엇 때문에 생겼을까요?

2018년에 우즈였고, 친구들이 하나씩 성취해가는 모습을 봤어요. '내가 극복하지 못한 콤플렉스가 찌찌 해방이야. 나 혼자서는 절대 하지 못해. 콤플렉스를 극복하고 싶은 마음은 있지만 감당하지 못할 거야. 내가 정말 넘어서고 싶은 고민거리를 갖고 친구들이 운동을 하니까 나도 뭐든 해야겠다. 그 기분을 같이 느껴봐야겠다.' 이렇게 생각하면서도 가슴 노출을 안 한 채 참여하고 있다는 데 죄책감을 많이 느꼈고, 정말 동참하고 싶지만 하지 못하는 제가 너무 싫었어요. 그래서 기자 회견을 할 때 경찰들이랑 대치하고 협의하면서 언론에 나가게 하는 게 제가 할 일이라고 생각했어요. 같이 준비한 친구들이 우리는 다 모자이크 처리가 되는데 너만 얼굴 나가면 오히려 네가 감당해야 될 몫이 클 수 있다고 말렸지만 저는 괜찮다고 했어요. '사실 여기 끼면 안 되는데, 숟가락 얹어서 너무 부끄럽고, 용기도 없어서 죄책감이 드는데, 쟤네들이 하는 만큼 나도 뭔가 보여줘야지.' 이런 생각에 경찰이 이불로 덮을 때 온 힘으로 매달려서 오히려 저만 공무 집행 방해죄로 체포될 뻔했거든요. 제 욕구를, 평생의 스트레스를 해소하고 싶다는 마음이 다른 방식으로 작동한 거죠.

참여하고 나서는 기분이 좀 어땠어요?

기자 회견 때는 사실 내가 남들처럼 하지 못하니까 죄책감, 부끄러움이 많았어요. 그때 제가 페이스북 관리자였거든요. "게시물 탈환을 완료하였습니다. 저희의 승리입니다. 우리의 투쟁은 역사가 기억할 것입니다. 여성의 몸이 성적 대상화되지 않는 그날까지 불꽃페미액션은 투쟁하겠습니다. 한 사람의 열 걸음보다 열 사람의 한 걸음이 세상을 바꿉니다. 함께 행동하고, 분노하고, 싸우는 분들이 있어 힘이 납니다." 이런 글도 썼어요. 저는 그 **한 걸음**, 그 **열 사람에 껴서 같이 한 걸음 가는 사람**이었죠. 그래서 그냥 이런 마음이 있었어요. '너희들 모습을 보고 오히려 내가 해방감을 느꼈어. 그 **해방감은 너희들만의 것이 아니고, 나에게도 한 발자국이야. 너희들만의 열 발자국이 아니라 우리가 함께 걸은 한 발자국이야.**'

2018년 페이스북 담당자였다면, 그때 상황을 설명해주실래요?

두 가지 때문에 당황했죠. 첫째, 불펨 페이지 삭제 경고, 둘째, 올린 지 3분 만에 삭제. 월경 페스티벌 찌찌 해방 사진을 제가 올렸거든요. 3분 만에 삭제됐어요. 올리자마자 삭제돼서 본 사람도 없어요. 페이지 운영자한테는 보이거든요. 게시물 반려 메시지라든가 '좋아요' 수나 게시 글 노출 수도 뜨는데, 열 몇 명 봤나? '페이스북이 우리를 감시하고 있구나'라는 생각이 들죠. 그런데 지금 보면 인공 지능이 여성의 몸으로 인식하고 자동 삭제한 게 아닐까 싶어요.

같이 살던 ○○랑 공원을 산책하면서 글을 올리고 반응이 어떤지 보는데 실시간으로 삭제된 거예요. 바로 캡처하고, 우즈 텔레그램 방에 올려서 우리 어떻게 하나, 다시 글을 올려야 하나 말아야 하나 대책 회의를 했어요. 기자 회견 하자는 의견은 가현이 냈고, '니들이 뭔데 우리를, 우리 벗은 모습을 삭제해? 그럼 거기 가서 벗자'는 말을 제가 했어요. 그게 불펨의 방식이고, 우리를 보여주는 거라고 생각했어요.

이 기자 회견이 진짜 빠르게 진행됐거든요. 화요일인가 사진 올렸는데 삭제돼서 그 주 토요일에 했다는 말이에요. 가슴 해방 할 사람을 모아야 되는데 당연히 먼저 우즈들 중에서 찾잖아요. 사태가 빠르게 전개되고 공공성도 커서 이슈가 된다고 생각했어요. 퍼포먼스도 있다고 알리고 기자 회견 참여자를 모집했어요. 시간이 되는 우즈들은 대부분 다 했고, 글자 수를 맞춰야 하니까 불펨에서 열심히 활동하거나 월경 페스티벌에서 사진 찍은 사람을 중심으로 제안했어요. 우즈 중에 그날 참여해서 상의를 벗지 않은 사람이 저죠. 그래서 제가 진행을 맡은 거예요. 처음 여여 님이 인터뷰하자는 말에 인터뷰에 적합하냐고 되물은 이유가 제가 한 번도 가슴 해방을 하지 않은 사람이어서 그랬어요.

저는 생각지 못한 질문이라서 낯설고 놀랐거든요. 상의 탈의 유무에 상관없이 가슴해방운동에 함께하신 모든 사람이 참여자라고 생각했어요. 그 운동을 지지하고 함께하겠다는 의지가 강하기 때문에 사진 촬영에 동참했거든요. 저도 월경 페스티벌에서 사진 찍는 활동을 했는데 정작 가슴해방운동에 참여한 사람이라는 생각은 안 했더라고요. 상의 탈의를 하지 않고 사진에 안 나오니까. 그런데 누군가 사진을 찍어서 기록이 남은 거잖아요. 왜 나는 나를 이 운동의 참여자로 생각하지 않는 걸까 생각했죠. 한 운동이 구성되려면 기획자, 진행자, 보조 진행자, 참여자가 합이 잘 맞아야 하잖아요. 소원 님이 던진 질문은 가슴해방운동에서 상의 탈의 유무가 참여자에게 어떻게 의미를 만드는지, 이 운동의 참여자는 누구인지 고민하는 계기가 됐죠. 새롭게 가슴해방운동을 바라볼 수 있게 해준 질문이 고마웠습니다. 그럼 기자 회견 때 기자가 많이 올 줄 알았어요?

아무도 몰랐죠. 솔직히 아무도 안 올 줄 알았어요. 보통 기자 회견은 평일 점심시간 전 10~12시 사이에 해요. 주말에 하면 기자들 아무도 안 오고, 기자 회견문도 미리 몇 번 보내야 하죠. 갑자기 잡다 보니까 기자 회견문도 여러 번 안 보내고, 시간도 주말이었어요. 아무도 안 오면 어쩌지 걱정했는데, 불펨에서 한 기자 회견 중에 역대급으로 많이 왔어요. 깜짝 놀랐죠.

그날 택시 타고 참여자들 여럿이 같이 가면서 기자가 하도 많길래 이런 말도 했어요. "오늘 여기 뭐 하나 봐. 우리 장소 잘 못 골랐네. 오늘 연예인이 뭐 하나 봐." 그런데 그 기자들이 우리를 기다리고 있던 거예요. 우리가 가장 늦었더라고요. 기자들이 먼저 와 있어서 신기했어요. 재미있는 기억이죠. '공중파가 여성의 가슴을 이렇게 좋아하는구나, 미디어가 가슴을 좋아하는구나, 여자의 가슴은 뭘까.' 이런 생각을 했어요. 사진을 보면 기자 회견 장소가 페이스북 사옥 앞이라는 걸 보여줄 만한 게 없었어요. 그래서 저희가 어디서 해야 하나 하면서 움직일 때마다 기자들이 찍으려고 우르르 따라오고, 경쟁이 엄청 치열했어요. 어디서 설 거냐 물어보고. 그날은 저희가 셀럽이었어요. 카메라가 진짜 한 100대는 되고. 모든 기자 회견을 승산을 보고 하지는 않잖아요. 두려움도 좀 느꼈지만, 이번에는 성공하겠다고 생각했죠.

참여자를 모을 때 안내하기는 했지만, 페이스북이 사진과 불펌 페이지를 돌려주지 않는 상황보다는 참여자들이 공연 음란죄로 연행되거나 언론에 노출되는 사태가 가장 걱정됐죠. 공연 음란성의 성립 조건, 공연 음란죄 법조문을 다 외워 갔어요. 공연 음란죄가 성립하려면 제3자가 신고를 해야 되는데, 신고 없이 처음부터 경찰이 나와 있었죠.

상황을 좀 자세하게 들려주실래요?

기자 회견문 낭독하고, 이어서 두 명이 발언을 했어요. 립스틱으로 몸에 '내 몸은 음란물이 아니다'라고 한 글자씩 적었죠. 상의 탈의 퍼포먼스는 맨 마지막에 했어요. 한번 가슴을 노출하면 현장은 아수라장이 되고 아무것도 진행하지 못할 거라고 판단했죠. 퍼포먼스는 가장 나중에 해야지, 안 그러면 기자들이 떠나버리거든요.

경찰들은 저희가 벗자마자 가리려고 이불을 들고 대기하고 있었어요. 그래서 립스틱으로 글자 적으면서 제가 기자들한테는 하나, 둘, 셋 하고 벗는다고 얘기할 건데 퍼포먼스 참여자들은 둘까지 센 다음에 벗어야 한다, 안 그러면 이 글자들 안 찍힌다고 얘기한 기억이 나네요. 사진에 제대로 나오려면 퍼포먼스 하는 사람들은 움직이면 안 된다는 말도 나눴어요. 제가 맡은 일은 둘까지 외친 뒤 확성기 내려놓고 경찰에 대응해서 언론에 사진이 잘 나가게 하는 거였어요. 상의 탈의 하는 친구들은 공연 음란죄로 잡혀갈지 모르는데 저는 잡혀가지 않으니까, 제가 어떻게든 경찰을 막아야 한다고 생각했어요. 사진이 제대로 안 찍히면 연행된 의미가 없잖아요. 혈혈단신이지만 제가 다 막아야 한다고 생각해서 이불에 낑낑 매달렸죠. 나중에 경찰이 저만 공무 집행 방해죄로 잡아갈 수 있다는 얘기를 듣고 많이 좌절했죠. 어떻게든 사진 잘 나오게 하려고 노력은 했는데, 완벽한 사진을 찍은 사람은 없고, 글씨가 제대로 보이는 사진도 없고……. 불펨도 사람이 부족해서 사진을 못 찍었어요. 사진은 없고 동영상은 있을 거예요.

저도 동영상 보고 놀란 게 상의 탈의 하자마자 순식간에 덮어버리더라고요. 기사 사진을 보고 이불 든 경찰이 두 명인 줄 알았는데, 나중에 영상을 보니까 모두 네 명에다가 둘은 여성이고 둘은 남성이더라고요. 1초 만에 이불로 가려서 제대로 본 사람이 있을까 싶고. 경찰이 이불로 가리자마자 소원 님이 '가리지 마세요' 외치면서 이불에 매달리고. 상의 탈의 참여자들은 이불에 둘러싸여 있는 상황에서 혼자 소리치면서 대치하는 모습을 보고 뭉클했어요. 참, 기자 회견 마치고 경찰이 연행하려고 했잖아요.

경찰이 줄지어 서더니 갑자기 그러는 거예요. "가시죠." 그러면서 경찰차 문을 여는 거예요. 저는 집에 태워다준다는 건가 했고 다른 참여자들도 순진하게 따라갔는데, 가현이 경찰차에 절대 타면 안 된다는 거예요. 가현과 촬영 감독님이 운동을 해봐서 경찰에 잘 대응했고, 그래서 연행이 안 됐죠.

가현 님은 연행된 경험을 한 사람이 있어서 힘이 됐다고 말했거든 요. 다른 분들에게는 경험 있는 사람이 뭔가를 할 거라는 믿음이 있었네요. 연행될지도 모른다는 걱정은 없었어요?

저는 이미 연행된 경험이 있어서 빨간 줄 한 번 더 그어지면 인생 망했죠. 다행히 대법원 가서 무죄 받았지만. 서로 그랬구나. 저도 가현이랑 감독님을 믿었거든요. 기자 회견 가기 전에 법조문 외웠고, 경찰이 체포 전에 미란다 원칙을 고지하지 않으면 왜 안 하냐 항의하자고 했죠. 한번 경찰들 말에 동조하면 경찰 말이 다 맞게 되니까, 경찰이 가자고 할 때 타고 가면 공연 음란죄 현행범인 거예요. 무슨 일이 있어도 경찰차 타면 안 된다, 경찰서 안 가기가 목표다, 소환장 날아와도 그때 문제이지 지금은 현행범이 되니까 연행되면 안 된다고 했죠. 제가 막 여기 남자 기자도 상의 탈의 하면 잡아갈 테냐, 사람도 많은데 한번 벗어보라고 했는데 안 벗더라고요.

역할 분담을 딱 하지는 않았는데, 지금 보면 분담이 잘 됐네요. 영상 찍는 사람이 있어서 영상 증거물이 남았고, 가현은 누구랑 해결해야 하는지 아니까 경찰 쪽 대빵이랑 싸웠고, 저는 다른 참여자들에게 경찰차에 타면 안 된다고 안내하면서 기자들에게 이런 상황을 빨리 찍으라고 재촉했고. 기자 회견 뒤에도 잘 정리가 됐네요.

기자 회견이 마무리된 뒤에는 어땠나요?

끝나고 지쳐서 바로 옆에 있는 카페에 가서 좀 쉬자고 했어요. 카페에서 다들 그러더라고요. "소원, 정말 깜짝 놀랐어. 그런 정도까지 할 줄은 몰랐어. 괜찮아? 안 다쳤어?" 친구들은 몰라도 저는 연행되지 않을 거라고, 차려놓은 밥상에 숟가락만 올린다고 여겼거든요. 이런 말들을 들으니 나도 이 열 걸음 안에 속해 있다는, 나도 뭔가 기여를 했다는 느낌이 들었고, 죄책감을 지우고 해방감도 많이 누렸죠. 저도 이 운동을 같이 주도한다고 느꼈어요.

커피숍에서는 무슨 이야기가 오갔나요?

재미있었다는 이야기가 많았죠. 인터넷에 올라오는 기사를 실시간으로 봤어요. 우리가 안 잡혀갔으니까 됐다, 공연 음란죄가 걱정된다, 소원은 공무 집행 방해죄로 들어갈 수 있다 같은 말이 오갔어요. 퍼포먼스 하기 전에 경찰이 출동한 상황이잖아요. 퍼포먼스를 안 하면 공연 음란죄는 아닌 거고. 우리가 아무것도 안 했는데 왜 제지하려 하냐고 항의하니까, 자기들은 지금 공무원의 일을 하고 있고 공무원을 저지하면 공무 집행 방해죄가 된다고 협박한 거죠.

주변 반응은 어땠나요?

다른 일로 재판 중이었고, 이미 사회운동에 몸담아서 더 팔릴 얼굴도 없다고 생각했기 때문에 기자 회견 때 제 얼굴이 나가는 건 크게 상관하지 않았어요. 그런데 예상하지 못한 후폭풍이 기다리고 있었죠. 처음에는 유명해져서 좋았어요. 단체들이 많이 없어지는 상황에서 살아남는 게 중요했죠. '영영 페미'들 사이에서도 '우리 단체가 최고야' 같은 보이지 않는 경쟁 구도가 있었죠. 월경 페스티벌 사진을 처음 올리고 마무리될 때까지 제가 글을 썼거든요. 게시물 반응이 좋아서 한시름 덜고, 미디어에 노출돼 사람들이 이런저런 이야기도 하고, 거기까지는 좋았어요.

그런데 친구들이 갑자기 연락하기도 했고, 그전에도 제가 불펨 활동을 하는 건 사람들이 알고 있었어요. 대학 들어간 지 얼마 안 된 때고, 개인 계정으로 페이스북 활동을 열심히 하고 있었죠. 대학 생활에는 이게 중요하니까 페이스북 친구들이 다 봤겠죠. 기자 회견 뒤에 페이스북 친구가 많이 끊겼어요. 상대방이 끊은 거죠. 대학 때 지인들은 연락이 많이 끊어졌어요. 복학했는데 학교 다니기가 무서운 거예요. 사람들이 째려보는데, 제가 큰 배신자인 거죠. 그때 엄청 꾸미고 다닐 때였거든요. 그런 애가 갑자기 찌찌 해방 기자 회견을 하고 언론에 나오고 그러니까 배신감을 많이 느낀 거죠. 오프라인에서 사람들이 저를 막 피했어요.

갈 곳이 없더라고요. 사람들이 눈앞에 와서 스쳐 지나가는데, 째려보거나 인상을 찌푸리거나 인사를 안 받는다거나 그랬죠. 다 찌찌 해방 때문이라고 생각했죠. 학교 단톡방에서도, 동아리 남자들 단톡방에서도 분명 그 사진이 돌았을 거고, 동기들도 봤을 테고, 나를 지켜줄 사람은 아무도 없으니까 혼자 학교를 다녀야 한다고 생각했죠. 학교 다니는 게 무서웠어요. 과 동기들을 많이 잃었고, 아직도 저를 싫어하는 걸 느끼죠.

그 대신 모르던 과 동기인데, 페미 친구를 알게 됐어요. 전혀 안 친하고 인사도 안 하던 사이인데 저한테 다가와서 그러는 거예요. "소원아, 너무 반갑다. 학교 복학했어? 그때 너무 잘 봤어." 그런 친구가 두셋 생기고, 나머지는 거의 끊겼어요. 그 게시물을 많은 사람이 봤으면, 저를 아는 모든 사람이 봤겠죠. 그게 가장 힘들었어요. 제가 한 행동 때문에 무슨 일이 벌어질지 몰랐고, 그 행동 때문에 제가 감당해야 될 몫이 이렇게 큰 줄 몰랐죠. 그래도 당연히 다시 하라고 해도 할 거고 후회하지 않지만, 그때는 되게 힘들었어요.

그런 말들이 많았거든요. "굳이 네가 했어야 됐냐? 굳이 찌찌 해방이어야 했냐?" 굉장히 날 것이고 우리가 정말 '래디컬'하기 때문에 미친 사람 취급을 받았죠. 제가 여성주의 활동 하는 것도 알고, 굳이 페미니스트라고 하지는 않지만 제가 하는 얘기에 동의하고 지지하던 친구들도 저를 멀리하기 시작하는 거예요. 그 친구들이 그 정도까지는 아닌 것 같다고 할 때, 가장 많이 상처받았어요. 제가 그런 운동을 했다고 해서 떠나가는 사람은 애초에 떠나보내야 할 사람이지만, 제 잘못이 아닌 일 때문에 사람이 떠나갈 때, 그럴 때 '아, 내가 이 사회에서 살아갈 수 있을까. 나는 주류에서 완전 탈락했구나' 하는 생각이 많이 들죠.

저도 비슷한 경험이 있어요. 저는 불펨 활동을 하기 전에 스스로 페미니스트라고 생각했어요. 오랜만에 대학 때 알고 지낸 선배 언니를 만나러 갔거든요. 언니가 딸 낳고 1년이 안 된 때였죠. 그 언니 집으로 갔는데, 제 변화된 삶을 얘기했더니 언니가 저를 막 걱정하는 거예요. 정말 똑같은 소리를 하는 거죠. "네가 하는 일이 중요한 건 알겠어. 필요한 일이지. 그런데 굳이 네가 해야 해? 그러다가 다칠까 봐 걱정돼." 어떻게 보면 걱정해주는 말이었는데, 그 뒤로 그 언니를 안 만나게 되더라고요. '필요한 일인데 왜 내가 하면 안 되는 거지? 그럼 이 필요한 일은 누가 해야 되지?' 이런 생각이 들고.

성폭력 없는 세상, 성평등한 세상이 필요하다면서 너는 그런 세상을 만드는 일을 안 하면 좋겠다는 말, 개인적인 걱정이겠지만, 이런 말이 활동하는 사람들을 위축시키잖아요. 그래서 이 글이 세상에 나가는 게 좀 두렵기는 해요. 내 주변 사람들은 어떻게 반응할까 하는 생각이 들어서.

그런 말들을 많이 들으면 대기업을 비롯해서 기업에 취직하는 길은 막혔다는 생각을 해요. 요즘은 찾아보면 금방 나오는 세상이잖아요. 기업에 들어가기는 글렀고, 학교 생활도 글렀고.

제가 공중파 뉴스에 나가서 말도 잘하고 앵커한테 칭찬도 받아서 뿌듯했는데, 부모님도 그 뉴스를 보고 알게 되셨죠. 부모님은 ○○에 사는데, 제가 여기서 이사를 여섯 번 하는 동안 한 번도 안 올라오셨거든요. 처음 대학 들어가면서 짐 갖다줄 때 빼고는 한 번도요. 어차피 혼자 잘하니까 굳이 신경쓰지 않아도 된다고 하시면서 저한테 잘해주지 않는데, 갑자기 주말에 올라오신 거예요. 정말 깜짝 놀랐어요. 제가 혼자 이사할 때도 안 온 분들이 케이티엑스 타고 말도 없이 주말에 올라온 역사적인 날이었죠. "정말 오늘 너 ○○로 데려갈 각오를 하고 올라왔어. 도대체 뭐하고 다니는 거냐? 엄마 친구들도 다 봤을 거고, 다들 쉬쉬하고 있을 거야. 앞으로 ○○에서 살 생각 없는 거냐? ○○에는 아예 안 내려올 생각이냐? 너 정말 미친 것 같다. 어떻게 살려고 그러냐. 같이 산다는 애는 뭐하는 애냐? 대학 친구냐? 걔도 이런 거 하는 애면 너희 둘 다 미용실 데려가서 머리 빡빡 깎아버려야겠다. 이런 식으로 하려면 대학도 다니지 마. 이러라고 서울에 대학 보낸 거 아냐. 다시는 이런 거 안 한다는 각서를 써. 각서를 써야만 내려갈 거다." 그때쯤 불펌을 쉬어야겠다고 생각하던 참이라 각서를 쓰려는데, 종이랑 펜이 없어서 '다시는 하지 않겠습니다' 하고 음성으로 녹음을 했어요. 그런데 뭘 하지 않겠다는 말은 빠졌거든요. 결과적으로 뭔가 다시는 하지 않을 텐데 그게 뭔지는 비어 있는 거죠. 하하하.

그때 〈밤쉘〉이라는 영화가 상영 중이었는데, 부모님이랑 보면 좋겠다고 생각해서 같이 봤어요. 여성 주인공이 아주 예쁜 연예인이고 똑똑한 과학자에 페미니스트 활동도 하는데, 나도 저런 사람이 되고 싶다고 했죠. 아빠는 영화를 제대로 보시고서 네가 왜 이런 행동을 하고 무슨 말을 하고 싶은지는 알겠지만 그래도 걱정된다고 하셨는데, 중간에 자버린 엄마는 끝까지 제가 하는 활동을 싫어했어요. 돌이켜보면 제 안위가 걱정된 게 아니라 저런 애가 당신 딸이라는 게 싫었겠죠. 저는 제가 수치스럽지 않은데 다른 사람이 저를 수치스럽게 여기는 거잖아요. 아직도 엄마가 가끔 제발 그 기사랑 사진 좀 내려달라고 하면 안 되냐고 하세요. 이렇게 집착할 일인가 생각하죠. 꽤 충격적이었어요. 그럴 정도로 제가 한 일이 싫구나 싶죠. 그리고 끝까지 물어보세요. "그래서 너는 안 벗었다는 거지? 네가 벗은 사진은 없지?"

제가 월경 페스티벌 때 사진을 못 찍은 이유의 하나는 직장을 잃을지도 모른다는 두려움이었어요. 여성 단체 소속이지만 위탁 시설에서 일했거든요. 월경 페스티벌 때 천하제일겨털대회에 참여했는데, 신문 기사 맨 앞이 제 사진이라는 걸 모르다가 2년 뒤에 발견했거든요. 당연히 가현 님 사진이 가장 많이 나왔다고 생각했죠. 선글라스에 가면도 써서 실린 걸 수 있겠다 싶어요. 그걸 2년 만에 발견하고 스스로 자랑스러워서 동생이랑 엄마한테 카톡을 보냈거든요. 며칠을 아무 말도 안 하는 거예요. 뭐만 있으면 어쩌고저쩌고 수다쟁이들인데, 이게 상처가 되더라고요. 얼굴은 거의 안 나오지만 그래도 자랑스러워서 공유했는데, 아무 말이 없으니까 좀 속상했어요. 아빠한테는 말할 엄두도 못 냈어요. 동생이랑 엄마는 제가 겨털 기르는 거 알고 있었고, 동생은 장난으로 언니도 겨털 염색하고 사진 찍어 올리는 연예인이나 외국인처럼 해보라고 그랬거든요. 말은 그렇게 해도 신문에 나오는 건 다르더라고요. 침묵이 지지는 아니잖아요. 가족에게 지지를 받지 못하는 마음을 알아요. 그럼 불펨 활동은 어떻게 시작하게 됐어요?

대학 들어올 때부터 사회운동에 관심이 많았어요. 페미니즘 리부트가 2015년부터 있었고, 저도 어떤 운동을 할까 고민하다가 메갈리아를 접한 뒤에 제가 바라던 운동이라는 생각이 들어서 여성운동을 하고 싶었어요. 노동운동을 열심히 하는 과 동기가 있었어요. 뭔가 서로 뜻이 맞아서 친구가 됐는데, 그 친구는 먼저 노조 활동을 시작하고 저는 여성운동을 하고 싶어서 기다렸어요. 그러다가 2016년에 그 노동 단체가 3·8 여성의 날 기획을 하면서 평소에 소원이 이쪽에 관심 있다고 하지 않았냐고, 함께 뭔가 해보자고 해서 여성의 날 기획단을 했죠. 그 일을 계기로 그 단체에 가입했는데, 거기에서 만난 사람 중에 노동운동에도 뜻이 있지만 여성운동을 하고 싶은 사람들이 강남역 살인 사건을 계기로 하고 싶은 운동을 더 뚜

렷하게 하는 단체를 만들자고 했고, 제 주변 사람들, 그 단체 사람들, 그 밖의 사회운동 하던 사람, 운동을 하던 사람은 아니지만 시위에 참가한 사람들이 모여서 불꽃페미액션을 만들었죠. 불펨을 시작할 때부터 함께했어요.

불펨 활동 하면서 여러 가지가 좋았는데, 하나가 다양한 의견을 나눌 수 있다는 거예요. 그때 저만 긴 머리였고, 지금도 긴 머리예요. 머리는 자르지 않을 거예요. 여성이 머리를 짧게 자르는 행동이 의미가 크지만 활동가 사이에서 긴 머리를 유지하는 선택도 운동성을 갖는다고 생각하거든요. 가현 님도 이 말에 공감해서 고마움을 많이 느껴요. 머리를 자른 뒤랑 머리를 자르지 않은 때 발언에 실리는 무게에 차이가 있고 다른 사람이 활동가로 존중해주는 정도가 다르기 때문에 제 말에 공감하고 동의한다고, 머리를 자르지 않는 선택도 하나의 탈코르셋이라고, 그런 얘기들을 나눴어요.

행사 사회를 보는 마이크를 여러 명이 잡을 수 있어서 좋았어요. 어떤 행사를 기획하든 관련된 글을 쓰고, 사람들에게 연락하고, 행사가 잘 진행되게 돕는 사람을 잊지 않는 건 정말 중요한 일이거든요. 사실 어떤 일이든 잘하는 사람은 정해져 있고, 마이크 잡는 사람도 고정되거든요. 다른 사람에게는 기회가 안 가죠. 한 사람이 전문가가 되면 다른 사람들은 다른 일을 더 전문적으로 할 수 있으니까 효율적이고, 이게 사회가 돌아가는 방식이기도 해요. 불펨은 그런 모습을 바라지 않는다고 이야기했어요. 일단 무슨 일이든 한 번은 해봐야 다음에도 잘할 수 있고, 아무리 큰 행사라고 해도 안 해본 사람에게 기회를 줘봐야 다음에 그 사람이 잘할 수 있는 거다. 어떻게 하는 건지 잘 모르지만 덜컥 큰 집회 사회자도 해보는 거죠. 비효율적이기는 하지만 그렇게 하면 개인을 소외시키지 않으면서도 한 개인만 부각되지 않을 수 있죠.

불펨을 시작할 때 제가 어리고 막내였거든요. 나도 마이크 잡고 잘해보고 싶은데 너무 떨려서 못 하겠다고 제가 그러니까 운동 오래하고 마이크 잡고 진행도 잘하는 친구가 말했어요. "소원아, 그거 알아? 나 불펨 만들고 한 번도 마이크 잡은 적 없어. 나는 늘 사진만 찍어. 나는 그래서 사진 속에도 없어." 제가 그랬죠. "네가 왜 그렇게 해. 네가 한 것을 남겨야지. 안 그러면 아무도 기억해주지 않아." 그 친구가 말했죠. "그럼 결국 사진 찍는 일은 중요하지 않다는 거잖아. 나는 사진 찍는 일도 중요하다고 생각하고 마이크 든 사람도 중요하다고 생각해. 누군가 사진을 찍어야 하기 때문에 찍는 거고, 나는 마이크를 많이 잡아봤기 때문에 지금은 사진을 찍는 거야." 그때 깨달았어요. '우리가 지향하는 게 바로 이거였지.' 언론 나가서 인터뷰하는 사람만 있는 게 아니라, 사진으로 찍어서 기록을 남기는 사람도 있고 기자 회견문 쓰는 사람도 있는 거죠. 저는 개인의 이름을 드러내기보다 단체 이름으로 묶어서 가는 게 앞으로 우리가 나아갈 방향이라고 생각해요.

제가 불펨에서 활동하면서 스태프로 여러 번 참여했지만 그런 문제를 깊이 생각한 적은 없었네요. 한 개인이 성장할 수 있게 기회를 나눈다는 건 정말 중요해요. 집회나 기자 회견에서 다양한 사람이 마이크를 든 게 바로 이런 불펨의 가치관이 투영된 모습이구나 싶네요. 함께 성장하기라는 게 서로 믿어야 하고 기다려주기도 해야 해서 성과 위주 단체에서는 참 힘든 일이잖아요. 다양한 기회를 통해 잘할 수 있는 영역을 찾고 잘 못하는 영역도 시도해보는 건 중요해요. 다만 저는 어떤 단체가 개개인의 경험을 다 포괄해 드러낼 수 없는 한계가 있다고 생각해요. 그래서 이 인터뷰도 한 사람 한 사람의 목소리를 담으려고 했어요. 단체일 때는 이 단체 사람들은 과격한 일을 하는 과격한 사람이구나 생각하고 마는데, 참여자 개개인이 지닌 다양한 결을 드러내고 싶었어요. 신변의 위협을 느끼는 사람도 있고, 가슴 드러내는 게 아무렇지 않은 사람도 있고, 다양한 고민이 섞여 있지만 개인의 목소리는 세밀히 드러나지 않거든요. 인터뷰하면서 다들 이렇게 다른 사람이라는 걸 발견해서 놀랍고 재미있었어요. 같은 운동에 참여했지만 같은 감정을 느끼기도 하고 완전 반대 감정에 빠지기도 하고. 그 뒤의 변화도 제각각이고. 가슴해방운동 참여자 개개인의 경험이 다양한 곳에 자리한 다른 여성들에게 접속할 수 있으면 좋겠어요.
어떻게 하면 개인을 드러내는 동시에 단체의 운동성도 드러낼지를 끊임없이 고민해야죠.

여초 커뮤니티 경험에 견주면 온라인 페미니즘은 어떤가요?
사실 지금 영영 페미들이 하는 운동은 영 페미들이 한 문화 운동하고 비슷한 면이 많아요. 옛날에도 이미 다 하던 활동이에요. '밤길을 되찾자'나 '성폭력 생존자 말하기 대회', 월경 페스티벌도 영 페미들이 했고요. 컴퓨터 보급되고 사이버 공간이 열리면서 영 페미들이 온라인 중심으로 페미니즘 활동을 계획했는데, 시기상조인지 그때는 확산되지 못하다가 지금 현실화됐죠. 불펨이 처음 생길 때 영 페미들이 무척 신기해했어요. 우리들이 하지 못한 일인데 어떻게 갑자기 페미니스트가 되고 어떻게 단체를 만든 건지 궁금하다는 거죠. 여성단체연합 같은 데에도 불려가고, 논문 쓴다며 인터뷰도 요청하더라고요. 제 생각에는 온라인 문화 때문이에요. 영 페미들이 활동할 때 컴퓨터가 보급됐고, 지금은 인터넷과 스마트폰이 자리를 잡았죠. 디지털 세대에게 온라인 문화가 익숙해지면서 지금 성공하게 된 거고, 앞으로 운동은 온라인 위주로 갈 거예요.

온라인도 한계는 있죠. 운동이 지속되려면 누군가는 총대를 메야 해요. 단체를 운영하고, 유지하고, 그러면서 먹고살려면 누군가는 이 일을 하면서 돈을 벌 수 있어야 한다는 거죠. 온라인에서는 시공간이 자유롭고 언제든지 접속해서 활동할 수 있지만, 총대 메는 사람이 없으면 쉽게 뭉치고 쉽게 사라지죠. 이슈가 딱 터질 때는 확 모이다가 관심이 줄어들면 다시 가라앉게 되잖아요.

영영 페미 단체도 거의 안 남았어요. 오프라인의 위기죠. 재정 문제가 크잖아요. 활동을 하면서 돈을 벌 수 없으니 각자 생계도 꾸려야 하고, 떠날 수밖에 없죠. 온라인이 빠르고 강력하게 분노의 감정을 순식간에 하나로 합칠 수 있는 장점은 있지만, 화력의 지속 시간은 짧아요.

불법 촬영이 큰 이슈가 됐잖아요. 온라인 운동만으로 거둔 성과처럼 보이지만, 그전부터 여성운동 단체들이 보복성 영상 유포와 불법 촬영 같은 온라인 성폭력에 목소리를 냈거든요. 때로는 왜 순수한 시민운동에 운동'꾼'이 비비냐, 왜 묻어가려고 하냐, 우리가 띄운 이슈에 함부로 여성단체 묻히지 말라는 이야기들을 하는데, 여성 단체는 온라인 성폭력 문제를 계속 이야기했어요. 절대 묻어가려는 게 아니거든요.

제가 2013년에 성폭력 전문 상담원 교육을 들었는데, 사이버 성폭력도 내용에 있었어요. 이미 사이버 성폭력의 위험성을 여성 단체도 알고 있었고, 누누이 이 문제를 말했어요. 흔히 물뽕이라고 하는 것도, 감마 하이드록시낙산GHB이라는 무색무취 마약을 이용한 준강간의 심각성도 그때 알았어요. 2018년에 터진 버닝썬 사건이 온라인 페미니즘을 통해 큰 이슈가 된 건 맞지만, 반성폭력 여성 단체들이 축적해둔 자료와 여성들이 낸 분노의 목소리가 결합해 더욱 효과적이었다고 생각해요. 저는 활동가가 악플에 노출되는 점을 온라인 액티비즘의 한계로 생각하는데, 온라인 댓글은 소원 님에게 어떤 영향을 줬나요?

온라인 활동에서 개인이 전면에 나서는 방식은 정말 위험해요. 개인적인 잘못을 저질러도 단체는 나를 버리지 않는다, 단체는 이런 위협들을 막아준다, 단체는 나랑 함께한다는 확신 때문에 활동을 이어갈 수 있었죠. 그래도 악플에 지속적으로 노출되면 참 힘들어요. 우리끼리는 살면서 일베에 한 번 올라가봐야 성공한 인생이라고 웃어넘기는데, 사실 구체적인 위협이잖아요. 제 얼굴이 많이 노출되면서 염산 테러를 심각하게 걱정했고, 그즈음에 정신 질환도 심해졌어요. 불펨 활동을 하는 사람들이 일베 같은 사이트에 자주 올라갔어요. 우울증이나 공황 장애 얻어서 그만두고 그랬어요. 과로도 과로인데 언론에 너무 많이 노출되고 재생산이 너무 많이 돼서 소중한 활동가를 잃기도 했죠. 저도 정말 힘들었고, 좀 운동을 쉴 필요가 있겠다 싶었어요.

온라인 악플은 부정적인 영향을 미치고 우리를 억압하죠. 이 기사는 어떨까 궁금해서 저도 모르게 댓글을 확인하는데, 누군가 댓글을 남기면서 기사 속 사진에 실린 저를 특정하지 않고 여러 명을 언급할 때는, 그래도 단체가 우리를 지켜줄 거라고 안심이 됐거든요. 그런데 이번에 고위 공무원 성추행 사건에서 피해자를 꽃뱀이라고 부른 댓글에 더 상처를 받았거든요. '개인이, 그것도 가해자가 아니라 피해자가 이렇게 공격받아도 되나?' 피해자를 보는 인식은 여전하기 때문에 저 피해자 분은 용감하지만 나는 입다물어야겠다고 생각하는 사람이 생길 거잖아요. 피해자도 얼마나 큰 용기를 냈겠어요. 그런데 댓글도 자기편이 아니라는 사실을 확인하게 되잖아요. 가끔 댓글 창을 없애야 한다, 함부로 발언할 기회를 주면 안 된다는 생각도 들어요.

가슴해방운동을 하면서 본 미디어의 반응 중에 뭐가 기억나세요?
페이스북 코리아에서 기자 회견 하고 인터뷰 요청이 많이 왔거든요. 질문지 먼저 받고 인터뷰를 골랐어요. 어느 공중파 방송국 작가가 저한테 전화해서 이러는 거예요. "소원 씨, 그런데 옷은 혹시 벗고 오시는 건 아니죠?" '아니, 내가 왜 뉴스에 벗고 나가지?' 순간 이런 생각을 하는데 또 그래요. "혹시 탱크톱 이런 거 입고 오시는 거 아니죠? 옷 입는 건 소원 씨 자유이기는 하지만, 뉴스라고 생각해서 입고 와주시면 안 될까요?" 인터뷰하러 오는 기자들이 우리를 동물원 동물 보듯 해서 우리에 갇힌 원숭이가 된 느낌이라고 말한 기억도 나네요.

여성운동과 찌찌 해방을 통해 하고 싶은 말이 뭐냐고 물어서 이렇게 말했거든요. "어디서든 옷 벗고 다니고 싶다거나 옷 벗는 자유를 얻고 싶다기보다는, 오늘 성추행을 당하지 않고 지하철 타고, 우리 친구들이 인터뷰 끝나고 술 흥청망청 마시고 길에서 쓰러져 자도 아무도 나를 건드리지 않고, 집에 들어갈 때 우리 집에 몰카가 설치돼 있지는 않다고 생각하고 씻고 자는 게 제 꿈입니다." 이 말이 상의 탈의랑 안 맞아서 잘리겠지 생각했는데 실어줬더라고요. 이 사람들이 결국 하고 싶은 말은 이것이고, 안전한 세상을 원한 거지 야만인이 되고 싶은 건 아니라고 쓴 기사도 생각나네요.

미디어가 우리를 자극적이거나 조롱하는 식으로 쓰는 사례가 많았거든요. 조회 수 올리려고 헤드라인을 선정적으로 잡는데, '내 가슴 좀 봐'도 있었어요. 우리 이야기를 제대로 실어주는 언론이 있으면 힘이 되죠. 어쨌든 호기심, 영리적 목적, 이슈 따라잡기 때문에 인터뷰를 요청하겠지만, 왜곡되지 않은 생각이 실릴 때는 힘을 얻어요. 그냥 사람들보다는, 함께 운동하는 페미니스트들에게 우리가 왜 이런 행동을 하고, 우리가 왜 함께 왜 모여 있고, 우리가 뭘 원하는지를 말하는 거죠. 그래서 힘들 때는 예전에 한 인터뷰 기사들을 찾아봐요. 금방 잊힌 기사들이지만 우리 기록으로 남는 거죠. 이 사진이 교과서에 역사의 한 장면으로 들어갈 거라고, 명확한 기록으로 남을 거라고 우리끼리 많이들 얘기했죠. 우리 운동이 헛되게 사라지지 않고 왜곡되지 않게 기록될 수 있다는 확신을 주죠.

가슴해방운동은 '나'에게, '대한민국'에는 어떤 의미가 있을까요?

탈코르셋과 가슴해방운동은 공통성이 있지만 결이 좀 달라요. 차이가 미묘해서 설명하기 어렵지만, 가슴해방운동은 원론적인 것을 여성들에게 돌려준다는 느낌이랄까요. 탈코르셋이 여성에게 부가되던 꾸밈을 제거하는 거라면, 겨털 해방이나 찌찌 해방은 여성이 원래 가진 것을 자유롭게 해 억압을 제거하고 새로운 의미를 부여하는 거죠. 화장 유무나 머리카락 자르기는 겉으로 드러나지만 겨털과 가슴은 사회적으로 잘 드러나지 않고 숨겨지던 요소인데, 이 두 가지를 자유롭게 해서 개인에게 해방감을 주고 타인의 시선이나 **사회적 맥락에서 내 몸을 보는 게 아니라 내 눈으로 내 몸을 인정하고 마주하는 계기**가 됐죠.

한국에서 가장 터부시되는 여성의 몸에 관련된 일이라서 미디어가 관심을 가진 거겠죠. 화장 안 하고 화장품 부수고 머리카락 짧게 자르는 행동이 이 사회의 주류에 저항하는 것이라면, 찌찌를 해방하고 자발적으로 노출하고 겨털을 기르는 행동은 새로운 판을 짜는, **새로운 세계를 만든 느낌**이에요. '**이 몸이 기본이다. 몸은 이런 것이다**'라고 보여주는 거죠.

소원 님에게 페미니스트 되기란 뭘까요?

내가 진정한 페미니스트이면 뭘 하든 페미니스트라고 못할 행동은 없는 거잖아요. 꾸미든, 벗든, 입든, 가리든, 보여주든, 제가 하는 행동은 모두 다 여성스러운 거고, 태권도를 배우든, 발레를 배우든 여성스러운 거고. 운동을 한참 할 때는 어차피 페미니즘 운동을 하니까 그런 고민을 많이 할 필요가 없었어요. 이제 운동이랑 좀 멀어져 있으니까, 내가 페미니스트인데 페미니즘은 반드시 실천이 따라야 한다고 생각하면 나는 뭘 해야 할까 고민을 많이 하게 됐어요.

'페미니스트로서 살아남기.' 다들 이 고민을 하더라고요. 페미니스트가 주는 무게감과 페미니스트로 사는 피로감, 귀찮음과 즐거움, 조롱하기와 판 뒤집기까지 여러 감정이 있지만, 어쨌든 페미니스트로 살아남기가 쉽지 않고, 저 말고도 영영 페미들은 고민이 많아요. 강연회 가면 다른 영 페미들에게 어떻게 페미니스트로 남아 있을 수 있느냐는 질문이 꼭 나오거든요. 어느 선생님은 늘 같은 말씀을 하시더라고요. 누군가를 페미니스트로 만들려 하지 말고 자기 자신이 페미니스트로 평생 살아라, 그런 삶을 목표로 해라, 누군가의 생각을 바꾸는 일은 아주 어려우니 내가 배운 지식을 남에게 함부로 알려주지 마라, 어쨌든 에너지를 아껴 써야 한다, 자기 자신이 평생 페미니스트로 살아가는 데 초점에 맞춰야 한다, 평생 페미니스트로 살기 자체가 어려운 일이라고요. 싸워야 할 때와 에너지를 아껴야 할 때, 내가 전하려는 걸 명확히 해야 할 때가 모두 필요해요. 우리는 소중하니까요. **페미니스트로 살아남기는 가부장제 세상에서 지지 않고 자살 안 하고 살아 있기, 그다음 평생 페미니스트로 살기라는 두 가지 의미를 갖죠.**

#

　소원은 이 글을 쓰고 싶다는 마음을 먹게 한 사람이다. 불펨이나 여성 단체 행사에서 가끔 봤고, 한동안 안 보여서 바쁜가 생각했다. 2019년 10월에 소원을 다시 만났다. 카페 두잉에서 불펨 활동가가 발표하는 자리였다. 우리는 지하철을 타고 집으로 돌아가면서 이야기를 나눴다. 소원과 내가 개인적으로 이야기를 길게 나눈 건 그때가 처음이었다. 주제는 죽음이었다. 갑작스런 연예인의 죽음, 그리고 직장에서 벌어진 문제로 나는 꽤 힘들었다. 살고 싶지 않다, 쉬고 싶다는 간절한 마음을 알기 때문에 그 죽음은 정말 힘들었다. 그래서 나는 불펨 동료들이 보고 싶었다. 다들 어떻게 지내는지 궁금했다. 소원도 비슷한 이유로 그 자리에 왔다고 했다. 허탈하고 아픈 마음을 나누고, 추모하고 싶었다. 한국 사회에서 가부장제의 억압을 인지하고 다양한 백래시를 받아가며 페미니스트로 살아가는 삶의 고통에 관해, 그런데도 살아가기에 관해, 고통을 돌보는 일상에 관해 이야기하며 나는 그 힘든 하루를 버틸 힘을 얻었다. 그 경험이 이 글을 쓰게 했다. 함께 한목소리로 저항하다가, 주저앉고 싶을 때도 있지만, 때로는 위로가 되고 서로 힘도 되는 우리들의 멋진 이야기를 남기고 싶었다. 한 명 한 명 인터뷰하면서, 가슴해방운동은 소재일 뿐 진짜 이야기는 이 여성들이 다양한 위치에서 서로 삶에 연결된 경험이라는 사실을 깨달았다.

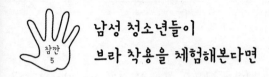

남성 청소년들이
브라 착용을 체험해본다면

성평등 교육 강사로 일하면서 맨박스 탈출 프로그램●을 진행했다. 체험 활동에 '브라나 보정 속옷 착용하고 윗몸 일으키기 하기'가 있었다. 뭐가 들어 있는지 모른 채 상자를 연 남성 청소년들은 소리를 지르며 친구들을 불러 모았다. 브라 착용보다는 브라 자체에 관심이 많았고, 다양한 사이즈와 무늬, 브라를 직접 만진다는 사실에 신나 했다. 호기심이 강한 청소년은 브라를 차보려고 했다. 1인용 간이 텐트 안에 착용 방법까지 자세히 적어뒀지만 힘겨워했고, '남자다운 가슴'에는 브라가 너무 작다고 불평하기도 했으며, 서로 돕겠다고 덩치 큰 두 명이 굳이 함께 들어가 텐트가 뒤집힐 뻔하기도 했다. 브라를 직접 착용해본 남성 청소년들은 하나같이 불편하다고 했다. 윗몸 일으키기까지 시도하는 사람은 많지 않았다. 일주일 동안 브라 체험을 하는 두 남성을 다룬 영상도 보여줬다. 브라를 직접 착용해본 남성 청소년들은 '불편하다', '답답하다', '여자들 힘

● '맨박스'란 가부장제가 강요하는 '남성다움'이라는 박스를 뜻한다. '맨박스 탈출 프로그램'은 다양한 활동을 해보고 맨박스 탈출 여행 기록지를 적는 식으로 진행된다. 중요 프로그램은 다음 같다. 1) 리얼 베이비 인형으로 하는 육아 체험, 2) 성평등 도서 읽기와 성평등 컬러링 활동, 3) 브라 착용, 4) 하이힐 신고 걷기와 치마 입고 조신하게 앉아 있기, 5) 임신부 체험 조끼 입어 보기, 6) 화장하기 또는 매니큐어 바르기, 7) 바느질하기.

들겠다' 같은 소감을 남겼다.

이 프로그램을 준비하면서 보정 속옷을 처음 샀는데, 처음에는 사이즈가 너무 작아서 잘못 왔다고 생각했다. 유아용 사이즈 같았다. 이 작은 속옷에 성인 여성의 몸을 구겨 넣는 '보정'이라니. 보정 속옷을 처음 본 나도 당황했지만, 보정 속옷의 개념을 잘 모르는 남성 청소년들은 착용 방법조차 상상하지 못했다.

"선생님, 이건 뭐예요? 허벅지에 하는 건가요?"

"아니요. 보정 속옷인데, 코르셋 같은 기능성 속옷이에요. 여성의 복부를 조여서 체형을 보정한다고 해요."

"이게 배까지 올라가요?"

'그 사람의 신발을 신고 오랫동안 걸어보기 전까지는 그 사람을 판단하지 말라'는 속담처럼 종종 여성이 어떤 억압을 받고 살아가는지 공감하려고 여성의 경험을 직접 겪어보려는 남성들이 있다. 임신, 출산, 브라, 하이힐 체험을 한 한국 남성들과 하루 월경 체험을 하는 해외 남성들을 찍은 동영상을 유튜브에서 찾아보자.

몇 년에 걸쳐 맨박스 프로그램을 진행하는 동안 남성 청소년들은 다양한 반응을 보였다. 이런 걸 왜 하냐며 불만이 가득한 청소년도 있었고, 낯설고 새로운 경험이지만 최고로 좋았다는 청소년도 만났다. 매니큐어를 바르면서 신기해했고, 빨간 립스틱에 재미있어하다가 제대로 안 지워진다며 티 나냐고 여러 번 묻기도 했다. 한 시간 동안 남성 청소년이 자기 안의 맨박스를 얼마나 걷어낼 수 있을까. 그렇지만 생애 단 한 번도 자기 안의 맨박스를 생각해보지 못할 수도 있고, 화장이나 브라, 하이힐을 체험해보지 못할 수도 있다. 그저 재미로 지나칠 수 있는 짧은 체험이지만, 어디선가 여성들이 내는 해방의 목소리를 마주칠 때 이 남성 청소년 중에 단 한 명이라도 이날 한 체험을 떠올린다면 참 좋겠다.

"내가 맨박스 탈출 프로그램에서 브라를 착용해봤는데 말이지, 진짜 너무 답답하더라고. 저걸 매일 하고 사는 여성들은 너무 힘들 거야. 왜 저런 말을 하는지 이해가 돼."

❹ "제 마음속에 바다 장면이 마지막 것이에요"
모자이크를 거부한 윤슬 이야기

윤슬은 불펨 액션 행사에서 촬영하는 모습을 종종 봤지만 긴 이야기를 나눈 적은 없었다. 윤슬이 찍은 영화를 볼 때 나는 윤슬의 목소리를 가장 오래 들었다. 영화가 좋아서 두 번 봤다. 제목부터 구성까지 똑똑했다. 영화감독으로 먼저 알아서 그런지 나한테 윤슬은 '감독'이었다. 여성의 삶과 투쟁을 영상에 담는 기록 활동가 윤슬은 자기 이야기와 친구들 이야기의 경계를 넘나들었고, 때로는 활동가가 돼 함께 싸웠다. 윤슬이 기록한 영상 자료와 들려준 기억 덕분에 나는 직접 참여하지 못한 활동들을 조망하는 데 큰 도움을 받았다. 이제 윤슬이 기록한 이야기를 만나보자.

#

어릴 적 가슴에 관한 기억을 들려주실래요?
초등학교 4~5학년 때쯤 스포츠 브라를 하잖아요. 반팔 티셔츠 입을 때 유두가 봉긋하게 보이는 게 싫고, 다른 친구들이 입고 다니는 모습을 보면서 왠지 가려야 되나 싶어서 제가 먼저 엄마한테 사달라고 했어요. 수영을 오래 배웠거든요. 수영을 가면 친구들 속옷이 어떤지 보게 되는데, 6학년 때 언니 있는 친구가 후크 달린 브래지어를 하고 있었어요. 레이스랑 후크 달린 브라는 엄마만 입는 줄 알았는데, 정말 신기한 거예요.

저는 좀 둔해서 중학교 때도 브래지어를 몸처럼 입었는데, 고등학교 때 친구가 벗어야 편하다고 그래서 잘 때 벗으니까 정말 편한 거예요. 그 뒤로 잘 때는 벗었죠. 고등학교 때 가끔 브래지어를 못 차고 오는 친구들이 있었어요. 그러면 장난을 쳤어요. 걔가 일부러 안 입은 게 아니라 잘 때는 벗잖아요. 아침에 흰색 티셔츠만 입고 그냥 오는 건데, 여름이면 둘 중 하나를 해야 해요. 지각하거나 그냥 오거나. 학교에 오면 긴팔 체육복 입고 있고, 브래지어 안 했다고 하면 서로 만지기도 하고.

안 좋은 기억도 있어요. 왜 집에서도 브라를 차고 있었지 생각해봤는데, 초등학교 때 브래지어를 사달라고 하니까 아빠가 '너 가슴이 나오네' 하면서 가슴을 만진 적 있어요. 지금도 생생하게 기억나요. 저는 청소년이라고 생각했는데, 아빠는 초등학생이니까 그냥 어린이로 봤겠죠. 그렇지만 아주 불쾌했어요. 아빠한테 아직 그때 일을 말하지 못했어요. 남동생하고 아빠가 있으니까 집에서도 브래지어를 꼭 하고 다녔어요.

어릴 때는 '주니어 에이 컵' 이러잖아요. 좀 커서는 맞는 사이즈도 잘 몰랐어요. 엄마가 사주는 거 입고, 좀 쪼여도 불편한 대로 입고 크면 큰 대로 입고 다녔어요. 성인이 된 뒤에는 75, 85, 95의 차이나 에이 컵, 비 컵, 시 컵의 차이에 의문이 들기 시작했죠. 제가 단출하게 입거든요. 레이스 같은 건 간지러워 절대 못 입어요. 무딘 편인데도 못 참겠더라고요. 아주 가벼운 속옷이나 브라렛을 입는데, 브라렛도 빨면 금방 마르는 폴리에스테르 재질이거든요. 그전에는 속옷에 관해 묻는 사람이 없었는데 얼마 전 헤어진 애인이 왜 그런 속옷을 입고 다니냐고 했어요. 이것만큼 편한 게 없다고 했죠. 엄마가 어릴 때부터 속옷은 손빨래를 했는데, 저는 그게 싫었어요. 레이스 달린 속옷은 세탁기에 빨면 늘어나고, 풀어지고, 보기 싫고, 귀찮기도 하니까, 편해서 입기 시작했죠.

2018년 월경 페스티벌 때 찌찌 해방 하는 거 알았어요?

네. ○○는 브래지어를 머리에 쓰고, ○○은 브래지어를 옷 위에 차더니 찌찌 네 개라고 그러면서 깔깔대는 영상을 찍었거든요. 이 가슴 누구 거냐, 이 가슴 큰데, 이 가슴 작은데, 그거 ○○ 거야, 이렇게 우리끼리 깔깔거리면서 논 기억이 나요. ○○가 전 남자 친구가 선물한 속옷이라고 말해서, 제가 정확히 기억하는데 그게 분홍색 호피 무늬라, 취향 정말 구리다고 한 기억도 나거든요. 겨털 사진도 찍으면서 자연스럽게 찌찌 해방으로 가는데, 시작할 때는 분위기가 좀 애매하다가 자신 있게 벗는 사람이 생기죠. 안전한 공간에서는 할 수 있다는 생각이 들면 사람들이 하니까. 그날 날씨도 좋고 밝아서 분위기를 탔어요.

저는 월경 페스티벌이 월경만 다루는 행사가 아니라 여성의 몸에 열린 공간이라서 찌찌 해방이 가능했다고 생각해요. 행사 부스에 가슴 마사지 방법을 알려주는 분이 있었고, 크고 작은 찌찌 모형도 보였어요. 어린이들은 보지 모형 그리기도 하고, 생리컵도 만져

보고, 이렇게 내 몸을 처음으로 아무렇지 않게 대할 수 있는 분위기도 컸어요. 저도 즐겁고 재미있었어요.

자, 그럼 페이스북 코리아 기자 회견 이야기를 할까요.

술이 안 깨서 부랴부랴 갔어요. 서울시장 선거 때라 신지예 후보 홍보물 비뚤어진 거 다시 껴놓고 성질내면서 갔거든요. 도착하니까 약간 무거웠어요. 우리끼리 떠들고 그러는 분위기가 아니라, 한쪽에는 우르르 검은색 남성들이고 우리는 다 여성이니까 분위기가 압도될 수밖에 없겠다는 생각이 들었어요. 그래서 큰 소리로 말했죠. "아, 기자가 다 남자들 밖에 안 왔네." 그러고는 촬영을 시작했죠.

촬영하다 보면 기자들끼리 엄청 기 싸움을 하거든요. 같은 카메라를 들었지만, 저는 여자고, 키 작고, 어려 보이기도 하잖아요. "가리지 마세요. 제가 먼저 여기 있었고, 원하면 제가 먼저 찍고 비켜드릴게요." 이렇게 이야기한 적이 한두 번이 아니에요. 촬영하면서 자주 느끼지만, 제가 있는 곳에서 남자 기자들하고 똑같은 태도로 찍을 수는 없다고 생각하거든요.

페이스북 기자 회견을 기록한 영상을 보면서 엄청 절망했어요. 촬영하는 사람으로서 어떤 부분에서는 말하지 않아야 하는데, 저는 그게 안 되는 거죠. 집회 참여자들이랑 같은 위치고, 여성이고, 다른 사람보다 더 잘 찍어 잘 전달해야 한다고 생각하거든요. 그런데 좋은 자리는 늘 남성 기자가 선점해요.

다른 참여자들에게는 이런 일이 처음이고 연행 경험자도 저랑 가현뿐이니까 우리 둘이 공권력에 대항해야 한다고 생각했고, 그래서 제가 귀에 확 박히게 싸웠죠. 거칠게 얘기하자, 그런 것 같아요. 카메라로 찍으면서도 제 목소리는 경찰을 향하는 거예요. 카메라 안 보고 계속 앞에 선 사람한테 말하죠. 그래서 제 목소리가 영상에도 담기고, 휴. (이 다음부터 현장 촬영 영상을 보면서 이야기를 나눴다. 영상 속 내용은 인용문으로 표시했다.)

여성 경찰이 상의 탈의를 하지 말라는 게 아니고 상의 탈의 하면 앞에서 가리겠다고 했고, 그래서 가현이 왜 가리냐, 가리면 퍼포먼스의 의미가 퇴색한다고 항의했거든요. 가현이 죄가 성립하느냐고 물어보니까 이 사람이 죄가 될 수도 있다고 대답했어요. 제가 보기에는 이 사람도 약간 혼란스러웠어요. 가려야 되는지 말아야 되는지 판단이 안 되는 상황처럼 보였어요.

○○이랑 저는 안 벗었거든요. 저는 촬영을 해야 하고 ○○은 사회를 봐야 하니까. 얼굴이 드러나기를 원하지 않는 사람은 등에 글씨를 적고 얼굴이 드러나도 되는 사람은 배에 한 글자씩 적어서 '내 몸은 음란물이 아니다'를 만들었어요. 상의 탈의를 하자마자 경찰이 이불로 가리니까 참여자들이 몸을 뒤로 돌렸고, 기자들도 뒤쪽으로 돌아가서 촬영했어요. 피켓을 들고 '내 몸은 음란물이 아니다', '우리는 음란물이 아니다', '페이스북은 성차별적 규정 삭제하라'는 구호를 외치죠. 이렇게 퍼포먼스가 끝나자마자 경찰서로 가자고 했어요. 처음에 이 경찰이 오자마자 찍은 거거든요.

"우리나라는 현행법에 여성은 상의를 탈의하면 잡아가는 그런 법이 있나요?"

"남자도 상의 탈의 하면 잡혀가나요? 지금 그 사람들부터 잡으세요."

지구대에서 온 경찰 같았는데, 이 경찰이 말도 안 되는 소리를 한다고 해서 제가 빡치기 시작했어요.

경찰 "이 분들 모셔 가시죠."

가현 "뭘 모셔 가요. 체포해가는 거잖아요."

경찰 "공연 음란죄로 체포합니다."

가현 "법조문을 읊어보시라고요."

애초에 시작할 때 우리가 연행될 수도 있다고 했어요. 그래서 미리 민주사회를 위한 변호사모임(민변)에 연락해서 물어보라고 했거든요. 가현이랑 저랑은 이런 긴장감이면 진짜 갈 수도 있겠다고 생각했어요. 죄가 되든 안 되든 간에. 그런데 대부분 연행 경험이 없잖아요. 경찰서에 가면 엄청 위축되잖아요. 이런 활동을 하는 데에도 그렇고. 그래서 더 화가 났고.

가현 "읊어보시라고요. 무슨 기준을 근거로 체포해가냐고요. 이거 과잉 대응이에요."

(경찰이 기회를 줬다고 한다.)

가현 "뭘 기회를 줘요?"

(다른 경찰이 온다.)

경찰 2 "공연성이 있을 때 처벌의 고지를 했고……."

가현 "그 조문을 지금 읽어보라고요. 공연 음란죄가 어떻게 성립하는
지 몇 조 몇 항인지 읊어보시라고요."

경찰 2 "245조 공연 음란죄가 맞을 거예요. 공공연하게 음란 행위를 한
자를 뜻하는 거예요. 저희들이 이야기했잖아요."

가현 "왜 서에 가서 얘기해야 돼요?"

윤슬 "죄를 지은 게 없는데? 길거리에서 남자는 안 잡는데 왜 여자는
잡아가냐고요? 가서 운동장에 옷 벗고 있는 사람들 있잖아요."

경찰 2 "여기에 옷 벗고 있는 사람 어디 있습니까?"

여기서 저는 경찰서 가서 얘기할 수도 있지만 여기 카메라가 있
으니까 당신들도 대답해야 하지 않느냐고 정확히 물어보려는 게
강했고, 가현은 끝까지 연행이 안 되려고 법을 물어봤어요. 법조문
이 문제가 아니라 결과적으로 성차별 문제를 계속 얘기하는 거죠.
공연 음란죄가 남성이든 여성이든 똑같이 적용되면 이건 또 다른
문제잖아요. 그래서 남성은 조기 축구나 족구할 때 땀나면 벗는데
왜 여성만 상의 탈의가 음란하다고 하느냐는 질문을 더 주요하게
해야 한다고 생각했거든요.

윤슬 "누가 신고했냐고요? 얘네가 음란하다고."

가현 "신고한 사람이 없잖아요."

경찰 2 ……

가현 "그래서 저희가 옷 벗은 거로 누가 수치심을 느끼고 성적으로
흥분을 느꼈대요? 저희 몸을 음란한 어떤 행위로 규정하시는

거예요?"

경찰 2 "경찰은 사람 아니에요?"

가현 "누가 신고했냐고요? 이거 과잉 수사세요."

(경찰 2, 유유히 사라진다.)

가현 "찌찌라도 제대로 까게 해주던가. 다 가려놓고! 진짜 웃겨. 다
가렸잖아."

경찰이 이렇게 하고 갔어요. 되게 웃긴 게, 우리는 기다렸어요.
무슨 말이든 하겠지 싶어서 기다렸는데……. 이 장면은 기자가 경
찰한테 정말 남성일 경우는 공연 음란죄가 성립하지 않는지 질문하
는 모습을 담은 거예요. 체포할 거냐고 정확하게 물어도 봤거든요.
그리고 홀연히 사람들이 이렇게 떠났어요, 진짜. 이게 끝이에요.

저는 엄청 긴장한 순간이라 명확하게 기억에 남아요. 이게 범죄
로 인지되고, 이걸로 체포되고, 유죄가 나오면, 다른 국면이 펼쳐졌
겠죠. 결과적으로 그렇게 되지는 않았지만 아주 긴장된 상황이기는
했어요. 현장에 민변 변호사를 동행하자는 말도 나왔는데, 그날이
토요일이고 민변 사무실도 멀지 않으니까 상황이 생기면 연락해서
도움을 받기로 하고 현장에는 변호사가 오지 않았어요.

영상을 직접 본 건 정말 좋았어요. 인터뷰할 때는 경찰이랑 대치한
상황이 담백하게 들렸거든요. 경찰이 정말 말도 안 되는 소리를 하
고 예의가 너무 없네요.
예의 없는 정도가 아니라 거의 희롱 수준이죠. 연행을 하려고 나는

너를 보고 흥분했다고 인정하듯 말했으니까. 이 사람 제정신인가 생각하면서 찍고 있었어요. 경찰들이 혼란스러워 하는 듯했어요. 그 남성 경찰은 이걸 범죄로 인지하는 것 같고, 여성 경찰은 범죄라고 생각하지는 않지만 이건 우리 의무라고 판단하는 것 같고요.

이 영상에서 뭐가 보이는지 아세요? 그 남자 경찰 유두가 티셔츠 밖으로 돌출돼 있어요.
저도 봤어요.

어이가 없네요. 자기는 유두가 다 튀어나오는 옷 입고 공무 활동 하면서 어디 큰일 하는 여자들한테 말도 안 되는 소리나 하고.
저곳이 특이한데, 8차선 도로 그 큰 길에 인도가 넓고 역삼역에서 나오자마자 페이스북 코리아가 엄청 크게 보이는데, 개방된 공간이라 사람이 많이 지나가요. 처음에 담백하게 시작했는데, 연행될 수도 있겠다고 생각하는 사람들은 긴장을 했겠죠.

저렇게 순식간에 이불로 가리는지 몰랐어요.
양쪽에서 준비를 하고 있었어요. 처음에는 한쪽에만 있다가, 우리가 벗으려고 준비할 때 반대쪽에 있는 사람이 이동하더니, 벗자마자 양쪽에서 펼친 거죠. 이불이 대여섯 개는 됐어요. 이중으로 둘러싸고. ○○이 나중에 한 번 더 벗었거든요. 40~50대 되는 여성 경찰이, 우리가 딸 정도 될 텐데, 막 웃는 얼굴로 ○○ 님을 따라다니면서 가리더라고요.

기자들 분위기는 어땠어요? 발언을 들을 때라든가……

솔직히 얘기하면 흥미로운 주제라서 왔지만 매우 무관심했다고 봐요. 분위기는 고요하고 적막했어요. 저는 투쟁의 한 장면이라고 인지하고 있었는데, 기자가 많이 와서 좀 열받았어요. 분위기가 되게 중요하다고 했잖아요. 모두 처음 보는 남성들이 카메라 들고 서 있는 모습 자체가 우리를 위축시킨다고 생각했고, 그래서 너무 싫었어요. 어차피 방송에 못 내보낼 텐데 좋은 자리는 저런 놈들이 다 잡고 있고, 저도 촬영을 해야 하니까 다른 사람이 뭐하는지는 볼 일이 없지만, 새로운 뭔가를 취재하려는 눈빛도 아니었죠. 다만 거기에 주로 남성만 있어서 화가 났죠.

참여자들을 보면서 어떤 생각을 하셨어요?

깔깔거리면서 어떻게 하면 더 재미있게 할까가 아니라, 이미 장소가 통제돼 있어서 ○○가 한 번에 벗을 수 있겠냐 이런 말을 했거든요. 기자 회견 시작 전부터 경찰은 저 뒤에 서 있고, 연행 이야기를 하고, 어떻게 될지 모르는 상황이니까 긴장이 많이 되고, 그래서 퍼포먼스 끝날 때까지 거의 못 웃었죠. 립스틱으로 쓸 글자 정하면서도 유쾌한 분위기는 아니었고. 그런데 상황이 끝나고 뭘 발견했냐면 ○○ 님이 '걸스 캔 두 애니싱'이 아니라 '기린스 캔 두 애니싱' 티셔츠를 입은 거예요. 그걸 보고 웃었거든요. 저는 분위기라는 게 그렇다고 생각해요. 위축되면 그런 게 하나도 눈에 안 보이거든요. 상황 끝나고 나니까 깔깔 웃을 수 있었죠.

경찰을 마주할 때 어려움은 없었나요?

하도 많이 싸워봐서 그렇기도 하지만 애초에 여성 경찰이 먼저 이야기할 때 근거 없이 막는다는 걸 알아챘어요. 우선 가리지 말자고 하는 얘기를 촬영하면서 듣고는 경찰도 어쩔 수 없다는 걸 아는구나 생각했죠. 경찰이 안 가렸으면 잡아갈 수도 있었겠다는 생각도 해요. 그런데 가현이 한 말처럼 다 가리고, 불쾌감도 안 주고, 신고한 사람도 없는 상황이었으니까.

애초에 체포할 작정이었다면 그렇게 안 왔다고 봐요. 다 여성 경찰을 준비해서 큰 버스 끌고 왔을 거예요. 상황 자체는 좀 애매했죠. 경찰 쪽은 연행한다고 하면 이 사람들이 못 하겠지 생각했을 수도 있고, 이불로 가리면 상의 탈의 안 하겠지 판단했을지도 모르죠. 여하튼 준비 상태는 체포할 생각이 없었다고 봤어요.

저나 가현, ○○이 없었으면 경찰이 계속 연행한다고 협박하니까 퍼포먼스를 못 한다고 판단해서 상의 탈의는 안 했을 수도 있죠. 연행될 위험까지 감수하면서 굳이 상의 탈의 시위를 할 필요는 없으니까 기자 회견문만 읽어도 문제 제기를 할 수 있었거든요. 그런데 우리가 기자 회견 끝난 뒤에도 상의 탈의 퍼포먼스를 할 거라고 경찰은 생각하지 못했을 거예요. 우리 같은 쌈닭들을 몰랐으니까요.

그게 중요했죠. 가현 님은 그날 연행 경험을 한 사람들이 있어서 경찰이 연행하려 할 때 대응할 수 있었다고 얘기하더라고요.

참 웃기고 화나는 상황이죠. 내가 내 가슴을 벗고 싶어서 벗는데 법의 통제 아래 있어야 하고 그게 위법이라는 사실도 웃기고, 누가 신고하지도 않고 불쾌한 사람도 없는데 경찰이 와서 공연 음란죄라고 말하는 현실도 웃기다는 생각이 드는 거예요. 말도 안 되는 말을 하고 있는 이 사람이 자기가 무슨 말을 하는지도 모르는 것 같아서 더 화나더라고요.

영상 속 감독님 목소리에서 그런 분노가 느껴져요. 하하하. 그럼 강릉 여행도 촬영 차 간 건가요?
네. 모든 운동이 다 운동처럼 보일 필요는 없어요. 신념 덩어리일 필요가 없거든요. 겨드랑이 털처럼 자연스러운 거니까 자연스럽게 드러내면서 자연스럽게 보여주면 된다고, 가슴도 마찬가지라고 생각해요. 방송에 나갈 때 모자이크나 블록 처리는 윤리적으로 써야 하는 효과거든요. 이를테면 범죄자 가릴 때 모자이크를 쓰잖아요. 가슴 가릴 때 모자이크를 쓰고 싶지는 않거든요. 그래서 케이비에스에서 온다는 말을 듣고 그 문제에 관해 이야기했는지 물어봤고, **여성들이 바다에서 자유롭게 노는데 가슴을 모자이크 처리하는 건 의미가 없다고 생각했어요.**

저는 윤슬 님이랑 같이 놀던 기억이 많아서 촬영하러 오셨다는 생각을 못했어요.
맞아요. 배구도 하고 '무궁화꽃이 피었습니다'도 하고. 촬영을 하러 가기는 했지만, 돈 받고 가는 여행은 아니니까 다른 촬영 감독을 데려갔죠. 날씨가 별로 안 좋았잖아요. 파도도 엄청 쳤잖아요. 그래서 정말 좋았어요.

성난 파도였잖아요.

그런 파도 좋아하거든요. 첫 바다에서도 파도가 엄청 거셌는데, 거기서 찍은 사진도 기억에 남고.

첫 번째 바다에서 저는 멧돼지 가면 쓰고 사진 찍었는데, 나중에 보니까 우리 머리 위에 파도가 있어요. 우리가 파도를 끌고 오는 모습처럼 보여서 그 사진이 좋더라고요.

적당히 사람도 없고, 즐겁게 논 기억도 나요. 우리가 놀고 있을 때 여성 2명과 남성 1명이 지나갔는데, 20대 후반에서 30대 초반 정도였어요. 저도 보고 제 친구도 봤어요. 그 사람들이 아무렇지 않게 지나갔거든요. 마지막에 단체 사진 찍고 나서 모래를 씻어야 하는데 샤워실도 없고 물도 안 나와서 근처 가게에 물 좀 써도 되냐고 부탁해서 씻기도 했고. 한 명도 빠짐없이 데려가려고 ○○을 태워간 것도 기억나네요. 버스에서 김밥 먹으면서 영화 제목 맞추기 게임도 하고 ○○이 해온 파이를 먹고.

제가 불펨에서 공식으로 상의 탈의를 한 건 그 여행이 처음이었어요. 첫 바다에서는 촬영하느라 못 벗었고, 그다음에는 자연스럽게 맨 앞에 채은이 있었어요. 빨리 바다에서 놀고 싶은데 시간이 별로 없으니까 도착하자마자 모래사장에 돗자리 깔고, 옷 벗고, 모자 쓰고, 반바지만 입고 놀았죠. 이미 벗은 사람이 있어서 괜찮았어요. ○○은 완전 벗고 돌아다녔으니까. 우리끼리 안전한 공간이라서 어떤 일이 생겨도 우리가 같이 이겨낼 수 있다고 믿었죠. 월경 페스티벌 때 찌찌 해방 사진을 보고 한번 해보고 싶다는 생각을 했어요.

2019년에도 페스티벌 킥 촬영을 가서 마지막에 벗고 같이 사진 찍었죠. 그 사진을 불펨이 페이스북에 올렸고요. 그때 만나던 애인이 카페를 운영했는데, 그 남초 카페에 불펨 가슴 해방 사진이 올라왔나 봐요. 애인이 물어보는 거예요. "너 혹시 속옷 안 입고 사진 찍었어?" 그렇다고 하니까 왜 그랬냐는 거예요. "내가 왜 허락받고 사진 찍어야 해?" 이렇게 물어보니까 저한테 댓글 봤냐는 거예요. 저는 하나도 안 봤거든요. 댓글들 욕이 엄청 쩔었잖아요. 애인은 내가 벗은 사실에 빡치기도 하고 이런 욕까지 들으면서 해야 하냐며 화가 났겠죠. 그래서 엄청 싸웠죠.

그 사진이 올라갈 때 댓글에는 신경도 안 썼고, 그렇게 악플이 달리는 줄도 전혀 몰랐어요. 사진이 남초 카페에 팔려 나가는지도 몰랐고. 2018년에 이미 큰 이슈가 됐고, 처음도 아닌데 이렇게 될지 몰랐어요. 내가 욕먹는 게 괜찮은데, 주변 사람들이 내가 가슴 깐 일을 어떻게 생각하는지를 놓고 굳이 설득할 필요는 없다고 봐요. 다만 **내 몸이 내 것이 아니라 사회적인 것이 되는 느낌이었어요.**

그 이야기 끝은 이렇게 됐어요. 나는 네가 이런 걸 해도 상관없지만 이런 욕까지 먹으면서 해야 하는지는 모르겠고 말릴 생각은 없어, 그렇지만 댓글들을 봐라, 이런 식으로 욕먹는 거가 되게 불편하고 싫다, 이 사진을 내가 아는 누가 보면 어떻게 설명해야 할지 모르는 상태인데 뭐라고 설명해야 되냐, 애인이 이런 이야기를 했거든요. 다른 건 모르겠는데, 거기에는 동의했어요. 제 애인은 저를 이해하지만, 애인의 친구가 이런 사진과 욕설을 보고 물어볼 때 설명할 수 있는 언어는 없잖아요. 그러니까 불쾌한 사람은 제가 아니라 제 애인인 거고. 제가 이 사진은 지울 수 없고 지우고 싶지도 않다고 하니까, 그럼 얼굴만이라도 가리면 안 되겠냐고 해서, 욕은 욕대로 다 먹은 다음에 가현에게 부탁해서 얼굴을 지운 거죠.

제가 노브라로 여행을 많이 다니거든요. 사람들이 쳐다본다는 느낌은 없어요. 그런데 아예 브라를 안 차고 있는 사진은, 운동이건 포르노건 간에 이 사람에게는 아직 똑같아 보이는 거죠. 이런 운동을 하는 건, 벗는 건 네 자유이고 할 수 있다고 생각은 하지만, 많은 사람이 이걸 포르노로 볼지 운동으로 볼지, 어떻게 설명해야 할지 깊게 생각 안 하죠. 이 사람은 그런 데 별로 관심이 없잖아요. 나만 내 몸이니까 관심이 있지.

댓글들은 좀 봤어요?
좋은 것만 보고, 자세히 보지는 않았어요. 제 가슴 모양을 보고 어떤 여성이 외모 지적을 하듯 쓴 댓글이 좀 충격이었어요. 한 여성이 다른 여성 태그한 다음에 가슴 좀 보라고, 진짜 볼품없는 애들이라고 그랬죠. 무슨 자신감으로 이러는지 모르겠다는 뉘앙스였죠.

다른 분들도 여성들이 남긴 댓글을 이야기하더라고요. 여성들도 다 다르고, 모든 여성이 우리를 지지할 수는 없는데, 이 운동은 여성해방운동이잖아요. 저도 여성들이 비난할 때 특히 아프더라고요. 온라인의 특수성이라는 생각도 들어요. 페미니스트 사이에서 불펌이 비난받기도 하고.
온라인 페미니즘을 생각해봤는데, 우리가 얼굴을 보고 직접 만나면 감정 노동이라는 걸 어쨌든 하잖아요. 좋게 얘기하려고 하면 좋게 얘기가 되는 거예요. 그런데 온라인은 감정 노동 안 해도 되잖아요. 그냥 패면 되고. 트위터에서 그런 모습 보면 되게 답답하고, 온라인 운동이 내 마음에 들게 잘되기는 쉽지 않아요. 종종 댓글이 중요할까 하는 생각도 들고, 어쨌든 이 사진이 유희로, 포르노로 소비되는 것 같아서 고민도 돼요.

가슴 해방 사진에 댓글이 10만 개를 넘기고 악성 댓글도 많아지면서 불펨이 고소를 진행했잖아요. 고소 과정은 어땠어요?

합의를 하려면 사과문을 보내야 하는데, 제가 어느 사과문을 보니까 아주 치욕스럽겠더라고요. 매일 밤마다 일어나서 그쪽한테 죄송하다며 어쩌고저쩌고 한다는 내용인데, 얘는 어떻게 이런 기억을 갖고서 살까 이럴 정도였거든요. 이 사람은 다시는 악플을 달지 못할 거예요. 이런 사과문까지 썼는데 어디 가서 악플은 안 남기겠지 싶어요. 학생도 있고 군인도 있었는데, 다들 20대 같더라고요. 사과문을 보니까, 고소는 해야 하고, 고소도 운동이구나 하는 생각이 들더라고요. 합의금은 덤이고요.

주변 반응은 어땠어요?

엄마가 뉴스에서 기자 회견 영상을 보고 저게 무슨 얘기냐고 물어보셔서 가슴 까고 사진 올렸는데 음란물이라며 삭제했다고 했죠. 엄마가 너도 그거 했냐고 물어서 촬영하느라 못 하고 중간에 갔다고 하면서 걱정되느냐고 되물으니까 그냥 물어본 거라고 하시더라고요. 뭐, 걱정됐겠죠, 당연히.

이 운동이 윤슬 님에게 가져온 변화는 무엇일까요?
저는 엄청 즐거워요. 촬영해야 되기 때문에 너무 아쉽지만, 엄청 즐겁고 생기가 넘쳐요. 다른 단체를 촬영하는 친구가 있는데, 뻔하고 진부하고 재미가 없어요. 이를테면 페미니즘 얘기하는데 엄마를 데려와서 대화하는 서사 자체가 너무 재미없거든요. 그런데 우리는 아무도 안 데려와요. 우리는 오직 내 얘기를 하고, 내가 벗고, 내 주변 친구들만 얘기하는 게 좋아요. 정치적인 뭐, 그런 거 재미없어? 그럼 안 해. 이런 '라이트'함이, 그렇지만 '나이브'하지 않은 자유로움이 정말 좋아요. 많은 시도를 할 수 있는 친구들이 있잖아요. 그런 시도가 커다란 영감을 줘서 좋아요. 이 영화를 편집하면서 친구들이랑 관계가 복잡해지고 힘들지만, 여전히 불펨 깃발을 하늘에 휘날리면서 '겨털 무성무성 여러분 겨털대회 참가하세요'라고 외치는 목소리가 운동이 되는 거죠. 우리가 운동만을 위해서 이러는 건 아니잖아요. 사람들에게 보여주려는 운동적 측면도 있지만, **내 해방감도 굉장히 크고, 자유로움도 크고, 일단 내가 즐거워서 하는 운동이 저는 없었다고 생각해요.**

그런데 우리는 말할 필요가 없죠. 우리가 벗고, 우리가 자르고, 우리가 기르고, 자연스럽게 놔두는 게 운동이 되는 거니까. 내가 하고 싶은 대로, 내 몸을 마음대로 하는 게 운동인 거죠. 탈코르셋이 한참 이슈가 될 때는 고민을 많이 했어요. 머리를 짧게 자를까 말까, 이런 고민이요.

탈코르셋 유행할 때 저도 머리카락 기증하려고 한참 기를 때였어요. 청소년들 가르치는 일을 하고 탈코르셋에 관심이 많은 여고 학생들을 만나니까 머리카락 자르기를 얘기하는 거예요. 그래서 교육 시작할 때 제가 탈코르셋 운동을 중요하게 생각하지만 머리카락은 기증하려고 기른다고, 변명까지 할 필요는 없지만 분위기가 그러니까 얘기를 해야 되는 거예요. 숏커트한 분들 보고 저도 해볼까 생각은 했는데, 관리가 어렵대요. 한 달에 한 번씩 미용실 가야 하고. 안 되겠다 싶었죠. 저는 머리카락을 직접 자르거든요.

저도 집에서 잘라요.

제가 직접 자르려면 딱 이 정도가 좋거든요. 숏커트는 직접 할 수가 없고, 미용실 비용을 감당할 수도 없어서 단발머리를 하고 있어요. 탈코르셋이 전형성을 따르지 않으면 거기에 동참하지 않는 듯한 기분이 들게 하는 문제에 관해서 좀더 다양한 이야기들이 나오면 좋겠다고 생각해요. 가슴해방운동을 촬영하면서 어떤 고민을 많이 하나요?

'나는 이 찌찌 해방을 어떻게 보여줄까'라는 고민을 해요. 제가 그 장면이 가지는 힘을 판단하고 통제하잖아요. 영상에 나온 사람이 빼달라고 하면 대체할 수 있는 뭔가도 해볼 수 있겠고, 이 힘있는 영상들을 어떻게 잘 활용할까 고민을 많이 해요. 몸에 관해 얘기하려면 다른 사람이 찍은 영상으로 사람들에게 가까이 다가갈 수 없겠다는 생각이 많이 들었어요. 제가 찍는 건 제가 느끼는 바가 아니라 인터뷰로 얘기해야 되고.

겨털을 한 번 왁싱을 했어요. 겨털이 자라기 시작하면 은근히 따끔하고 간지럽잖아요. 이걸 제 경험에 빗대어서 물어볼 수는 있지만, 제가 어떻게 보여주느냐에 따라 많이 다르잖아요. 촬영하면서 삭발을 했는데, 어느 정도 자라니까 고슴도치처럼 머리카락이 뻗치는 거예요. 그래서 아침에 일어나면 무조건 모자를 쓰는데, 이건 삭발해보지 않으면 모르거든요. 제가 일거수일투족 직접 보고 있지 않아도, 인터뷰를 안 해도 되는 관계이기 때문에 그런 얘기를 들을 수 있죠. 털을 아무렇게나 자를 수 있다는 것에는 아주 많은 게 담겨 있잖아요. 겨드랑이 털부터 시작해서 자궁까지 가고 끝은 낙태로 연결되는, 내 것이지만 온전히 내 것은 아니라는 말을 하고 싶은데, 실패했거든요. 자기가 얘기하지 않으면 너무 어려워요.

영화 〈피의 연대기〉(김보람 감독, 2017)를 보면 감독님이 생리컵 뽑아서 뜨끈한 피를 버리는 장면이 진짜 인상적이었거든요. 그 뜨끈한 피를 우리가 처음 보는 거예요. 맨날 패드에 굳어 있거나 젖은 피만 보니까요. 생리컵에 피가 저렇게 나오는구나, 생각보다 맑고 붉다, 그걸 보여줄 수 있겠다, 이렇게 해서 제가 찍지 않으면 계속 상대방을 설득해야 하는 작업이니까 무례 또는 실례인지도 모르고 너무 쉽게 관음을 하게 되는 게 아닐까, 이런 생각이 많이 들더라고요.

제가 만든 영상을 보여주면 아빠는 어떤 표정을 지을까, 어떤 생각을 할까 이런 상상을 많이 해요. 아빠는 제가 페미니즘 운동을 한다니까 뉴스에 나오는 페미니즘 반대하는 사람들을 욕해요. 페미니즘이 뭔지는 몰라, 우리 딸이 하는 건 다 괜찮은데 저 사람이 페미니즘 욕을 하네, 이런 식이에요. 그런 접근을 하는 사람이 많다고 생각해요. 페미니즘이 뭔지 모르지만 우리 딸이 하고 있다면 좋다고 생각해, 나는 진보적인 인간이니까. 사실 우리 아빠는 전혀 그렇지 않거든요. 이런 문제를 제외하더라도 이 운동을 하는 우리랑 가장 먼 세대이면서 가장 가까운 사람이 볼 때 어떤 생각을 할까를 많이 고민해요.

저는 영화가 기대돼요. 이 영화 나오면 엄마랑 같이 보러 가는 상상을 하거든요. 아빠는 모르겠고. 엄마는 제가 페미니즘을 하기는 한다는데 뭘 하는지는 잘 모르시거든요. 그래서 꼭 같이 보고 싶어서 기다리고 있어요.

영화관에 아빠랑 남동생이 앉아 있을 텐데, **이 영화를 보고 남의 이야기로 받아들이지 않으면 좋겠다고** 생각해요. 우리끼리만 봐도 재미있고 기록으로 남으면 좋겠지만, 남이 봐도 남의 이야기가 아니면 좋겠어요. 우리가 가족들의 몸은 포르노로 안 보잖아요. 미디어에서 보는 몸은 만들어진 몸이고 여성화된 몸이지만, 삶에서 직접 마주하고 매일 보면 일반인의 몸, 평범한 몸으로 받아들이잖아요. 가현이랑 미술 학원 같이 다니면서 찌찌 해방 사진을 그림으로 그린 뒤에 그랬어요. "우리 찌찌 다 다르게 생겼네. 누구는 이렇게 생기고, 누구는 저렇게 생기고, 너무 제각각이라서 재미있지 않아?" 사람들이 그런 현실을 좀 보면 좋겠어요. **여성의 몸은 대부분 미디어에 나오는 여성의 몸처럼 생기지 않았다는 것, 모두 그렇게 살 수 없다는 것만이라도 알면 좋겠어요.** 우리 몸이 평범한 몸이라는 것, 여성의 몸은 저래, 우리 엄마의 몸도 저렇고, 내 몸도 저렇고, 내 여동생의 몸도 저렇고, 내 누나 몸도 저렇지, 이거면 되는데. 왜 자꾸 나한테서, 내 몸에서 다른 여성의 몸을 보려는 걸까요.

그런 의미를 잘 담으려면 가슴을 모자이크해서는 안 되겠죠.
네. 절대 모자이크는 안 된다고 생각해요. 영상물등급위원회 사이트를 샅샅이 뒤지고 직접 전화도 했는데, 여성의 가슴이 나오면 '19금'이 되는 기준도 확실하지 않아요. 영화제에서 영화가 한 번이라도 상영되면 등급위원회에 보내거든요. 일차적으로 감독이 이 영화는 '몇 세다' 하고 써서 보내면 대부분 감독 의견대로 내주는데, 안 그런 경우도 있어요. 다큐멘터리는 그런 사례를 거의 못 보기는 했지만. 그래서 잘하면 싸움으로 만들 수 있겠다는 생각도 들어요.

영화 〈가슴 노출을 허하라!〉에 이런 장면이 나오거든요. 살인하고 전쟁하는 장면을 다 텔레비전으로 볼 수 있는데 왜 여자 가슴은 '19금'이냐고 질문하는 거예요.
왜 야하다고 하지? 여성의 몸을 다 포르노로 본다는 거 아니에요?

왜 여성의 가슴 또는 섹스 장면이 총기로 사람을 죽이는 장면보다 위험하다고 생각하느냐는 대사를 보고, 한 번도 생각한 적 없는 질문이라는 사실을 깨달았어요. 그냥 '19금'이면 '19금'인가 보네 했는데, 섹스 장면이나 여성의 가슴이 왜 청소년에게 위험하다는 걸까 하고 의문이 들었어요. 성폭력 장면, 사람을 죽이는 재현이 더 위험하지. 그런데 그런 장면은 또 텔레비전에 버젓이 나와요.

굳이 구체적으로 보여주죠.

요새는 폭력성에 따라 '15세'나 '19세'로 나누잖아요. 그런데 '15세 이상 관람가' 영상도 제가 볼 때 너무 폭력적이에요.

맞아요. 저도 극장 가서 영화 보면 깜짝 놀라요. 유리로 머리 깨고 찌르는데, 이게 어떻게 '15세'지, 등급은 누가, 왜 정하는지 고민해야 해요. 전체 관람가, 청소년 관람가, 청소년 관람 불가 식으로 나뉘는데, 여성 가슴이 나오면 야하든 야하지 않든 대부분 '19금'이에요. 그런데 남성의 몸은 노출돼도 청소년 관람가도 받고, 심지어 드라마에도 나오거든요.

왜 여성의 가슴은 안 되냐고!

여성이 가슴을 흔들면서 얼마나 음란 행위를 할 수 있냐고요.

그러니까요. 왜 여자 가슴만 모자이크를 하는지.

진짜 뻥 아니고, 그 생각을 가진 뒤부터 다큐멘터리 볼 때마다 영상 등급이 '19금' 아닌데 남성이 탈의하는 사례를 다 적었어요. 하하하.

요새 드라마를 한 편 보는데, 남성 주인공이 탈의실에서 옷 갈아입는 장면이 자주 나오는 거예요. 알겠어, 몸 관리 잘해서 자랑하고 싶은 마음은 알겠는데, 너무 자주 벗더라고요. 요새는 남성의 상의 탈의도 대상화되는구나 싶기도 하지만, 이런 장면은 제지를 안 받죠. 오히려 계속 보라고 드라마 초반에 넣거든요.

얼마 전에 영화를 보는데 첫 장면에 남자가 등목하는 장면이 나오길래 바로 적어놨어요.

매우 중요한 싸움이 되겠네요. 여성의 몸을 어떻게 보느냐 하는 문제이니까 가슴해방운동에도 밀접하게 연결되고.
이런 시도 자체가 의미 있죠.

불펨이 벌이는 가슴해방운동의 강점과 과제는 무엇일까요?
여성의 몸으로 섹슈얼리티를 주제로 활동을 한다는 말은 어렵게 느껴진다고 생각해요. 지나가는 남성이나 여성에게 들려주면 무슨 말이냐고 하겠죠. 섹슈얼리티라는 말이 어렵고, 여성의 몸으로 한다는 말은 또 뭔지 모르겠고. 그런데 '우리는 겨드랑이 털을 길러요. 브래지어도 벗어요'라고 하면 바로 알아들을 거예요.

저는 제가 배움이 부족하고 이론을 알아야지 뭔가를 말할 수 있다고 생각해서 논문도 많이 읽고 공부를 열심히 한 뒤에 이 작업을 한번 해볼 만하다는 생각이 들어야 구성안이나 기획서를 쓰거든요. 그런데 지금은 그때 본 논문이 필요 없었다는 생각도 많이 들어요. 그만큼 시대도 빠르게 변하고, 우리가 하는 운동도 달라지고, 말하는 방식까지 완전히 딴판이거든요. 그런 면에서 찌찌해방운동은 복잡하지 않고 이론에 충실하지 않기 때문에 훨씬 쉽고 아주 시각적이죠. 저는 몸에 관해 몸으로 이야기하는 사람들로서 우리가 실천적 운동에서도 중요하다고 봐요.

불펨이 이론으로 이야기하지 않는다는 점을 느낀 때가 떠올라요. 불펨에서 처음에 약속문을 작성할 때 그 자리에 있었거든요. ○○이 그러는 거예요. "내가 볼 때 저 문장의 가장 큰 문제는 내가 썼는데 무슨 말을 하는지 모르겠다는 거야." 그러면서 장애에 관해 쓸 때도 저한테 물어보는 점이 정말 좋았거든요. 특정한 사람에 한정하지 않고 누구에게든 물어보고 서로 이야기하는 분위기 속에서 어려운 이론이 아니라 쉽게 말하고 쉽게 받아들일 수 있는 우리의 언어, 우리의 운동을 만드는 뮤화가 정착됐다고 생각해요.

아무래도 불펨에 와야만 할 수 있는 운동이라는 점이 좀 걱정이기는 하죠. 우리 내부에서는 그런 생각을 안 하잖아요. 하고 싶으면 하는 거지만, 어떤 사람은 가슴 해방을 할 수 있어야만 저기 들어갈 수 있다고 생각할지도 모르니까요. 우리가 그런 정체성을 갖게 될까 걱정이에요. 이른바 래디컬 페미니즘이 강경하다는 말을 듣는데, 우리도 그렇게 보일 수 있죠. 최전방에 선 것처럼 보여야 될 때도 있지만, 아닐 때도 있어야 되거든요.

천천히, 모두 함께 갈 수 있는 길을 고민하면 좋겠어요. 운동에는 여러 방식이 있다고 생각해요. 어떤 사람은 가슴을 왜 까느냐고 묻지만, 우리는 즐겁고 해방감을 느끼고, 그런 느낌만으로도 만족감을 얻어요. 엄청난 운동이 안 되더라도, 나도 해보고 싶다, 저런 해방감을 느끼고 싶다면서 찾아오는 사람도 있을 수 있고, 그 정도에서 만족하는 것도 좋다고 봐요. 우리가 이걸 엄청 큰 운동으로 만들기는 어렵다고 생각해요.

저는 여전히 브래지어를 안 찰 때보다 찰 때가 더 많아요. 가슴이 덜렁거리는 게 싫기도 하고 브라를 차야 편할 때도 있거든요. 가슴 주변에 땀이 차는 게 싫어서 브래지어를 차기도 하는데, 그렇다고 죄책감이 들면 안 되거든요. 물론 코르셋이 되면 더 안 되겠지만. 그래서 이 운동을 어떻게 하면 더 잘할 수 있을까 생각하게 돼요. 이를테면 보지 그리기 같은 일도 재미있겠죠. 아주 추상적으로 그릴 수도 있잖아요. 한번 보자 이런 거니까. 그런 그림을 올리면서 자궁 경부암 검사를 받으라는 해시태그를 걸 수도 있고, '자궁은 국가의 것이 아닙니다' 같은 캠페인을 할 수도 있고.

꼭 자기 몸이 아니더라도 음순 그리기는 좋다고 생각해요. 많은 여성이 음순이 다양하게 생긴 사실을 모르기도 하고요. 저도 정말 늦게 페미니즘을 만나고 나서야 제 음순을 봤거든요.
저도 그래요.

남자랑 신체 특성이 다르니까 음순을 보려면 좀 노력이 필요해서 볼 생각을 안 한 거예요. 잘 씻으라고 하니까 잘만 씻으려 했지, 한번도 봐야 한다는 생각을 못 해서 보고 난 뒤에는 저도 놀랐거든요. 여성은 자기보다는 파트너가 더 많이 봤겠구나 하는 생각도 들어요. 여성이 자기 음순을 보려면 특정한 동작을 취해야 하잖아요.
네, 다리를 올려서 벌리고 거울로 비춰야 하죠.

좀 전에 사람들이 '가슴 해방을 할 수 있어야 불펨에 들어갈 수 있나' 하는 생각을 할 수도 있다고 하셨는데, 불펨 안에서도 가슴을 드러낸 사람과 그렇지 않은 사람 사이에 운동에 관한 기억과 경험이 다르더라고요. 저는 월경 페스티벌에서 그 자리에 있었는데도 같이하지 못하니까 속상하고 뭔가 실패한 느낌에 휩싸여서 온통 좌절 모드로 일기를 썼어요. 주변 사람들, 동료들은 하는데 저만 안 하니까 배신하는 느낌에 힘들었지만, 가슴해방 출렁출렁 여행을 다녀와서 좀 풀렸죠. '나도 할 수 있었네' 같은 느낌. 인터뷰를 해보니 저랑 비슷한 감정을 느낀 분들이 있더라고요. 가슴을 드러내지 못하거나 얼굴을 감출 때 내가 이 운동을 제대로 하지 못한 것 같다는 생각이 드는 거죠. 기혼 여성도 자기 가슴 모양이 별로 안 예뻐서 참여하기 어렵다거나, 자기는 가슴을 내보일 수 없어서 도움이 안 된다고 말하는 분이 있었거든요. 가슴을 드러내지 않을 때 제가 느낀 좌절감, 또는 함께하지 않은 듯하다는, 이 운동에 동참하지 않고 있다는 느낌이 들게 한다면 결국 운동 참여자도 자기가 한 실천을 긍정적으로 해석하지 못한다는 말이잖아요.

다른 사람들에게는 이 실천이 최전선에 있는 운동처럼 보이겠죠. 그렇지만 각자 운동 방식이 다 달라요. 누구는 최저 임금을 말하면서 단식을 할 수도 있고, 누구는 하루 알바를 빼고 할 수도 있고. 다 같이 가는 한 걸음이 중요하냐, 누가 열 걸음을 먼저 가서 끌어주는 게 중요하냐고 할 때, 저는 둘 다 중요하다고 봐요. 누구는 앞에 있고 누구는 뒤에 있으면 되니까. 어떤 사람이 몸으로 강경하게 표현하는 다른 사람을 보고서 저런 용기가 없으니까 나는 이 단체랑 뭔가 함께할 수는 없겠다고 느끼는 건 문제라고 생각해요.

저는 지금 이 운동의 확장성을 고민하거든요. 20대 비혼 여성 위주인데, 어떻게 다양한 여성들을 만날까. 그런데 기혼 여성을 인터뷰 하니까 여성의 가슴이 가장 섹슈얼할 때가 20대라고 생각하더라고요. 사실 꼭 그렇지는 않은데. 작년부터 주변에 비혼 여성보다 기혼 여성이 많아지면서 어떻게 이 사람들이랑 운동을 함께할까, 어떻게 연결될까를 많이 생각하게 됐어요.

저도 친구가 메갈리아 한참 유행할 때 혼전 임신으로 결혼했는데, 고등학교 3년 내내 같이 붙어 다닌 애예요. 좀 먼 곳이기도 했지만, 친구가 결혼식에 저를 안 불렀어요. 한참 뒤에 인스타그램에 제가 페미니즘 글을 올리면 친구가 댓글도 쓰고 하다가, 둘이 새벽 4시 까지 엉엉 울면서 통화한 적이 있어요. 아이에게 정말 미안한데 메갈리아 사이트를 보고 임신 중단을 진지하게 고민했대요. 친정도 기대기가 어렵고 시댁도 어려워서 살이 쭉쭉 빠졌다는 거예요. 얘가 기댈 데가 없었겠다고 생각했어요. 너처럼 열심히 활동하는 애가 나를 보고 어떻게 생각할까, 그런 괴리감 때문에 저한테 말하지 못한 거죠. 여여 님 같은 고민을 저도 많이 해요. 한편으로 아빠를 생각하고 다른 한편으로 이 친구를 생각하면서, 우리 운동이랑 뭔가 접점이 없을까 고민도 하고요.

윤슬 님이 활동을 이어갈 수 있는 힘은 뭘까요?
화요. 제가 화가 되게 많고, 불만이 많고, 표정에 다 드러나거든요. 그래서 사람들을 불편하게 만들죠. 불편하면 인상도 쓰고, 짜증나면 얼굴에 드러나니까 주변에 착한 사람들은 보통 안 좋은 일 있냐고 물어봐요. 그럼 자연스럽게 얘기가 나와요. 저건 좀 아닌 것 같다고 하면서 얘기가 잘되는 때도 있고, 불만 많은 애라는 걸 대부분 아니까 얘가 불편해하는구나 짐작도 하고 눈치도 보죠.

윤슬 님에게 찌찌 해방이란 어떤 의미인가요? 그리고 가슴해방운동을 영상으로 기록했는데, 결과물은 어떻게 만나게 될까요?
저에게 **찌찌 해방은 조용하고 안전한 반항**이에요. 누가 물어보지 않으면 굳이 얘기할 이유가 없죠. 제가 찌찌 해방을 한지를 잘 모르니까. 제가 찍은 영상을 보면서 가장 많이 힘을 받고 가장 많이 고민해요. 상의 탈의 영상을 보면 어떤 순간에 눈물이 날 듯하고 감동적일 때가 있어요. 제가 거기에서 느낀 감정을 표현할 때 어떻게 힘을 줄까 고민하죠.

저도 비슷한 감정을 느꼈어요. 벅차오르는 느낌, 어떤 연대감. 그 사람들이 아니었으면 옷을 못 벗었다는 사실을 알아요. 제가 혼자가 아니라는 사실을 알게 해줬고, 그래서 저한테 가슴해방은 용기와 연대감을 뜻해요.
제 마음속에 무조건 바다 장면이 마지막 컷이에요. 사람들이 이걸 다 이해할 때 이 장면이 주는 울렁임과 힘을 느낄 수 있다고 봐서요. **공간의 힘도 있다고 생각해요.** 그동안 우리가 페미니즘을 말한 공간이 얼굴을 드러내지 않고 키보드나 핸드폰만 있으면 되는 온라인이었다면, 우리가 이제 얼굴을 드러내고, 현실의 공간에서 만나고, 말을 하기 시작하고, 경험을 공유하고, 광장에서 외치고, 바다에 직접 가서 뭔가를 하기 시작했잖아요. 이런 공간이 주는 변화

를 보여주고 싶어요. 낙태죄 폐지 집회를 가면 거리에서 구호를 외치잖아요. 밤길 걷기에서도 구호를 외치고. 그런 장면을 볼 때 가끔 묘하게 슬프고 힘들어요. 우리가 여기까지 나와서 이런 얘기를 할 수 있게 되기까지 얼마나 많은 사람이 이 운동 때문에 상처를 받고, 힘도 받고, 그만두고, 죽었을까 하는, 아주 복잡한 생각이 들 때가 있거든요. 누가 저를 쳐다봐서 그런 게 아니라, 그냥 우리가 거기 서 있는 것만으로도 울컥할 때가 있어요. 그런 느낌을 어떻게 잘 전달할까 고민하죠. 그래서 제작 기간이 너무 오래 걸려요.

코로나 시대에 그 울컥함이 그립네요. 감독님 작품, 어서 빨리 만나고 싶습니다.

⑤ "같이하면 용기가 생겨요"
거친 세상에서 구명줄 찾는 시원 이야기

"저, 이거 입고 왔어요." 시원이랑 나는 2018년에 불펨에서 자주 만났다. 월경 페스티벌 불펨 부스 기획팀을 같이하면서 좀더 친해졌다. 시원은 2018년 월경 페스티벌에서 찌찌 해방 만세 사진을 찍을 때하고 똑같은 옷을 입고 인터뷰를 하러 왔다. 그 옷하고 함께 2년 전의 추억을 챙겨온 시원의 마음 씀씀이가 고마웠다. 그 옷을 입을까 잠시 생각하다가 쌀쌀하다는 예보에 마음을 접은 내 선택이 못내 아쉬웠다. 흰 티셔츠에 새긴 'Blood Feminist'라는 붉은색 글씨가 그날따라 더욱 강렬하게 느껴졌다.

#

가슴 하면 떠오르는 기억을 들려주세요.
가슴에 특별한 의미를 두고 살지는 않다가 초등학교 4, 5학년 때 처음 스포츠 브라를 착용하기 시작했어요. 그게 너무 불편했어요. 멍울이 지니까 회색 브라를 챘는데, 제 몸이 브라가 딱 맞는 체형이 아니라 살짝 헐거웠거든요. 브라를 가슴 위에 걸치는 식이라 불편했죠. 스포츠 브라인데도 그랬고, 따로 누가 안 알려줘서 갈아입을 때 빼고는 계속 착용했어요. 너무 불편해서 이거 왜 착용해야 되나 그러면서도 찼죠. "엄마, 나 가슴이 아파." 제가 이렇게 말하니까 엄마가 이제 브래지어 하자고 하셨어요. 저도 학습 만화 보면서 혼자 성교육을 했는데, 이제 브라를 해야 하나 보다 했죠.

브라를 하면 선이 보이잖아요. 안 하면 유두가 도드라지고. 그게 되게 싫어서 브래지어를 더 했어요. 브라 끈만 보여도 창피하고 그랬어요. 반팔 입을 때 끈 보이면 빨리 추스르고. 그때 여자애들은 거의 다 그랬어요. 또래보다 가슴 발육이 빠른 애들은 조금 더 의식했는데, 물놀이를 해도 이렇게 물어봤죠. "야, 나 브라 보이냐?"

저도 브라 끈이 보이는지 계속 확인하던 때가 떠오르네요. 어떤 기사를 봤어요. 사춘기에 접어들면 여성은 자존감이 확 떨어진대요. 부모와 교사가 사람들을 즐겁게 하고 완벽주의적 행동을 하라며 소녀들을 독려하고 보상도 하거든요. 그럼 10대 여성들이 더 조심스러워지고 위험을 덜 감수하게 되면서 부모와 교사가 편해지죠. 10대 여성들의 이런 완벽주의는 결과적으로 위험을 감수하는 태도, 실패하려는 의지, 가치 있는 심리적 성장을 억제한대요. 학교와 가정에서 완벽주의적 행동을 요구받는 환경에서 10대 여성은 자기 몸을 수치스럽게 여기고, 만족하지 못하고, 자기를 점검하는 거죠. 자기 점검뿐 아니라 친구들도 서로 점검해주잖아요. '너 브라 끈 내려왔다'고. 어릴 때부터 우리는 자기 몸을, 다른 여성의 몸을 단속하고 있었네요. 그럼 계속 브라를 착용했어요?
고등학교 때 후크 있는 브라를 했는데, 여름에 땀 차고 너무 불편했어요. 친구들이 브라를 안 하고 안에 반팔 티셔츠를 입으면 잘 안 보인다고 해서 2학년 때부터 가끔씩 안 하다가, 고3 때 페미니즘 접하고 아예 안 했죠.

고3 때 어떻게 페미니즘을 만났어요?

제가 좋아하는 배우가 몇 안 되는데, 엘렌 페이지*가 페미니스트라고 밝히고 커밍아웃도 했거든요. 페미니스트가 뭐지 궁금해서 네이버에 딱 치니까 이렇게 떴어요. 여자에게 친절한 남자? 그런가 하고 별로 관심 안 가졌죠. 좋아한 소설도 작가가 페미니스트이고 그런 활동을 한다고 해서 그렇게 알고 있다가 메갈리아가 터졌어요. 하도 욕을 먹으니까 이게 뭐지 하면서 좀 보다가 자세히 알아볼 생각은 안 했어요. 고2 때 친구들이랑 얘기하는데 메갈이 하는 행동에 담긴 의미를 옹호하는 애들이 있었어요. 기울어진 운동장을 보게 하려고 미러링을 한다는 말도 맞는 것 같기는 하다 그랬죠. 그러다가 강남역 사건이 터졌어요. 2016년부터 페미니즘에 본격적으로 관심을 갖고 《이갈리아의 딸들》도 읽었어요. 처음 뉴스에 나올 때는 그런 사건이 너무 많으니까 별로 와닿지 않았는데, 그 뒤에 강남역 10번 출구에 여성들이 포스트잇 붙이고 밤길 시위 하는 사진을 봤거든요. '우리의 밤길을 되찾자'는 구호가 저한테는 좀 충격이었어요. '밤길을 되찾자', '딸을 단속시킬 게 아니라 아들을 교육시켜라' 같은 피켓이나 포스트잇을 보고 많이 배웠죠.

● 엘렌 페이지는 2020년 12월 트랜스 남성으로 커밍아웃하고 엘리엇 페이지로 이름을 바꿨다.

불꽃페미액션은 어떻게 아셨어요?

고3 때 범페미네트워크가 주최해서 강남역 살인 사건 1주기 시위를 했는데, 그때 처음으로 페미니즘 의제 시위에 갔어요. 입시 압박도 엄청 받을 때라 별로 얘기 나눌 사람이 없었고, 저 혼자 몰래 갔어요. 제가 서울 토박이인데도 그날 강남역을 처음 갔어요. 그 넓은 도로 한복판에서 많은 사람이 국화꽃 들고 검은색 옷 입고 외친 '우리의 두려움은 용기가 되어 돌아왔다'는 구호가, 그때 분위기가 지금도 생생하게 기억나요. 그 시위가 저한테 의미가 컸어요. 불꽃페미액션이라는 단체도 알게 됐고, 페미니즘 활동을 더 해야겠다, 여성으로서 더욱 관심을 가져야겠다는 생각을 많이 했죠. 불펨에 2017년 말에 가입하고 2018년 1월부터 활동을 시작했어요.

여성 단체가 여럿인데 불펨을 선택한 이유가 뭘까요?

강남역 살인 사건 1주기 시위 때 여러 단체가 와서 막 찾아봤거든요. 불펨 페이스북에 걸린 겨털 해방 하고 찍은 사진이 재미있어 보이고 진입 장벽이 좀 낮다는 느낌도 들었어요. 그리고 저한테 의미가 남다른 밤길 시위도 불펨이 했더라고요.

그렇군요. 그럼 가슴해방운동은 어떻게 참여하셨나요? 평소에 겨털 해방이나 가슴 해방을 고민한 적은 있나요?

털이 자라기 시작하는 순간부터 여자는 제모를 고민하잖아요. 엄마가 털이 굵고 길게 나는 편이거든요. 스트레스를 받는 모습을 봤죠. 여름에 제모 안 하면 좀 부끄러워하고, 어디 갈 때 제모 안 하고 어떻게 나시를 입냐며 당황해했어요. 털이 자라면서 제모를 해야 하나 생각은 했는데, 제가 나시 입을 일이 없고, 몸이 드러나는 옷도 안 입고, 심지어 수영도 못 해요. 보통 겨털 고민은 남이 보는 상황을 염두에 두고 하잖아요. 그런 상황이 별로 없어서 털을 밀어야겠다는 생각도 거의 안 하고, 제모도 안 했어요.

겨털 해방에 견줘 가슴 해방은 별로 생각해본 적 없고, 오히려 찌찌 해방에 참여하면서 고민하기 시작했어요. 2018년 5월 월경 페스티벌에서 불펨 부스 기획단으로 참여했죠. 기획 회의에서 겨털 해방에다 찌찌 해방도 하자고 갑자기 말이 나와서 처음에는 안 한다고 했어요. "여기서 한다고요?" 이랬거든요. 전날까지 고민했는데, 거의 안 하겠다 생각했죠.

당일에는 어떤 마음의 변화가 생긴 거예요?

한 번도 해본 적이 없잖아요. 찌찌 해방 하는 걸 본 적도 없으니까, 공개된 장소에서 상반신을 까는 행동은 용기가 엄청 필요하고요. 이래도 되나 하는 생각이 드니까 전날에는 아무리 취지가 이해돼도 선뜻 용기가 안 나더라고요. 그런데 당일에 행사 장소가 하자센터라서 친숙했고, 안 지 얼마 안 되지만 안전한 사람들이라는 느낌이 들고, 또 날씨가 따사로웠잖아요. 화기애애하고, 사람들에게 '찌찌 해방 하러 오세요' 하고 소리치면서 홍보하고, 웃음소리 들리고, 멋있다면서 격려하는 말도 들리니까, 찌찌 해방을 해도 괜찮겠다는 생각이 든 거죠. 막상 와서 보니 이상한 짓 같지도 않고, 깐다고 해서 갑자기 누가 와서 수갑 채워 잡아가지도 않고, 참여자들이 엄청 부끄러워하는 기색도 아니니까, 괜찮겠다 싶어서 저도 했죠.

찌찌 해방을 할 때 너무 낯설고 생경했어요. 살짝 얼굴이 달아오르는 느낌에 시원하고 재미있다는 정도. 2018년 사진을 보면 제가 상의를 완전히 벗지 않고 살짝 들고서 찍었어요. 얼굴도 가면으로 다 안 가리고 반만 가려서 딱 그 정도 마음이었나 봐요. 온라인에 신상이 드러나도 거기는 모르는 세계니까 괜찮겠고, 잘못한 일도 아닌데 다 가리기는 싫어서 얼굴을 반은 보이고 반은 안 보이게 했어요. 사진 찍고 바로 마무리되는 분위기여서 '별거 아니네'라는 생각도 들었고, 왠지 좀더 하고 싶기도 했어요. 그때나 지금이나 용기가 매우 필요한 행동이지만, 낯설고 살짝 부끄러워도 더 일상적인 뭔가를 해보고 싶다는 생각을 했죠.

가슴해방운동 기사가 난 뒤 삶에 어떤 변화가 일어났나요?

처음에는 얼떨떨했어요. 2018년이 고등학교 졸업할 때인데, 《여성신문》에 실린 인터뷰 사진을 보고 선생님이 연락해서 그러셨어요. "기사 잘 봤다, 멋진 활동 하고 있구나!" 페이스북 코리아 기자 회견 하고 저녁에 기사 많이 뜨고 인터뷰 시작할 때 내가 뭔가를 한 건가 이런 생각이 들었어요. 약간 유명해진 듯한 기분도 잠깐 들었어요. '어, 내가 대단한 사람인가' 하는. 기분이 좋아졌고, '내가 이 사람들이랑 같이 뭔가를 했구나' 같은, 그런 고양되는 게 있었죠.

'가슴해방 출렁출렁'은 어땠어요?

아주 좋은 기억으로 남아 있어요. 날씨가 안 좋기는 했지만, 바닷가에서 상의 탈의를 하고 맨 바람 맞는 게 그렇게 기분 좋은 일인지 몰 랐어요. 찌찌 해방을 이미 해봤으니 상의 탈의는 어려울 게 없고, 여 행이니까 재미도 있고. 피구도 하고, '무궁화꽃이 피었습니다'도 하 고, 수영을 못 해 여여 님 손 꽉 잡고 물에 들어가 파도에 몸을 맡기 고 있는데 누가 우리 둘 보고 되게 영화 같다고 한 말도 기억나요.

맞아요. 둘이 물에 안 빠지려고 손 꽉 잡고, 하하하.
서로 구명줄 삼아, 하하하.

날씨가 별로 좋지 않아서 수영을 하기는 힘들지만 파도를 느껴보 고 싶었어요.
맞아요. 바다도 왔고. 바다에서 상의 탈의 한 건 처음이었어요. 돌 아올 때, 버스에서 노을 보면서 이런 여행도 있구나, 집에 돌아가서 도 할 수 있을까, 친구들이랑도 이걸 할 수 있을까, 그런 생각을 한 기억이 나요. 작년에 유럽에 있는 호수에 갔는데, 다 같이 수영복을 입고 왔어요. 그런데 찌찌 해방을 진짜 하고 싶은 거예요. 그날 여 행도 떠오르고, 할까 말까 하다가 그냥 수영복 입고 갔어요. 운동 영역에서는 몇 번 해봤으니까 또 할 수도 있고 용기의 한계치는 뚫 은 것 같은데, 일상 영역에서 혼자 하기는 아직 좀 어렵더라고요.

뭐가 다를까요?
사람들이 다르죠. 나 혼자서 해야 하는데 주위는 찌찌 해방이 생소 한 사람들이고, 어쩌면 비난할 수도 있고, 괜히 유난한 사람으로 보이거나 과격한 사람으로 비칠 수 있다는, 인간관계를 망칠 수도 있다는 두려움 때문이겠죠.

그때 시원 님 속마음을 얘기는 해보셨어요?
네. 찌찌 해방 한 거 아는 친구한테요. 나 여기서 찌찌 해방 하고 싶다고 하니까 그 친구가 해보라고 그러는 거예요. 같이하자고 하지는 않았지만요. 처음에는 그럴까 했죠. 그런데 같이 간 남자애들이 나이대가 다양해서 중고생도 있었거든요. 그 친구들이 저를 어떻게 볼까 싶어서…….

남자들은 상의 탈의 했죠?
다 했죠. 그걸 보니까 더 하고 싶은 거예요.

아! 정말 이해가 된다.
그렇죠? 여자 친구들에게 다 같이 하자고 할까 생각도 했는데, 거기까지는 안 되겠다 싶어서 결국 못 했죠.

유럽에서 봉사 활동 하면서 만난 친구들이 있어요. 한 친구 집 근처에 호수가 있대요. 자기 오빠처럼 수영하고 나서 팔 쭉 펴고 겨드랑이 털 내놓고 편하게 쉬고 싶은데 그거까지는 못하겠다는 거예요. 겨털 때문에 수영을 제대로 못 해서 아쉬웠는데, 겨털 기르는 다른 여자 친구가 놀러왔대요. 겨털 난 여자 둘이 같이 수영을 했다고 하더라고요. 그 일이 생각나네요. 한 명만 더 있으면 할 수 있는데.

맞아요. 한 명만 더 있으면 했을 텐데, 혼자니까 좀 힘들었어요. 그해 여름에 책모임에 나시 입고 겨드랑이 털 기르고 그냥 온 친구가 있었어요. 그런데 제가 깜짝 놀란 거예요. 찌찌 해방은 했지만 나시 입고 겨드랑이 털 보이는 채로 다닐 생각은 못했어요. 충격적이고, 자극이 됐어요. 나도 저렇게 할 수 있겠다는 용기도 나고. 불펨이 상반신 까고 가슴 드러내는 게 누군가에게 용기를 줄 수도 있지만 막상 일상생활에서는 그렇게 못 하니까, 그 친구가 더 크게 다가오더라고요. 그게 참 신기했어요.

가슴해방운동에 여러 번 참여했는데, 그때 나온 기사에 관한 반응이나 댓글은 기억나나요?

거의 욕이었죠. '나는 여자지만'으로 시작해도 욕, '나는 남자인데'로 시작해도 욕. 페이스북 앞 시위 할 때 겨털이 보였거든요. 뉴스 댓글인가, '저 맨 앞에 옆에 있는 애는 겨드랑이 털도 안 깎고 하냐' 그러고. 제 가슴 작다면서 '내가 쟤보다는 크겠다'고 가슴 평가 엄청 하고. 어쩌라고!

저는 그런 비난보다 한창 트위터에서 불펨이 '꿘충'●이라고 말 많을 때가 가장 혼란스럽고 마음 아팠어요. 아무래도 제가 활동을 하니까 불펨이나 페미니즘에 관련된 검색을 자주 해서 2018년에 꿘충이라는 말을 많이 봤거든요. 여성 단체는 일반 여성들을 방해한다

● 운동권과 벌레의 합성어. 남성 중심적 운동권 문화를 향한 비판과 성찰을 강조하는 뜻이지만, 몇몇 페미니스트는 여성운동을 주도한 기성 여성 단체도 여기에 넣어 배척했다.

거나 자기 운동을 크게 하려고 '먹버'(먹고 버린다)한다는 얘기들이요. 다른 페미니스트 그룹에서 불펨이 하는 시위는 가지 말자고 강하게 주장했어요. 일부러 ○○ 시위랑 날짜 겹치게 한다, 옛날부터 그랬다, 불펨 운영진 중 누가 노조 출신이고 정당에 연결돼 있어서 가까이 하면 안 된다, 그런 말들이 정말 혼란스러웠죠.

'나는 불펨에 있고, 이 사람들이랑 어울리기 시작했고, 필요하면 여러 단체에서 하는 교육도 다 찾아 듣는 사람인데, 나는 뭐지.' 잠깐 어떻게 해야 할지 모르겠더라고요. 이제 막 운동을 시작했는데 갑자기 꾄충이라는 소리를 들으니까 기분도 나빴고요. '쟤네 관심 주면 안 된다'거나 '어떻게 뒤통수칠지 모른다' 같은 악의적인 얘기들을 들으면서 속으로 '그게 아닌데, 그런 식으로 하려는 게 아닌데' 하는 생각도 했어요. 이 의제에 관심이 있고, 공감하고, 여성 가슴을 향한 시선, 가부장제의 시선이 불편해서 한 건데, 제 의도가 왜곡되는 느낌이었어요. 댓글이나 외모 평가는 아무렇지 않았어요. 이해받을 거라고 생각한 사람들이 하는 비난이 더 아팠죠.

게다가 운동권들은 '쓰까'●라고 하더라고요. 그것도 이해가 안 됐어요. 불꽃페미액션이라는 단체에 들어간 나는 '쓰까'이면서 '꾄충' 인 건가 싶고. 2018년에는 막 페미니즘을 알아가고 활동을 시작해서 헷갈리는 게 더 많았어요. 그때도 지금도 제가 만나는 사람들은 '쓰까'가 많아요. 그런데 지인들이랑 연결되지 않는 온라인에 가면

● '쓰까' 또는 '쓰까 페미'는 '섞는다'는 부산 방언과 페미니스트의 합성어다. 퀴어, 장애인, 동물, 난민 등 여성 인권뿐 아니라 여러 의제에 관심을 갖는 페미니스트를 가리킨다. 교차성 페미니스트하고 호환돼 쓰이기도 한다.

달라지니까 괴리감이 있었죠. 2018년에 처음 트위터를 시작했는데, 제 나이대의 많은 사람이 트랜스 어쩌고 하면서 트랜스젠더를 혐오하고, 꿘충들 시위 가지 말라고 하고, '야망 보지' 정보를 공유했어요. 실시간 트렌드에도 엄청 올라가고요. 많이 공유되니까 보게 됐고, 어느 부분에서는 깊이 공감했어요. 이런 얘기를 하는 사람들이랑 제가 비슷하다는 생각도 했죠. 그런데 이느 순간 되게 머리가 아픈 거예요. 비슷하지 않고, 그럴 수도 없다는 생각이 몇 번 들었어요. 트랜스젠더 혐오가 그랬어요. 불펨 단톡방에서도 트랜스 여성이 어떻게 여자냐면서 단체로 몇 명 나간 일이 있었거든요. 사실 그때까지 트랜스젠더 정체성에 관해 고민하지 않고 살았는데, 누구는 이 사람이 여자가 아니고 젠더가 허상이라고 하고 누구는 트랜스 혐오에 열불 나 하니까, 너무 다른 말들에 갈팡질팡하기도 했어요. 혐오를 깨닫지 못했다고 말하기가 부끄럽기는 한데, 그해 여름을 지나면서 제가 여전히 깨닫지 못한, 어쩌면 평생을 이해하지 못할 수도 있는 소수자의 세계를 직면해야겠다고 결심했어요. 이제는 어떻게 트랜스젠더 여성들이랑 연대할 수 있을지 고민해요.

중요한 이야기네요. 악의적인 댓글 공격이 정말 많았는데, 시원 님 말처럼 함께 여성 인권을 외친다고 생각한 동료들이 던진 날선 피드백이 참 아팠죠. 2018년은 한창 페미니즘이 분화되는 시기이기도 했고요. 그때 막 운동을 시작한 시원 님은 더 혼란스러웠겠어요. 댓글이라는 게 큰 타격을 안 주는 듯하면서도 사람을 황폐하게 만들기도 해요. 댓글 때문에 온라인 활동을 그만둔 분들도 있더라고요.

아직도 기억나는데, 불펨 단톡방에 '어떡해'로 시작해서 '어떡해요, 정말 어떡해요'라는 메시지가 올라오는 거예요. 무슨 일인지 감이 안 왔거든요.

저도 그 단톡방 보고 알았어요.

앞에 주어는 없고 '어떡하냐'만 이어지고, 무슨 일이 생겼다 싶어서 인터넷을 열었는데, 검색어 1위가 여자 연예인 이름이었어요. 설마 하는 마음으로 기사를 검색했죠. 저에게 이 일은 댓글에 관해 다시 생각하게 한 중요한 사건이었어요. 분노, 좌절, 고통이 불펨 단톡방에 가득해서 더 생생하게 그때가 기억나요.

그분 소식을 접하고, 저도 이런 표현을 쓸 줄은 몰랐는데, 세상이 무너지는 느낌이었어요. 절망감이 커서 저도 '어떡해'라는 말밖에 못 했어요. 계속 그 말만 반복했어요. 그 전 사건 때는 실감이 안 되고, 며칠째 이게 진짜 일어난 일인가 하는, 사람들이 어떻게 이렇게 잔인하지 그런 생각이 들었는데, 이번에는 진짜 허탈했어요. 또 이렇게 가는구나 하는 생각이 들어서. **마음에 구멍이 생긴 거 같았어요.**

　빈소를 다녀왔거든요. 다른 연예인들의 죽음하고 다르게 다가왔어요. 어릴 때부터 봤고 텔레비전에 자주 나오던 연예인이라서, 그 사람들은 나랑 다른 세계에 있는 사람이라고 생각했어요. 노브라로 엄청 욕먹고, 낙태죄 폐지 때도 글 올려서 욕먹고, 동영상으로 협박하는 전 남친 손톱으로 할퀴었다고 정당방위 치사다 이런 얘기나 하고. 그분들이 무슨 잘못이 있어요. 아무 잘못도 없는데, 그렇게 계속 비난받고. 나랑 다른 세계에 있는 줄 알던 사람들이 나랑 너무 비슷한 사람인 거예요. 이 사람들도 저런 부분에서 어려움을 느낀 사람이구나, 내가 아는 누군가랑 비슷한 사람이구나, 이렇게 깨닫고 나니까 이 죽음이 남 일 같지 않았고, 아는 언니가 죽은 느낌이었죠. 또 한 사람은 여성 인권에 관심을 갖고 목소리를 내던 분이니까, 활동하는 누군가를 잃은 듯해서 상실감이 더 컸어요.

우리는 그분들의 행보를 응원했는데, 우리 응원이 들리지 않았나 하는 생각이 들고…….
맞아요, 맞아요. 우리가 너무 무관심했다는 생각도 했어요.

마음으로만 응원했다는 생각도 들고.
댓글이라도 달아야 했나 그랬죠. 그래서 두 번째 사건 난 다음에는 이제부터 마음으로 응원 안 하고 댓글로 응원할 작정이라고 말하고 다녔어요. 이제 표현할 거라고, 이 사람을 지지하고 응원한다는 말을 온라인에서도 할 거라고 얘기하고 다녔어요.

저도 댓글 전혀 안 쓰고 아무것도 안 했는데, 이제 좀 변했어요. 쓸데없는 댓글에는 '싫어요'를 눌러요. '늙은 여자 그만 나와라' 같은 댓글이요. 혹시 언니들이 보면 이 댓글을 싫어하는 사람이 많다는 걸 알 수 있잖아요. 표현하지 않으면 응원하는 사람이 많다는 사실을 알 수 없죠.
찌찌 해방 이후에 악플이 정말 수십 배 많았지만 이 운동에 공감하는 사람도 많았잖아요. 불펨 회원들도 정말 멋있는 활동이라고 얘기하시고. 스스로 그렇게 생각하지 않더라도 그런 말을 들으면 '내가 잘했나 보네' 하는 생각이 드는 거예요. 자기 몸을 운동을 위한 도구로 활용해서 삭발이나 상의 탈의를 하는 행동이 누군가에게는 트라우마로 남을 수도 있거든요. 제가 멘탈이 강한 덕분이겠지만, 뒤돌아보면 사람들이랑 같이 불펨 활동을 하고, 이 활동에 관해 얘기하고, 인터뷰도 하면서 계속 긍정적인 이미지를 쌓았거든요. 옆에서 좋은 소리를 해주고, 좋은 소리는 안 해도 그냥 있는 그대로 받아들이고 지지해주면, 처음에는 아니더라도 좋은 기억이 쌓이다 보면 뭐든 좋게 기억하게 되잖아요.

여성 혐오 사회에서 여성이 버텨낼 수 있는 환경이 필요해요. 서로 지지하고, 그 사람 자체로 받아들이고, 인정하고 해야 이 험난한 가부장제에서 우리가 살아남을 수 있어요. 불펨 활동을 이어가고 있는 시원 님이 볼 때 가슴해방 운동은 장점이 뭘까요?
때로는 안전한 공간이 아닐 수도 있겠지만, 안전한 사람들이랑 안전한 공간에서 함께할 수 있다는 거요. 함께하면서 저는 혼자가 아니라는 걸 깨달았어요. 공감하고, 동의하고, 잘못됐다고 말하는 사람이 나 혼자가 아니구나, 우리 다 같이 하고 있구나, 말만 하지 않고 행동하고 있구나, 그런 걸 확실히 알 수 있었어요. 1인 시위는 못 할 것 같은데, 취약함이 더 잘 드러나서 그렇거든요. **같이하면 용기가 생겨요.**

운동 방식에서 장점이라면, 찌찌 해방을 하고 **포즈를 취하는 행동이 재미있어요.** 가슴해방운동의 선구자가 된 듯한 착각도 들어요. 영향을 받았다고 말한 사람을 직접 만난 적은 없는데, 온라인에서 찌찌 해방 사진을 보고 용기를 얻어 탈브라했다는 댓글을 보거나, 불펨 교육에 와서 큰 용기를 얻었다는 분들 보면 제가 잘했다는 생각이 들어요. 그리고 운동 성향도 단순해요. '겨털 뭐가 부끄러워. 그냥 드러내', '가슴 이거 하나도 안 부끄러워. 쳐다보는 너희들이 이상한 거야. 그냥 드러내'처럼 깊이 **생각하지 않아도 되고 단순해요. 저한테는 매력적이었어요.**

뭔가 설명해주지 않지만 뭘 말하고 싶은지 단번에 알아볼 수 있는.
그리고 재미. **저는 운동에서 재미가 중요해요.** 불펨이 처음 하는 활동이라 잘 몰랐는데, 재미없는 데도 많더라고요. 당연히 꼭 재미있어야 운동이 되는 건 아니죠. 그런데 재미도 있으면 좋잖아요. '천하제일겨털대회'는 밖에서 보면 재미있다고 하더라고요. 그냥 '겨털드러내기대회'라고 해도 되는데 '천하제일겨털대회'라고 하니까 더 흥미롭고 유쾌하잖아요. 이 이름 만든 사람 칭찬해야 해요. 찌찌 해방은 너무 원초적이라 다른 곳에서 말하면 좀 부끄럽거든요. 그런데 귀에 쏙쏙 박히고 어렵게 느껴지지 않아서 좋아요.

가슴해방운동은 시원 님에게 어떤 의미인가요?
이 운동이 없었으면 페미니즘 운동이 이렇게 강렬하게 남았을까 하는 생각을 가끔 해요. 강렬한 경험이었어요. 찌찌 해방은 생각 자체를 안 해봤고, 낯설었고, 내 몸이 음란물로 여겨진다는 생각도 해본 적이 없었고, 이 운동이 계기였거든요. 그래서 더 새롭게 다가왔어요. 해방이라는 의미를, 단어만 받아들일 때는 잘 모르다가 찌찌 해방을 할 때는 뭔지 알 듯했어요. 행동을 할 때, 이게 해방일까 하는 느낌이었어요. **해방이 가까워지는 행동이요.** 가슴 해방은 내가 잘 모르는 곳에서 벗어나는 해방, 갇힌 줄도 모르던 데에서 벗어난 해방이기 때문에, 그런 느낌이 더 강하게 들었어요. 가슴해방운동이 자유로움과 해방감을 알려준 거죠.

운동으로서 가슴 해방을 하고 겨털 해방을 할 때 되게 강렬했는데, 일상생활로 돌아와서 내 가슴이 자연스러운 것이라는 생각이 드니까 더 신기했어요. 가슴을 제대로 본 적이 없었거든요. 가슴 해방을 하니까 가슴을 더 자세히 보게 되는 거죠. 남들 가슴도 처음 봤거든요. '가슴이 이렇게 다르구나. 내 가슴은 이렇구나'라는 생각도 하고. 애매하게 옷 입고 포즈 취하면 뭔가 좀 이상하고 선정적으로 보이기도 하는데, 그냥 **자연 상태의 몸은 정말 자연스러워요.** 털도 이상하게 보면 이상하고 이질적으로 보이는데, 가끔 팔을 들고 겨드랑이를 보거든요. 이런 몸이 자연스러운데 왜 모델은 이 상태로 사진을 찍지 않을까 궁금해요. 찌찌 해방은 내 몸에 관심을 갖고 내 몸을 부끄러워하지 않는 몸 해방이 일차 목표라고 생각해요.

'니들은 벗어도 안 꼴려'라는 댓글도 있었어요. 생각해보면 이상해요. 왜 꼴려야 하지? 내 몸은 섹스어필만을 위한 몸이 아닌데, 내 몸이 먼저 있고 섹스어필은 그다음인데, 여성의 벗은 몸은 언제나 섹스어필이라고 보는 시선이 먼저 작동한다는 사실을 알았죠.

몸에 관한 공부를 할 때는 잘 몰랐거든요. 그런데 찌찌 해방 하면서 다른 몸과 가슴을 본 뒤에 몸은 정말 다양하고 여성의 섹슈얼리티는 하나로 말할 수 없다, '정상적인 몸'이란 없다고 생각하게 됐고, 미디어에 나오는 여성의 몸은 소수이고 기준도 될 수 없다는 사실이 와닿았죠.

불펨에서 여러 활동을 펼쳤는데, 페미니즘 리부트 이후에 기억에 남는 변화가 있을까요?

워마드가 미디어에서 큰 이슈가 될 때 아빠가 떠보듯 물었어요. "우리 딸은 페미니스트 아니지?" 저는 맞받아쳤죠. "나 페미니스트인데!" 사실 그때 제 자신을 페미니스트로 불러도 될지 머뭇거리고 있었는데, 아빠가 던진 질문이 촉진제가 됐어요. 페미니즘이라는 단어가 우리 사회에서 어느 정도 쓰이게 된 뒤에 아빠가 직장에서 학생 때 페미니즘 동아리를 한 분을 만났대요. 아빠가 그분한테 그랬대요. "우리 딸은 탈코르셋 했어요. 우리 딸도 페미니스트예요." 얼떨떨했죠. 아빠한테 페미니스트가 전에는 여성우월주의나 극단적 성향이라는 이미지였는데, 이제 조금 바뀐 듯도 해요. 페미니즘이 모든 사람에게 필요하다는 사실을 아시면 좋겠다는 생각을 했어요.

아버님이 페미니즘을 긍정적으로 받아들이고 시원 님이 하는 활동을 자랑스러워하시네요. 페미니즘이 대중화된 덕분이지만, 그런 변화에는 불펨도 기여했고 시원 님도 분명히 한몫했죠. 말씀하신 대로 혼자는 할 수 없는 운동이잖아요. 한 명 한 명의 용기가 만들어 낸 변화죠. 마지막으로 시원 님에게 페미니스트 되기란 뭘까요?

2018년에 단체에 들어가고, 처음에는 이걸 운동이라고 말하는지도 몰랐어요. 그런데 사람들이 저보고 활동가라고 하고, 시위에서 외치는 구호가 큰 울림으로 다가오고, 지금도 너무 좋아요. 광장에서 내 목소리를 낼 수 있다는 게 진짜 뭉클하고 힘이 되거든요.

요새는 일상에서 하는 실천이 중요하다고 많이 느껴요. 겨드랑이 털을 운동 차원에서는 드러내도 일상에서 나시 한 번 못 입으면 이 운동이 무슨 소용이 있나 하는 거죠. 물론 그럴 수 없는 많은 사람들도 각자 사정이 있겠지만, 저는 나시가 신경쓰여서 못 입었어요. 일상에서 말하고 행동하는 게 페미니스트 되기가 아닐까 생각해요. 책모임에 나시를 입고 갔고, 제모를 할까 말까 고민하다가 제모 안 하고 수영장에 갔거든요.

그럼 일상의 한 단계는 넘어섰네요. 저는 제모 안 하고 당당하게 갔는데 자유형은 못 하겠더라고요. 결국 겨드랑이를 물 위로 못 올렸어요. 하하하.
네, 한 단계 넘은 거죠. 수영장 갈 때 제모 안 해서 뿌듯해요. 그러고 가면 수영을 애매하게 하게 되는데, 아무도 신경 안 쓰더라고요. 가까이 있으면 겨털이 길고 많아 보이는데, 먼 곳에서는 주의 깊게 보는 사람도 없고 이상해 보이지도 않아요. **내 삶에 가져오고 싶은 자유로움을 내 삶에서 행동으로 옮길 수 있을 때, 페미니스트가 된 느낌이 들어요.**

###

2021년 2월 말, 3월의 시작은 잔인했다. 고 변희수 님 소식을 듣고 방에서 울다가 단톡방에 남긴 글을 보고 시원에게 전화를 걸었다. 사람들이 계속 죽을까 봐 너무 무섭다고, 속상하다고, 슬프다고 말할 사람이 필요했다. 수화기 너머로 종종 말이 끊겼고, 울먹이는 목소리를 들으며 서로 다독였다. 시원이 추모 행동 소식을 알려줬다. 토요일에 시원은 스태프로, 나는 참여자로 시청역에서 오랜만에 만났다. 홀로 막막하게 방안에 쪼그려 앉아 울고 있을 때 전화를 받아주는 친구들, 추모 행동에 같이 가자고 말해주는 친구들이 있다. 덕분에 우리는 행동할 힘을 얻는다.

　맨가슴에 바닷바람 맞으며 두 손 꼭 잡고 거친 파도에 맞선 시원과 나의 이야기는 아직 끝나지 않았다. 누군가의 손을 간절히 붙잡고 싶을 때 아무에게든 손을 내밀면 좋겠다. 거친 파도 위에 홀로 서 있지 말고 손잡을 사람하고 함께 맞서면 좋겠다. 토요일 추모 행동에 모인 사람들은 거리를 두고 서 있었지만, 마음을 붙잡아 연결했다. 사랑과 연대는 혐오를 이긴다. 나는 아직 그렇게 믿는다.

⑥ "나한테 언어가 생겼어요"
온건하지만 용기 있는 한수영 이야기

내가 처음 기억하는 가슴은?

아마 5학년 때 처음 브래지어를 했을 거예요. 쉬는 시간마다 화장실 가서 후크 풀고 숨을 쉰 기억이 나요. 여여 님은 안 그랬어요?

저는 안 그랬어요.

저는 그 정도로 숨이 막혔어요. 지금 같은 강인함이 있었으면, 저 자신에게 확신이 있었으면 당연히 안 하죠. 그걸 왜 해요. 그렇게 고통스러운 거를. 그런데 그때는 쉬는 시간마다 후크 풀고 헉헉대면서도 하라니까 그냥 했죠. 브래지어를 해야 한다는 데 한 번도 의문을 가진 적이 없어요. 처음에 브라 할 때는 숨이 막혔는데, 차츰 불편하다는 생각도 없어졌죠.

한 살 어린 사촌 동생이 있었는데, 그 남자애가 브래지어를 보고 누구 거냐면서 들고 장난쳤어요. 내 거라는 말을 부끄러워서 못 했어요. 왜 부끄러워했을까요? 부끄러워해야 되는 쪽은 오히려 걔인데. 여성의 성이 너무 숨겨져 있어요. 지금 일하는 곳에서 저학년 아이들을 보면 하루에 한 번은 '고추'라는 말을 해요. 자기들끼리 '꼬추, 꼬추' 하면서 웃거든요. 여자애들은 자기 성 이야기를 그만큼 하지 않는데, 그래도 저 어릴 때보다는 나아졌어요. 저는 '잠지'라는 말도 들어본 적 없는데, 요즘 애들은 하더라고요. 여고에 가면서 어느 순간부터 제가 브래지어를 아예 안 했어요. 원래도 겨울에는 브래지어를 안 했는데, 여름에 하복 입을 때도 안 했어요.

그때 여고는 안 하는 사람이 많았어요?
그건 몰라요. 얘기해 본 적이 없어요. 아마 엄마 영향 같아요. 엄마가 브래지어를 안 하세요. 엄마가 브래지어를 한 모습을 한 번도 본 적이 없어요. 하하하.

우리 엄마는 지금도 브라를 꼬박꼬박 하는데, 아파트 간격이 넓어도 동끼리 마주보면 어렴풋이 보이잖아요. 엄마는 실루엣도 비치면 안 되는 분이라 옷 갈아입을 때 불 끄고 커튼도 쳐요. 저는 그냥 보려면 보라고 그래 그러면서 벗거든요.
우리 엄마도 그랬어요. 내가 창문 열어놓고 옷 갈아입고 있으면 소리쳐요. "야! 너 어떡하려고 그래? 세상에 얼마나 이상한 사람이 많은데, 불이라도 꺼!" 딱 서른 살 되니까 아무 말 안 하더라고요. 제가 확실히 외모에 별로 신경을 안 써요.

저도 신경은 별로 안 써요, 하하.
정말 고마운 게 엄마가 항상 뭘 해도 저보고 예쁘다고 하셨지만, 여자는 예뻐야 된다 같은 말은 안 했어요. 다른 친구들 얘기를 들어보니까 이게 당연한 일이 아니더라고요. 엄마 자체가 여성성을 수행하지 않는 사람이었죠. 아빠는 좀 꾸미라고 구박했는데, 한 귀로 듣고 한 귀로 흘리면서 스트레스도 안 받는 느낌이었죠. 가슴이 크고 광화문으로 출퇴근을 하는데, 어릴 때부터 브래지어 하는 모습을 한 번도 본 적이 없어요.

든든한 지지자였네요.

중학교 때는 남녀 공학이니까 브라를 했고, 고등학교 때는 하복 입을 때도 안 했어요. 중학교 때 남자애들이 '성추행'을 했어요. '놀이'라고 하려다가 '성추행'으로 바꿨는데, 여자애들 브라 끈을 풀어요. 억울하고 수치스러웠어요. 나는 개한테 그렇게 할 수가 없잖아요. 초등학교 때는 남자애들이 '젖소'라고 하면서 손으로 여자 가슴을 흉내내고, 큰 소리로 웃고 떠들고, 노래 부른 적이 있어요. 엄청 화가 나는데 저는 똑같이 할 수가 없잖아요. 그때 여자랑 남자가 똑같지가 않다고 느꼈어요. 남자애들은 성에 훨씬 더 개방돼 있고, 자기 몸의 주인이고, 자기가 자기 성기를 가리키면서 웃어도 주변에서 문란하다고 생각하지 않잖아요.

초등학교 때 와이어 입은 애들을 보면 남자애들이 풀고 도망갔죠. 뒤에서 잡아서는 당겼다가 놓으면 아팠고, 잡을 때 꼬집기도 했고. 진짜 짜증났겠다.

엄청 짜증나죠. 그런데 요새는 브라 끈 풀기가 없어졌어요. 처음에는 그게 신기하더라고요.

그래요? 아, 성추행이라는 개념이 생겼구나.

이제는 '변태'거든요. 남자애들이 여자애들 치마를 들추는 거, 뒤에서 브라를 만지거나 푸는 걸 상상을 못하는 거예요.
진짜요?

저도 놀랐다니까요. 내가 너무 옛날 사람이구나. 초등학교 4학년 교실에서 수업할 때인데, 아이들이 눈이 동그래져서는 어떻게 그럴 수 있냐고 쳐다봐서 문화 충격을 받았어요.
저도 지금 충격받았어요.

감수성이 확실히 달라졌어요. 지금 생각하면 동의도 없이 다른 사람 속옷을 만지고 푼다는 게 말도 안 되죠. 수영 님은 어떻게 페미니즘을 만나고 불펨에 들어오게 됐어요?
대학 때는 페미니즘이라는 말을 들어본 적이 없었고, 졸업하고 2015년에 프린지 페스티벌에서 페미니스트 극작가이자 연출가 송아영을 알게 됐어요. 페스티벌 참가팀들이 다 같이 모이는 자리에서 처음 만났는데, 그 친구한테 반했어요. 170센티미터 넘는 키에 덩치도 있는 편인데, 배가 다 드러나는 탱크톱에 핫팬츠를 입고 나타났어요. 목소리도 큰 편이고 말도 많았어요. 살면서 본 사람 중에 가장 존재감이 컸어요. 저 사람의 자신감은 어디서 나올까 정말 궁금했죠. 그래서 우리 팀 연습이 없을 때마다 그 친구 팀에 놀러갔어요. 2016년 프린지 페스티벌에는 아영이가 쓴 연극 〈세상의 친절〉

에 참여했죠. 디지털 성범죄 피해자가 피해 영상을 본 가해자를 찾아가 복수하는 내용이었는데, 그 연극을 하면서 '이거다. 이게 정말 내 목소리다!' 싶었어요. 그리고 좀더 직접적으로 내 목소리를 내고 싶다는 생각을 했어요.

2016년에 강남역 살인 사건이 일어났는데, 그 뒤로 엄청난 페미니즘 바람이 불었죠. 페미니즘 활동을 하고 싶어도 또래 페미니스트 친구를 만날 장이 참 부족했어요. 학교가 아니면 페미니즘을 공부할 동료를 만날 수 없었어요. 그때 생긴 온라인 영영 페미 그룹들이 다 원래 아는 사람들끼리 활동하고 외부인은 잘 안 받았거든요. 그런데 온라인에서 불꽃페미액션이 모든 사람에게 참여할 기회를 열었어요. 페이스북에서 회원 모집하는 글을 보고 가입했죠. 저한테는 정말 소중한 기회였어요. 페미니즘을 공부하고 싶고, 활동하고 싶고, 또래 페미니스트 친구도 많이 사귀고 싶었는데, 불펨 덕분에 그런 욕구를 채울 수 있었죠. 모임 첫 날 느낀 설렘이 아직도 생생해요. 얼마 안 돼서 누가 운영진 하자고 제안했어요. 그래서 덥석 우즈까지 했죠.

가슴해방운동에 특별히 관심이 있었어요?
농구 모임 하면서 남자들은 더우면 벗는데 우리는 더워 죽어도 다 갖춰 입고 운동해야 하니까 가슴 다 까고 농구하고 싶다는 얘기 많이 했잖아요.

아영이가 세월호 특별법을 촉구하려고 광화문에서 가슴을 드러내고 시위도 했고, 페이스북 코리아 앞에서 여성 혐오는 방관하면서 페미니스트 발언은 검열한다고 항의하는 시위도 했고요. 페이스북 코리아 앞에서 시위할 때가 2015년 겨울인데, 산울림소극장 맞은편 24시간 카페에서 새벽에 피켓 만드는 작업을 같이했거든요. 돕기는 하면서도 이런 활동이 정말 필요하다는 공감은 못 하고 자극적이라고 생각했어요.

불펨이 가슴해방운동을 한창 펼친 2018년 여름은 제가 불펨 우즈를 그만둔 때예요. 활동하면서 얼굴이 자꾸 미디어에 노출돼서 부담이 많이 됐어요. 결정적으로 나가떨어진 계기가 '남 BJ 시청님 살인 사건'이에요. 2017년 여름에, 아프리카TV 남성 비제이^{BJ}가 개인이 혼자 운영하는 왁싱 숍에 찾아가 시술받는 과정을 내보냈는데, 그 방송을 본 남성이 가게에 찾아가 강간 미수에 강도 살인을 저질렀죠. 살인 사건을 보도하는 기사 제목도 '왁싱녀 살해' 같은 식이었고요. 불펨이 그 언론사를 찾아가서 '○○녀 살해' 식으로 사건의 진실을 알리기보다는 클릭 수를 올리려고 여성을 소비하는 제목을 쓰는 데 항의하는 퍼포먼스를 했는데, 진짜 무서웠어요. 불펨 페북 메시지로 협박이 온다는 말을 들었거든요. 그런 협박성 메시지에 저는 큰 위협 느낀 게, 같은 해 여름에 몇몇 남성 비제이가 남성 게이머들이 하는 성희롱이나 모욕적인 발언을 그대로 미러링해서 많은 화제를 모은 게이머의 신상을 턴 뒤에 죽이겠다면서 그 사람 집에 찾아가는 과정을 실시간 방송한 사건이 있었어요. 그 남성 비제이는 '불안감 조성 행위'로 범칙금 5만 원을 받았대요. 그 살인 예고 방송을 실시간으로 최대 7000명이 봤대요. 많은 사람이 거기에 동조하고 응원했고요. 2016년 겨울에 불펨 활동을 시작하고

2017년 여름에 그만뒀어요. 이런 사건들을 담대하게 받아들이지 못했고, 엄청난 위협, 부담으로 느꼈어요. 우즈 활동에서 멀어진 게 그거 때문만은 아니지만, 가장 중요한 이유죠. 이런 위협 속에서 활동할 용기가 안 나더라고요. 신상 털려서 죽을까 봐 무서웠어요.

불꽃같은 6개월 활동을 끝내고 점차 불펨이랑 멀어지고 있었는데, 페이스북 코리아가 2018년 월경 페스티벌 사진을 검열했죠. 얘기 듣고 이런 생각이 들었어요. '아, 이건 내가 꼭 참여를 해야겠다.' 제가 월경 페스티벌에서 정말 큰 해방감을 느끼고 즐거운 마음으로 사진을 찍었기 때문에 그런 사진이 음란물로 삭제당한 게 너무 화가 났어요. 기자 회견을 하려는 동기에 공감했죠. 나도 더우면 윗옷 벗고, 브래지어 안 하고, 편하게 입고 싶은데, 음란하다고 보는 시선 때문에 스트레스 받은 지난날들이 떠오르면서 확 끓어올랐죠. 정작 시위 때는 겁나서 가슴을 못 드러냈지만요.

그런 과정이 있었군요. 즐겁게 활동하셔서 전혀 몰랐어요. 저는 월경 페스티벌 때 수영 님 사진이 아직도 기억나요. 제가 사진 담당이었는데, 수영 님 정말 멋있었어요. 포즈도 생생해요. 두 팔을 쫙 펴고 가슴을 활짝 연 백조가 하늘로 날아가는 듯한 모습이 자유롭게 느껴졌어요. 사진 찍으면서 다음에는 저도 꼭 해야겠다고 생각했거든요. 물론 아는 사람이라서 그럴 수도 있는데, 진짜 좋은 햇빛이 몸을 쫙 비춰서 사진이 참 잘 나왔다고 제가 얘기했잖아요. 저는 수영 님이 찌찌 해방을 정말 하고 싶은데 부스 정리가 빨리 안 끝나서 못 왔다고 생각했어요. 독사진 무대를 정말 즐기시더라고요.

안 시켰으면 큰일날 뻔한 사람처럼, 하하하.

그렇죠. 정말 멋졌으니까요. 단체 사진을 조금 더 기다려서 찍어야 했다는 생각도 들고. 그래서 수영 님이 느낀 두려움을 눈치 못 챘어요. 그럼 월경 페스티벌에서 가슴 해방 할 때는 어땠어요?

어릴 때부터 남들 앞에 나서는 데 두려움이 없었어요. 뭘 해도 잘한다고 칭찬한 엄마는 제가 박미선처럼 유명 개그우먼이 될 거라고 생각했어요. 뮤지컬을 전공한 이유도, 부모님은 제가 다른 사람들 앞에 나서는 엠시 같은 데 재능 있다고 생각하셨대요. 남들 시선에는 원래 내성이 있어요. 그런데 저항에 부딪히는 건 전혀 내성이 없어요. 월경 페스티벌은 가슴 까면 박수를 받지만 살해 협박 하고 돌 던지는 사람은 없잖아요. 그걸 넘지 못하는 거죠. 주목받는 건 즐기지만, 진짜 용기가 있는 건 아니에요.

물론 남성도 덥다고 아무데서나 웃통을 벗지는 않지만 심하게 땀나거나 할 때 어디서든 벗을 수 있잖아요. 특히 모유 수유는 아무데서나 해도 된다고 생각해요. 아니 도대체 그걸 누가 성적으로 읽는 거야. 보는 사람 불편하다고 아기 배고픈데 꼭 수유실 가서 젖을 물려야 해요? 그냥 바로 까서 주는 게 왜 안 되냐고요. 누구를 위한 법과 문화냐고요. 남성이 운동하다가 땀나서 웃통 벗으면 운동 열심히 하는 거고, 여성이 아기 젖 물리는 건 성적이니까 남성이 안 보는 데서 해야 한다는 게 말이 안 되잖아요. 내가 내 몸을 성적의미로 표현하면 사람들은 그렇게 받아들이고 성적 의미 없이 표현하면 그렇게 받아들여야지. **제 인생 비전의 하나가 여성이 안전하**

게 존중받으면서 자기 몸을 드러내고 성적 표현을 하는 거예요.

그렇게 생각하게 된 계기는 뭔가요?

저항에 부딪힐 때 굉장히 힘들어하는 건 경험에서 비롯됐는데, 지금 돌이켜보면 어린 탓에 제가 영향을 크게 받았어요. 5학년 때부터 연애를 했는데, 6학년 때 사귄 애랑 키스를 했어요. 막 혀가 왔다갔다하는 딥 키스였는데, 걔를 진짜 좋아했다기보다는 어릴 때부터 만화를 많이 봐서 그랬어요. 만화가 굉장히 야했고, 그런 걸 보면서 성적 호기심이 지나치게 자극된 거예요. 그래서 해보고 싶었죠. 사귀는 아이가 있었고, 그래서 키스를 했어요. 헤어질 때 그 남자애는 친구들 추앙을 받는 완전 노는 애가 됐어요. 제가 원래 누구를 좋아하면 돌격하는데, 걔는 전학생이었고 전학 온 날 제가 반했어요. 계속 퍼주고, 시키는 거 다하고. 그래서 사귀었고, 만화에서 본 진한 키스를 정말 해보고 싶어서 우리집에서 원 없이 했죠. 그런데 상상하던 짜릿한 느낌이 아니라 속이 메슥거리더라고요. 무드도 없이 그냥 막 해댔으니 그랬죠. 여하튼 누구한테 피해준 것도 없고 서로 좋아서 했는데, 헤어지고 나니까 전교에 소문이 싹 퍼져서 따 당하더라고요. 걔랑 키스한다는 게 비밀이 아니었거든요. 사귈 때는 흠이 아니었는데 헤어지고 나니까 모르는 애들이 수군거리더니 한 명이 물어보는 거예요. "너 걔랑 키스했다는 게 정말이야?" 저는 회피형이었어요. "어, 아니, 아닌데." 이렇게 대답했죠. 친한 친구들 무리가 어느 날부터 저를 피하길래 물어봤어요. "너 왜 나를 싫어해?" 그 친구가 그랬어요. "우리 엄마가 너랑 놀지 말래." 이유

를 여러 개 말했죠. 다른 건 기억이 하나도 안 나는데 딱 하나 생각
나요. '문란하다'고. 남자애들이랑 어울리니까 문란하다고 그 친구
엄마가 놀지 말라고 한 거예요. 그때 제 가슴에 주홍 글자가 팍 새
겨진 거죠.

친구 엄마가 어떻게 알아요?

그 친구가 얘기했을 거고, 걔도 저 같은 친구가 해석이 안 됐겠죠.
지금은 몰라도 그때는 연애하고 키스까지 하는 초등학생은 흔하지
않았잖아요, 하하. 그렇게 위축돼 있을 때 어느 날 엄마가 물어보
는 거예요. "침대 매트리스 밑에서 일기를 찾았어. 네가 키스한 내
용이 있더라. 그거 진짜야?" 사실 교환 일기였거든요. 그래서 거짓
말을 했어요. "그거 교환 일기인데, 내 얘기가 아니라 친구 얘기야."
엄마가 나를 안아주면서 그랬어요. "다행이다. 그 일기장은 엄마가
너무 놀라서 다라이에 넣고 태웠다." 그 뒤에는 좋아하는 사람이
생겨도 표현을 못 했어요.

사람이 어떤 장벽에 부딪힐 때 여러 반응을 보일 수 있는데, 은
하선 작가가 쓴 《이기적 섹스》를 읽고 되게 놀랐어요. '그래, 나 쌍
년이다. 그래, 나 걸레다. 그래, 나 헤픈 년이다. 그래, 나 섹스 좋
아한다. 그래서 어쩔래?' 이러는데, 왜 나는 이렇게 반응할 수 있다
는 생각을 못했을까 싶었어요. 은하선 씨는 저보다 훨씬 더 많은
편견과 억압에 부딪혔는데 더 나간 거죠. 더 오버해서 저항하는 거
예요. 더 섹스하고. 사람마다 다르구나 하는 생각이 들더라고요.
더 과하고 더 공격적으로 변하는 사람이 있고, 저는 회피하고. 사

실 지금도 저항에 부딪힐 때 용기를 내는 힘이 좀 약해요.

저는 여성이 공공장소에서 금지된 상의 탈의를 하는 행위 자체가 가부장 문화에 저항하는 엄청난 용기라고 생각하거든요. 엄마가 항상 집에서 노브라이고, 제가 노브라라고 해서 엄마가 한 번도 뭐라고 한 적이 없고, 월경 페스티벌에서 한 상의 탈의는 저한 테 아주 자연스러웠어요. 전혀 용기가 필요 없는 행동이었어요.

출처는 정확히 기억 안 나는데, 어떤 한국 사람이 자기는 성적으로 아주 개방적이라고 생각하다가 유럽에 유학 가서 깜짝 놀랐다는 거예요. 10대 중반이 된 아들이 애인을 집에 데려오지 않고 연애를 안 하니까 부모가 회의를 해요. 왜 성에 관심이 없을까, 성에 관심 있을 나이인데, 그러면서 침대를 더블로 바꿨대요. 애인을 데려와도 된다는 걸 보여주려고. 아들은 그냥 관심이 없을 뿐인데 말이죠. 이런 환경에서 자란 아이랑 한국 사회에서 자란 자기를 비교하면, 자기가 성적으로 개방돼 있다고 해도 성에 관한 관념이 다르다는 거죠. 자기는 아무리 개방적이라고 해도 키스할 때 숨어서 하고 스킨십도 어두운 데서 하는데 유럽 애들은 공공장소에서 키스하는 데 용기를 낼 필요가 없다는 거죠.

똑같은 한국 사회라도 저는 엄마가 몸에 관해서 강요하는 게 없었어요. 성적 표현 빼고요. 엄마는 꽤 진지하게 몇 번 대학교 졸업할 때까지 연애하지 말라고 그러셨어요. 워낙 사랑과 지지가 넘쳤기 때문에 새로운 사랑을 위해 위험을 무릅쓰기보다는 엄마의 사랑과 지지를 지키고 싶어했어요. 제가 어느 정도로 엄마가 보인 거부 반응에 과하게 반응했냐면, 엄마가 그 일기장을 다라이에 넣고 태웠다고, 정말 그렇게 기억하고 있었거든요. 스물여덟 살 때 엄마 한테 그때 왜 그랬냐고, 키스한 게 잘못이냐고, 펑펑 울면서 따졌는데, 엄마는 전혀 기억도 못 할 뿐 아니라 다라이에 넣고 태운다는 건 말이 안 된다는 거예요. 그런데 제 기억보다 엄마 말이 더 말이 되는 게, 다라이에 넣고 태우면 그을음이라든가 타버린 다라이도 기억에 있어야 하는데 그런 기억은 전혀 없거든요. 다라이에 넣고 태울 정도로 놀란 일을, 아무리 15년이 흘렀다지만 엄마가 기억하지 못할 리가 없잖아요. 그 기억이 아예 다 지어낸 건 아닐 거예요. 그럼 너무 소름 끼치죠. 엄마는 그냥 물어만 봤는데 다라이 얘기는 제가 상상해낸 것 같아요. 왜 이렇게 겁이 많을까요?

기자 회견 같은 걸 하잖아요. 그러면 엄청 부담되고 스트레스 받아요. 밤에 잠도 설쳐요. '왁싱녀 살해' 기사 때문에 따지러 간 때 신문사에서 중재하려고 어떤 사람이 내려왔어요. 우리는 우리가 직접 전달하겠다고 하고 그 사람은 자기가 대신 전해준다고 그러면서 실랑이가 계속되는데, 저는 속으로 '전달해주신다잖아!' 생각했어요. 그런데 말은 못 해. 친구들이 정당하다는 건 아니까. 머리는 알지만 가슴은 벌렁벌렁하는 거죠. 근데 ○○은 그때 화내니까 스트레스 풀린다는 거예요.

수영 님은 사람 사이의 다툼 자체에 스트레스를 받고 조화를 추구하는 성향이 아닐까요. 사람과 사람 사이의 싸움을 지켜보는 일도 피곤하죠. 그런데 저는 여성들의 화나 분노가 정당하다고 보거든요. 때로는 싸움을 통해 권리를 얻기도 하고. 애초에 여성 혐오 기사를 안 쓰면 불펨이 찾아가서 화낼 일이 없을 테고요. 저는 여성이 참아주고 상냥하게 얘기할 때 '알았어, 네 얘기 들어줄게' 하고는 제대로 지키지 않는 경우를 많이 봐서, 강력히 항의하고 화를 내는 행동도 전략이라고 생각하거든요. 그럼 페이스북 코리아 앞 기자 회견 때는 어땠어요?

앞에서도 말했지만 제가 기자 회견의 취지에 공감했고, 못 가겠다고 할 만큼 설득이 안 됐어요. 얼굴을 가리면 제가 감수해야 될 리스크가 전혀 없고, 기자들이 많아서 상의 탈의는 걱정이 되니까 가슴이 아니라 등을 깠어요. 등을 깐다고 말한 순간에도 가슴을 깔까 등만 깔까 계속 고민했어요. 그런데 안심이 안 된 게, 그중에 한 명이라도 제 얼굴을 내보내지 않을까 걱정이 됐어요. 지나가는 사람도 많고 핸드폰으로 찍을 수도 있잖아요. 얼굴은 안 찍힌다고 안심이 되면 당연히 가슴을 깔 텐데, 신상이 드러나면 직장에서 피해를 입을 수도 있고, 아무래도 염려가 되죠. 인터뷰하기로 하고 기사를 검색했는데, 검색하면서도 좀 떨렸어요. 제 얼굴이 나온 사진이 있을까 걱정했는데, 없어서 다행이라는 생각이 들었어요.

살면서 불법 행위를 한 번도 한 적 없으니까, 정말 극단적으로 생각해 감옥은 아니어도 경찰이 갑자기 뒷덜미 잡고 바닥에 내리치면서 수갑 채우는 상상, 연행돼 경찰서에 갇히는 상상까지 했어요.

왜 경찰이 잡아갈 거라고 생각했어요?
불법이잖아요. 공연 음란죄라면서요. 남자는 상의 탈의를 해도 죄가 아니고 바지까지 내려야 공연 음란죄인데 여자는 상의 탈의만 해도 공연 음란죄가 되는 현실 자체는 잘못됐지만, 그게 공연 음란 죄라는 건 알고 있었죠. 공연 음란죄가 아니라도 공무 집행 방해, 뭐 그런 것도 가능하지 않나요?

아, 그럼 연행될 수도 있다는 걸 염두에 두고도 기자 회견에 참여했네요. 실제 현장은 어땠어요?

현장은 맥이 완전 풀려 있었어요. 막상 가니까 가슴 까는 애들만 신경쓰고 저는 순간 투명 인간 되는 줄 알았어요. 저는 완전 '노 관심.' 가슴 깐 애들만 찍으려고 하고. 얼굴은 보이는데 경찰이 애들을 김밥처럼 이불로 뺑 둘렀어요. 그 주변을 기자들이 에워싸고, 그 모습을 찍으려고 카메라 든 기자들이 손을 뻗고 있어서 애들이 전혀 안 보였고요. 그때 생각했어요. '아, 나도 가슴 깔 걸 그랬나?' 저는 반팔 상의를 목에 걸어서 가슴만 딱 가렸거든요. 어느 순간 지나가는 '행인 1'이 돼서 언제 끝나나 하고 구경했죠.

상의 탈의 하고 나서 주변 반응은 어땠어요?

주변에 얘기 안 했어요. 말하기도 민망한 게, 제가 가슴을 안 깠기 때문에 운동을 제대로 하지 않았다는 생각이 들었거든요.

저는 수영 님이 월경 페스티벌, 페이스북 코리아 기자 회견, 가슴해방 여행도 함께한 가슴해방운동의 열성 참여자라고 생각하거든요. 다만 수영 님 얘기를 듣다가 진행 과정에서 아쉬운 점을 발견했어요. 페이스북 코리아 기자 회견이 기자랑 경찰들 때문에 난장판이 된 뒤 수영 님이 다른 참여자들하고 분리됐는데, 다들 신경쓰지 못했거든요. 서로 정신이 없으니 다른 사람 챙길 여유도 없고. 기자회견 뒤에 참여자들이 한 활동에 관한 피드백을 주고받는 후속 작업이 필요했어요. 해외에서 펼친 프리 더 니플 운동을 보면 단체보다는 여성들 개개인이 유두에 스티커를 붙이거나 손가락으로 유두를 가린 채 해시태그 운동을 벌이잖아요. 이런 운동 방식은 어떨까요? 온라인 운동이니까 자기가 원하는 선에서 공개할 수도 있고.

프리 더 니플 운동에 참여하는 여성들은 지지 기반이 있지 않을까요? 부모님이 페미니스트이면 저는 주변에서 어떤 억압을 받고 어떤 리스크를 감수하더라도 사진을 찍어서 온라인에 올리는 행동을 자랑스럽게 할 것 같아요. 그런데 그런 행동을 해서 지지를 잃는다면, 현재 경제적으로 부모님한테 의존하는 상태에서 꽤 어려워지겠죠. 직장도 있고, 이런 행동을 해서 잃을 수 있는 최대한의 피해까지 예상하고, 그래도 다 감수할 수 있으면 그런 행동을 하겠죠. 저는 프리 더 니플 해시태그 운동에 참여해서 자기 가슴을 드러낸 사람들이 한국 여성들보다 더 용감하다고 생각하지 않아요. 그런 행동을 할 때 감수해야 하는 정도가 직장을 잃거나 부모님이 주는 경제적 지원을 잃거나 하는 상황은 아니지 않을까요. 그런 건 상관없이 용감한 행동을 하는 사람도 분명 있겠지만, 감수해야 하는 정도가 크다면 쉽게 선택할 수 없겠죠.

감수해야 하는 리스크가 너무 큰 거죠. 저는 엄마의 영향이 컸어요. 엄마가 허용하는 행동은 사회가 비난하더라도 했고, 엄마가 허용하지 않는 행동은 정말 무의식적으로 엄청난 억압을 느꼈어요. 대학생 때는 연애하지 말라고 해서 대학 졸업할 때까지 미움을 받을지도 모른다는 무서움에 연애를 안 했다니까요. 저도 이해가 안 돼요. 초등학교 6학년 때처럼 연애를 하다가 공동체 안에서 문란하다는 소문이 돌 수 있다는 걱정을 했다는 말이에요. 물론 지금은 그런 두려움 때문에 연애를 못 하는 건 아니고, 더 근본적으로 연애를 정말 해야 하나 같은 물음이 생겨서 한 선택이지만요. 20대 중반까지는 진짜 연애하고 싶은데 '문란하다고 욕먹을 거야. 왕따 당할 거야. 손가락질 받을 거야'라는 생각에, 막연한 두려움이 컸어요.

저도 생각나는 에피소드가 있어요. 고등학교 때인데, 엄마가 저랑 동갑인 딸을 둔 분이랑 전화하는 걸 들었어요. 엄마가 시내에서 교복 입고 남자 친구 손잡고 걸어가는 ○○를 봤다면서 놀란 목소리로 얘기했거든요. 그때 '아, 남자랑 교복 입고 손잡고 시내에 돌아다니면 안 되는구나' 생각했어요. 엄마가 그러지 말라고 말한 적도 없는데, 그런 뉘앙스 때문에 제 자신을 단속하게 되는 거죠. 지금 생각하면 교복 입고 손잡는 게 무슨 대수인가 싶은데, 그때는 순결주의에 빠져서, 하하하. 여튼 고등학교 때까지는 연애가 정말 나쁜 일이라고 생각했어요. 그래서 수영 님이 말한 두려움이 뭔지 딱 와닿네요. 가까운 사람, 내가 사랑받고 싶은 사람, 잃고 싶지 않은 사람들의 한마디, 무언의 행동을 통해 '나'는 두려움을 갖죠. 두려움과 억압이 아주 촘촘하게 우리를 둘러싸고 있었네요. 그리고 활동 이후의 삶도 중요하게 고려해야 하죠. 지지 기반이 풍부하고 사회적으로 용인되는 분위기라면 참여자들이 선택할 여지가 좀더 많겠죠. 그럼 온라인 페미니즘은 어떻게 생각하세요?

페미니즘을 현실의 사람을 통해 알게 됐지만, 그다음에는 페이스북으로 배웠어요. 페이스북을 정말 페미니즘 공부하는 마음으로 했거든요. 열심히 읽었어요. 솔직히 페이스북 글도 읽기가 힘들더라고요. 어찌나 글을 어렵고 길게 쓰는지. 그래도 페이스북에서 논쟁이 일어날 때마다 그 논쟁을 따라잡고 싶어서 서로 의견이 어떻게 다른지, 왜 싸움이 되는지 다 읽고 다 따라다녔어요. 페미니즘을 하다가 비건을 만나는데, 페미니스트를 다 팔로우하다 보니까 그중에 비건 페미들이 있어요. 그렇게 비건을 실천하게 됐죠.

그러다가 페이스북을 관둔 계기가 있어요. 비건 관련한 논쟁이 심해져서 페이스북 친구를 끊기도 했어요. 페이스북을 많이 봤지만, 이건 정말 득이 되는 게 없고 진짜 소모적이라고 느꼈어요. 처음에는 논쟁인데 점차 인신공격이 되고, 심지어 나중에는 처음 논쟁이 뭔지 기억도 안 나요.

불펨 활동 하면서 불펨 페이스북도 운영해야 되니까 계정을 또 만들었죠. 여기에서도 제 성향이 드러나는데, 이 계정으로 글을 한 번도 쓴 적이 없어요. 서명해주세요, 참여해주세요, 공유만 하고 제 생각은 안 적어요. 왜 그런 줄 알아요? 논쟁에 휩싸이는 게 싫어서.

피곤하죠. 매우 공감하는 게, 저는 글쓰기를 좋아하지만 공개하기는 너무 두렵거든요. 우리가 고민해야 하는 문제예요. 여성주의가 여성에게 더 크게 말하고 자기만의 글쓰기를 해서 여성의 역사를 남기라고 하는데, 다른 한편으로는 서로 검열하고 논쟁에 휩싸이기도 하거든요. 담론이 만들어지는 과정이기는 하지만, 때로는 꽤 아파요. 그러다 보니 이 과정을 견딜 수 있는 정신력을 갖춘 사람만 공개적으로 글을 올리고 논쟁할 수 있다는 생각도 들어요. 저는 아직 비판을 견딜 근육을 키우는 중이라고 할까요.

온라인에서는 자기 의견이 분명한 사람들이 글을 쓰죠. 누구나 볼 수 있는 온라인 공간에서 민감한 주제에 관련해 자기 생각을 밝힐 수 있는 사람은 흔치 않죠. 실시간으로 어떤 이슈에 관해 자기주장이 확고한 사람들이 하는 주장과 그렇게 생각하는 이유를 읽을 수 있다는 게 온라인의 장점이죠. 책은 원고 쓰고 인쇄해서 나올 때까지 느리지만 온라인은 빠르잖아요. 그런데 온라인에 글 쓰는 사람들이 가방끈이 길지 않나요?

글쎄요. 가방끈이라는 게 학력인지 학벌인지는 모르겠지만, 여성주의가 지향하는 글쓰기는 가방끈 길이는 아니죠. 그런데 문득 생각하니까 제가 여성학자들이 쓴 글을 주로 팔로우하는데, 그분들은 석박사 출신이기는 하네요. 지식과 권력, 그리고 글쓰기가 여성주의 안에서도 연결되는 걸까요? 저는 글쓰기의 조건이 가방끈은 아니고, 페미니즘 리부트 이후에 글을 쓰는 주체도 매우 다양해졌다고 생각해요.

그렇죠. 그런데 한국 사회의 특성상 모든 사람이 그런 글쓰기 훈련이 돼 있지는 않아요. 객관식 문제만 풀고 자기 생각을 글로 쓰는 훈련은 체계적으로 하지 않는 게 아쉬워요.

매우 동의해요. 예전에 프랑스는 고등학교 졸업 시험에 철학 논술이 있다는 말을 들었어요. 정말 멋지지 않아요? 철학을 중요하게 생각하고, 철학을 글로 표현하는 교육을 10대에 받는다는 거잖아요. 좀 부럽네요. 우즈로 활동하면서 느낀 불펨 활동의 장점과 단점은 뭘까요?

불펨 활동의 장점은 모든 사람에게 개방돼 있다는 점이에요. 누구나 원하면 운영진을 할 수 있죠. 그리고 즉흥적으로 운영되고, 결단력 있게 실행하기도 해요. 그런데 즉흥적인 걸 굉장히 싫어하는 사람도 있어요. 체계적인 걸 좋아하는 사람이 있을 수도 있는데, 저는 그렇다는 말이에요. 일은 많고 알려주는 사람이 없다는 게 단점인데, 이건 불펨만의 문제는 아니고, 자원이 없으니까 사람들 노동력을 갈아 넣어야 하는 건 다른 곳도 마찬가지 같아요. 그런데 자원이 처음부터 생기는 게 아니잖아요. 오랫동안 활동이 쌓여야 생기지. 불펨 활동 할 때 항상 서운하다거나 힘들다는 말을 입에 달고 살았어요. 신입 운영진을 위한 체계적인 교육 계획과 업무 매뉴얼을 만들고 싶었어요. 그래서 우즈들이 업무 매뉴얼을 하나씩 정리하기로 했고, 저는 1인 시위 하는 법을 정리해서 발표했어요. 아마 가장 간단한 걸 맡았을 거예요. 그런데도 파워포인트 자료 준비하면서 엄청 힘들어했어요. 지금 생각하면 제가 뭐든지 너무 어렵게 생각했어요. 하다 보면 느는 건데, 자꾸 다른 우즈들이랑 저를 비교하면서 내 무능력을 슬퍼하는 데 너무 많은 에너지를 썼어요. 해본 적 없으면 못하는 건 당연하고, 할 수 있는 만큼만 하면 되는데, 그럼 하면서 느는 게 있을 텐데, 그때는 지금보다 내면의 힘이 약했어요. 그래서 친구들 원망을 했죠. 왜 안 알려주냐, 왜 나 안 챙기냐 이러면서. 나중에 ○○가 저한테 우즈 할 때 잘 알려주지 못해서 미안하다는 거예요. 제가 너무 미안하다고, 이해한다고 했어요.

지금 돌봄 교육 현장에서 일하는데, 누군가를 가르치고 돌보는 일은 정말 어려워요. 우즈를 한 친구들이, 물론 우리는 선후배 개념은 없지만, 처음 후배를 받아본 거거든요. 그전에는 그 친구들도 노동운동 할 때 항상 후배였는데, 불펨이라는 그룹을 만들고 새 멤버를 받으니까 이제 자기들이 활동 경험이 가장 많은 선배인 거예요. 뭔가 알려주고 누군가를 챙겨야 하는 처지가 처음 된 건데, 체계를 마련하느라 시간이 걸리는 게 당연하죠. 같이 가슴해방운동에 참여했어도 그 운동 이후에 자기 삶이 많이 바뀌었다고 말하는 사람이랑 전혀 달라지지 않았다고 하는 사람의 차이는, 자기가 왜 이 활동을 하는지 분명하게 인식하는 사람이랑 끊임없이 내가 왜 이걸 해야 하냐며 수동적으로 활동한 사람의 차이가 아닐까 생각해요. 밖에서 보기에는 똑같은 참여자 같아도, 저는 솔직히 주체적으로 이끈 쪽이 아니라 따라간 쪽이라는 말이에요. 가슴해방운동뿐 아니라 대부분의 불펨 활동에 불평불만을 입에 달면서 따라갔어요. 그렇기 때문에 제가 누군가에게 영향을 줬다면 감사한 일이지만, 제 내공보다는 다른 친구들에 묻어간 거죠.

수영 님 이야기를 들으면 불펨 활동이 녹록하지 않았겠다는 생각이 드는데, 그래도 활동을 유지할 수 있던 이유는 뭘까요?
우선 분출의 의미도 컸어요. 가슴해방 물결여행은 제 로망이었어요. 충분히 가슴을 깔 만한 상황에서 가슴 까고 노는 거. 솔직히 해변에서 놀다보면 더우니까 웃통 까고 싶잖아요. 물에서 노는 건데 안 까는 게 항상 답답했다는 말이에요. 그래서 바다에서 가슴 해방을 해보고 싶었어요.

제가 불펨 그만둔다고 할 때 ○○가 미안하다면서 울었거든요. '나는 불펨 활동에 딴지 거는 사람인데 내가 그만둔다고 이렇게 서운해하나'라고 생각하면서 감동했어요. 현아도 있었고, 여여 님도 만났고, 혜경도 단순히 동료가 아니라 지금까지 친구이기 때문에, 제가 우즈를 나가고 나서도 연락이 오면 활동을 함께할 수 있었어요. 현아가 없었으면 그 정도는 못했겠지 하는 생각이 들어요. 친목의 힘으로. 아, 명언이 나왔네요. 하하하.

수영 님이 활동을 이어간 동력의 하나는 함께하자고 말하고 함께한 친구였네요. 저도 친구와 동료의 영향을 많이 받는 편이라 친목을 도모할 수 있는 기회가 중요하다고 생각해요. 수영 님과 혜경 님이 그 여행에 안 갔다면 저도 안 갔고, 그 여행에 안 갔다면 바다에서 가슴 까고 신나게 놀지도 못했겠죠. 가슴해방의 자유로움과 해방감을 몸으로 보여준 수영 님이 저에게 끼친 영향이 꽤 큰데, 제가 수영 님한테 그런 말을 한 적이 없다는 걸 지금 깨달았어요. 자기가 어떤 사람에게 어떤 영향을 준지 자기도 모를 때가 많네요. 수영 님에게 가슴해방운동은 어떤 의미일까요?

아까 말한 대로 여성이 존중받고, 자유롭고, 안전한 공간에서 자기의 몸이나 성을 표현할 수 있는 사회를 만드는 데 조금이나마 힘을 보탰다고 생각해요. 성적인 맥락 밖에서 여성이 상의 탈의를 하는 건 가부장제의 여성성에 반하는 행위잖아요.

엄마가 불펨 시위를 뉴스에서 보고 한마디했는데, 정확히 기억은 안 나요. 여하튼 엄마가 뉴스를 보고 안 좋게 말했어요. 제가 나도 저 시위에 참여했다고 말하니까 엄청 화냈을 거예요. 저는 페이스북이 월경 페스티벌 사진을 음란물이라며 검열했다고, 그래서 시위한 거라고 취지를 설명했죠. 그렇지만 엄마는 생각을 바꾸지 않았어요. 대충 사람들이 불편해한다고, 그러니까 상의 탈의를 하면 안 된다고 말했어요. 그래서 제가 흥분해서 이렇게 쏘아붙였어요. "사람들은 여자들이 브라 안 하고 다니는 것도 불편해해요. 사람들이 불편해하기 때문에 상의 탈의가 안 된다면 엄마도 브라 하고 다녀요! 왜 안 하고 다녀요. 사람들이 불편해하는데?"

사실 가부장제가 요구하는 몸가짐을 완벽하게 수행하는 여성은 없어요. 누구든 어느 정도는 여성성에서 벗어나 있으니까요. 그렇기 때문에 저도 주변 여성들을 여성성을 잣대로 평가하고 지적질할 수 있죠. 그렇지만 제 진심은 여성들이 서로 평가하고 지적하기를 멈추고 그 기준이 얼마나 모순적인지를 깨달아야 한다는 거죠. 19금 웹툰, 19금 게임 광고 배너를 안 보면 인터넷 기사도 하나 읽을 수 없는 현실이잖아요. 우리는 성적으로 과장된 여성의 이미지를 평생 보면서 살지만, 정작 여성의 몸을 있는 그대로 본 적은 없죠.

맞아요. 가부장제가 말하는 여성성은 이중의 메시지로 가득해서 모순적이에요. 그렇지만 스스로 합리화하는 면이 있죠. 브라 착용을 가슴 보호와 가슴 미용, '정숙'한 몸가짐으로 합리화하는 논리처럼 말이죠. 제가 오늘 인터뷰하러 오면서 어떤 경험을 했냐면, 이 옷을 정말 입고 싶었어요. 이 옷이 얇고 시원하기는 한데 가슴이 비쳐요. 저는 이제 브라가 없으니까 브라를 할 수도 없어요. 캡을 넣어서 쓰는 하얀색 스포츠 브라만 있어서 캡을 빼고 입었는데, 어깨 쪽에 끈이 드러나서 보기 싫은 거예요. 어떡하지 하다가 나시를 입었어요. 이거 입고 비치는지 보고서 벗고 저거 또 입고 그러느라 시간이 꽤 지났죠. 그런 걸 오랜만에 해봤어요. 제가 브라 없이 이런 옷을 입는다고 수영 님이 뭐라고 하지는 않는다는 걸 잘 알지만, 지하철 타고 버스 갈아타고 오는 동안 사람들 시선에 시달릴까 봐 가슴 안 비치게 입고 나왔죠. 버스 정류장으로 걸어가는데 한 중년 남성을 마주쳤어요. 그 남자가 입은 티셔츠가 딱 달라붙어서 유두가 딱 튀어나와 보이는데, 갑자기 화가 나는 거예요.

맞아, 맞아요.

오늘 아침에 옷을 몇 번 갈아입은 거죠. 스포츠 브라 입었다가 나시 입었다가 했잖아요. 유두는 도드라질 수 있겠지만 색깔이라도 안 보이게 하려고요. 그런데 저 남성은 전혀 그런 생각을 안 하는 거죠. 갑자기 짜증이 확 나더라고요. 언제쯤 이런 고민 안 하고 더운 날 시원한 옷 입고 살아보나 싶고. 노브라가 기본값이 돼야 가능한 일인데 말이죠. 그런 세상은 언제 오나 싶어요. 그리고 말씀하신 대로 '여성성'을 완벽하게 수행할 수 없는 데에서 오는 불안과 수치심이 억압이 되고, 때로는 그런 성차별을 목격할 때 분노하게 되는 거죠. 결국 가부장제가 만들어놓은 '여성성' 때문에 여성들의 분노가 쌓이고 우울증에 시달리는 악순환이 반복되고요. 여성 해방이 바로 그 악순환을 끊는 신호가 되면 좋겠네요. 수영님은 찌찌 해방 뒤에 개인적인 삶에서 변화가 있었어요?

없었어요. 친구 아영이가 페이스북 코리아 앞에서 시위한 걸 알기 때문에 페이스북 코리아 기자 회견이 낯설지 않았어요. 불펨 활동을 정리하고서 예술 운동을 하고 비건 페미니즘 운동도 하고 있지만, 그냥 휩쓸려 가는 거 있잖아요. 내가 그 운동을 생각헤내고 추진하는 거랑 참여만 하는 거는 얻는 게 좀 달라요. 저는 참여만 했지 직접 진행하지는 않았고, 참여할 때도 제가 절대 할 수 없다고 여긴 건 안 했거든요. 인생의 큰 변화를 겪으려면 풍파를 겪어야 하는데, 불펨 활동을 할 때는 제가 할 수 있다고 판단한 활동만 해서 큰 변화가 없지 않았나 싶어요.

안전한 공간에서는 가슴을 까든 삭발을 하든 상관없지만 그런 행동이 비난받을 수 있다면 두렵다고 했잖아요. 불펨 활동을 비롯해 사회운동을 하면서 알게 된 건 이런 활동을 하기 전에 제가 너무 외로웠다는 사실이에요. 주변 사람들이 저보고 너무 이상한 사람 같다고 그랬다는 말이에요. 저처럼 정치나 사회 문제에 관심 있는 사람이 주변에 없으니까. 저는 저대로 살고 있었는데, 페미니즘을 딱 만난 순간 제 삶이 설명되는 거 있죠. 그런데 그런 이슈에 관심 있는 사람들 속에 들어갔으니까 일차적으로는 욕구가 충족됐고, 이차적으로는 제가 매우 온건하다는 걸 알게 됐어요. 사람의 활동성이라는 게 예민한 사람과 둔한 사람으로 나뉘는 게 아니라 스펙

트럼인 거예요. 초중고 시절의 저는 아주 예민하고 부담되는 친구일 수 있지만, 활동하는 사람들 사이에 가니까 딴지를 거는 사람인 거예요. 이걸 굳이 해야 하냐고 질문하고, 괜히 무섭고 부담되니까 안 해야 될 이유를 계속 말하고. 제가 이 활동에 보탬이 되지 않더라고요. 그래서 활동을 좀 멀리하기도 했어요. 지금은 어느 정도 제자리를 찾은 것 같아요. 마을에서 하는 여러 교육 활동을 통해 사회에 기여하고 문제 제기를 하는 데 만족하면서 제가 충분히 안전하다고 느끼는 거죠.

각자의 속도가 다 다르고, 원하는 운동 방식이 다 다르니까요. 그리고 무엇보다 나 자신이 안정감을 느끼면서 활동을 이어가는 게 중요하다고 생각해요. 저도 좀 안전주의이다 보니 회의 때 염려되는 점을 계속 얘기하게 되더라고요. 그래서 내가 이 활동을 가로막는 듯한 느낌, 활동에 도움이 안 되는 듯한 느낌이 뭔지 알 것 같아요. 사람이 이렇게 다양한데 운동의 속도와 방식을 조율하고 협상하면서 함께 뭔가를 한다는 게 참 대단하구나 싶기도 하네요. 수영 님 인생에서 가슴해방운동이란 무엇일까요?

사람이 끝까지 가보지 않으면 모르잖아요. 저는 제가 할 수 있는 한 최고로 공격적인 행동을 한 거예요. 그때 그렇게 해서 지금 활동에 만족할 수 있게 됐어요. 그전에 그런 공격적인 활동을 안 했으면 지금 마을 활동이 되게 답답하게 느껴질 수도 있어요. 가슴해방운동을 포함해서 불펨 활동은 제가 진짜 원하는 활동이 뭔지 알게 해준 과정의 하나였죠. 공격에 직면해서 직접 싸워 이기는 것도 고

비를 넘기면 재미를 느낄지 모르겠어요. 그런데 저는 너무 힘들더라고요. 어떤 느낌이냐면, 한 번도 달려본 적 없는 사람에게 갑자기 마라톤을 하라고 하잖아요. 마라톤을 한 번 완주한 사람은 힘들어도 페이스를 잘 조절하면 어떤 성취감을 얻을 수 있다는 걸 아는데, 불펨 활동은 갑자기 글러브도 없이 링에 올라간 기분이었어요. 너무 힘들고, 기쁨, 보람, 즐거움, 희열은 어디서 오는 걸까 하는 생각이 들기도 했어요.

불펨 활동을 하기 전에는 분출할 곳이 없어서 힘들었는데, 막상 분출하고 나서 보니까 '아하! 나는 좀더 온건한 활동이 맞구나' 하면서 제가 온건한 사람이라는 것도 알게 됐어요. 지금 센터에서 애들이 저한테 남자냐 여자냐 물어보고, 어떤 애는 여자인지 확인하려고 가슴을 만진 적도 있어요. 그 나이 아이들한테 성별이 엄청 중요한 거죠. 활동 경험이 풍부하지 않았으면 얼마나 위축됐을까요. 무슨 상황인지 해석이 안 되는 상태에서, 저는 제가 이상한 사람이라는 생각만 했을 거예요. **페미니즘을 알기 전에는 그랬어요. 제가 어떤 사람인지 해석이 안 되는 상태에서 사람들이 '너는 여성스럽지 않아. 너는 여자가 아니야' 이러니까 그냥 '나는 이상한 사람인가'라고 막연히 생각했다는 말이에요. 그런데 풍부한 경험을 하면서 저한테 언어가 생기고, 아이들이 그런 행동을 할 때 유창하게 말이 나오는 거죠.** 마을에서 사람들이랑 공부하고 한 명 한 명 변해가는 과정을 보면서 보람을 느껴요.

이렇게 풀어놓고 보니 불펨 활동이 엄청난 영향을 미쳤네요. 내공을 준 거니까. 일상의 여성 혐오에 치일 때마다 불펨 친구들 떠올리면서 그 친구들이라면 어떻게 했을까 생각해요. 그럼 여유를 찾을 수 있어요. 상황은 변하지 않더라도 다르게 반응할 수 있다는 걸 알게 됐어요. 그전에는 **세상에 저 자신을 맞추거나 점점 고립되는 선택지밖에 없었다면, 이제는 맞서 싸우는 선택지가 생긴 거죠.**

#

인터뷰를 할 때마다 놀란다. 몇 년을 알고 지낸 사람들인데 가슴해방운동에 관해 진지하게 얘기를 나눈 적이 없다는 사실을 깨닫는다. 각자 위치에서 가슴해방운동의 경험이 매우 다를 수 있다는 것도 알았다. 수영의 경우는 꽤 충격적이었다. 다른 사람보다 친한 사이였고, 동료보다 친구로 만나왔다. 수영은 내게 영향을 많이 끼친 사람이다. 나는 불꽃페미액션 활동을 하면서 수영이 느낀 두려움을 전혀 알지 못했고, 즐거워하는 모습만 기억했다. 수영과 혜경이 없었다면 나는 바다에서 가슴 해방을 하지 못했다. 수영 덕분에 그 여행이 재미있었고, 진심으로 즐거웠다. 그렇지만 수영이 그날을 그저 재미있는 날로 기억하지 않는다는 사실은 놀라웠다.

가슴해방운동은 자기에게 어떤 영향도 미치지 않는다고 수영이 처음에 대답할 때, 나는 그야말로 '멘붕'이었다. 이 인터뷰는 과연 어디로 흘러가는 걸까. 나는 좀더 집요하게 질문해야 했다. 수영은 가현에게 가슴 해방을 해보고 싶다고 제안한 사람이었고, 불펨이 펼친 가슴해방운동에 세 번 참여했다. 누구보다 열심히 참여한 사람에게 이 운동이 아무런 영향을 미치지 못했다면, 왜 수영은 계속 참여한 걸까. 수영은 '친목의 힘'을 찾아냈다. 그리고 가슴해방운동과 불펨 우즈 활동이 자기 인생에 끼친 영향을 발견하기 시작했다. 나는 가슴해방운동이 참여자에게 직접적인 영향을 주기도 하지만 인생의 한 과정이 될 수 있다는 사실을 이해하게 됐다. 수영의 이야기를 다시 읽으면서 2020년에 만난 사람들을 10년 뒤에 또 한 번 만나고 싶다는 생각이 들었다. 2030년에 이 사람들은 어떤 위치에서 어떻게 이 운동을 기억하고 있을지 궁금해졌다.

인터뷰를 한 곳은 수영의 집이었다. 중간에 수영의 어머니가 놀아왔다. 인터뷰를 마치고 짐을 정리할 때 어머니가 샤워를 마치고 나왔다. 수영은 어머니에게 브라를 벗게 된 이유를 물었다. 대답은 아주 짧았다.

"불편해서."

불편하면 벗을 수 있어야 한다는 이 당연한 사실을 위해 우리가 싸운다는 사실을 깨달았다. 또한 브라가 얼마나 많은 여성에게 불편한 존재인지, 그런데도 왜 벗지 못하는지 묻는 질문은 여성의 몸이 억압받는 현실을 다시 한 번 각인시켰다.

근육 맨과 운동선수

잠깐 6

#근육 맨_2019년_여름

작년보다 덜하지만 여름은 여전히 덥다. 브라를 하지 않는 나는 흰색 반팔을 입을 때 좀 신경이 쓰인다. 출근길에 사람이 없을 때에는 어깨를 펴고 걸을 수 있지만, 사람이 많은 곳에 들어서면 나도 모르게 팔짱을 끼고 가슴을 가리게 된다. 반대편에서 여자 사람하고 이야기하면서 걸어오는 근육 맨의 흰색 상의가 가슴에 딱 달라붙어 있다. 유두가 뚜렷이 보이는 게 아닌가.

순간 화가 난다.

저 남성은 저렇게 당당하게 걸으면서 튀어나온 유두를 전혀 개의치 않는데, 나는 무엇 때문에 위축돼야 하는가. 저 남성은 흰 반팔 티셔츠를 입을 때 유두가 도드라지게 튀어나오면 어쩌나 하는 고민을 한 번이라도 했을까. 그 몸이, 그 유두가 불쾌하다는 말이 아니다. 저 남성은 이런 고민을 하지 않고 살아도 된다는 사실 자체에 화가 난다. 내내 팔짱을 끼고 걸어서 더운데, 근육 맨 덕분에 더 덥다. 더운 여름이다.

#운동선수와 가슴

요즘은 거의 안 보지만, 나는 한때 축구 팬이었다. 어릴 때부터 운동하기와 운동 보기를 좋아했다. 부끄럽지만 남성들이 하는 운동 경기에 익숙해진 나는 여성 선수들이 하는 경기에는 크게 관심을 안 가졌다. 자본과 권력에 따라 대결의 승자가 지속된다는 현실을 알게 된 뒤 스포츠 경기를 보는 횟수가 점차 줄었다(그런 와중에 등장한 여자 컬링은 새로운 세계였다). 어느 날 오랜만에 축구 경기 소식을 보던 내 레이더에 한 장면이 들어왔다. 한 선수가 골을 넣은 건지 어시스트를 한 건지 경기를 마치고 자기를 응원한 팬에게 유니폼을 선물했다. 축구도 잘하고 인성까지 훌륭하다는 기사가 줄줄이 올라왔고, 댓글은 칭찬 일색이었다. 내 눈길을 끈 건 그 선수의 친절함이나 뛰어난 경기력이 아니라, 유니폼을 벗고 걸을 때 흰 민소매에 비친 유두였다. 아주 짧게 지나가는 넓은 어깨와 명확하게 보이는 두 개의 점. 여자 선수라면 어땠을까 하는 생각이 들었다. 한국 여자 선수가 팬에게 유니폼을 선물하고 돌아서서 걸어오는데 유두가 비치면 네티즌들은 어떻게 반응했을까.

2018년에는 이런 일이 있었다. 전세계가 무더위에 시달리던 여름, 유에스오픈 테니스 여성 경기에서 휴식 시간 때 셔츠를 뒤집어 입고 나온 사실을 경기장에 들어선 뒤에야 안 알리제 코르네는 경기가 시작하기 전에 재빨리 옷을 뒤집어 입었다. 그러자 심판은 복장 규정 위반이라는 경고를 내렸다. 이 경고가 성차별적이라는 논란이 일었고, 화난 네티즌들은 남성 테니스 선수들이 휴식 시간에 브라도 착용하지 않은 채 셔츠를 갈아입거나 아예 웃통을 벗고 쉬는 모습을 인터넷에 올렸다. 코르네가 몸을 뒤로 돌려 옷을 벗는 사진과 남성 테니스 선수 노박 조코비치가 윗옷을 완전히 벗은 채 대기석에 앉아 쉬는 사진을 대비시킨 이미지를 많은 사람이 공유했다.

세계여자테니스협회도 이 경고는 불공정한 조치이고 코트에서 탈의를 금지하는 규정은 없다고 주장했다. 그러자 유에스오픈 테니스는 탈의 행위가 아니라 탈의 장소가 문제라고 지적하면서 경기장에는 코트에 매우 가까운 곳에 옷을 갈아입을 수 있는 사적인 공간이 마련돼 있다고 반박했다. 대기석이 아닌 곳에서 탈의를 한 여성 선수의 행동이 규정에 어긋난다고 본 셈이다. 경기 시작 전에 옷을 거꾸로 입은 사실을 알게 된 선수가 대기석까지 돌아가 옷을 갈아입었다면 정말 경고를 받지 않았을까? 여성인 코르네는 셔츠를 잘못 입은 사실을 알고 당황했고, 빠르게 판단해 옷을 갈아입으면서도 살짝 몸을 틀면서 뒤쪽으로 걸어갔다. 남성 선수라면 몸을 살짝 틀면서 뒷걸음쳤을까. 대기석에서 가슴을 훤히 내놓을 수 있는 남성이. 더운 여름에도 여성 선수들은 스포츠 브라까지 착용하고 경기를 해야 한다. 유에스오픈 테니스 쪽은 셔츠를 벗은 행위가 아니라 셔츠를 벗은 장소가 문제라고 했지만, 코르네가 경고를 받은 이유는 '여자답지' 못하게 공공장소인 코트 위에서 옷을 벗은 때문이었다. 만약 조코비치처럼 대기석에서 브라도 착용하지 않은 채 상의를 벗고 쉬었다면 코르네는 다음 경기를 치르지 못할 수도 있었다. 미국에는 공공장소에서 여성이 유두를 드러내는 행위를 불법으로 규정한 주가 있으니 말이다.

남성 축구 선수가 팬에게 유니폼을 벗어주는 장면을 보면서 유니폼을 벗어준 뒤 유두를 드러낸 채 당당하게 경기장을 걸어 나오는 여성 축구 선수를, 대기석에서 웃통 까고 쉬는 여성 테니스 선수를 상상해봤다. 그럴 수 있다면, 더운 여름이 조금 더 시원해지겠다.

❼ "내 피피가 메두사인 거죠"
여성 혐오 댓글에 맞서는 혜경 이야기

혜경 님이 가진 가슴에 관한 기억을 들려주실래요?

중학교 때 부모님이랑 브래지어를 처음 사러 갔어요. 《Why? 사춘기와 성》을 보면 여성은 2차 성징을 하면서 가슴이 부풀고 예민해지는데 소중한 가슴을 보호하려면 브래지어를 차야 한다는 내용이 있어요. 그래서 '아, 이제 내가 차야 하는구나' 생각하고 따라가서 브래지어를 샀죠. 처음 하면 답답하고 불편하잖아요. '왜 차야하지?' 하는 생각을 한 순간도 있어요. 할머니나 주변 어른들에게 답답해서 안 하고 다니면 안 되냐고 하면 이런 말을 들었어요. "너는 이제 어린애가 아니니까. 다 큰 애가 가슴을 내놓고 다니면 어떡하냐?" 그래서 '아! 그럼 가슴은 숨겨야 하는 거구나' 하고 점점 무의식적으로 생각하게 됐죠. 부모님도 책도 똑같이 말하니까 브라는 어쩔 수 없이 해야 한다고 생각하고 넘어갔어요. 고등학생 때까지는 안 차면 큰일나는 줄 알았죠. 잘 때는 풀었는데, 잘 때도 하고 잔다는 친구도 있었죠. 저는 브라가 불편해서 잘 때는 안 했어요.

갑자기 떠오르네요. 달리기 경주 할 때 왜 꼭 한 명씩 있잖아요, 성장이 빠른 친구들. 그 친구들 뛸 때 브라 끈 잡아당기는 놀이를 한 거는 살짝 기억이 나요. 고등학교 올라오면서 새로 사귄 친구들이 다 가슴이 컸어요. 저 혼자 에이 컵이나 비 컵이고 친구들은 디 컵이나 이 컵 정도여서, 가슴 크면 좋다고 여길 때니까 친구들끼리 가슴 보고 비교한 일이 있어요. 그때가 베이글 시대라서, 얼굴은 애 기인데, 팔다리는 얇고, 가슴은 크고 완전 빵빵한, 말도 안 되는 몸 매가 이상화됐죠. 친구들끼리 브라를 틱 건드리면 풀리는 장난을 했거든요. 그런 식으로 놀기도 했고, 여자들만 있으니까 그런 행동 을 성적이라고 생각하지는 않았어요.

저도 여중을 나와서 여자애들끼리 가슴 사이즈 가지고 얘기 많이 한 기억이 나네요. 불꽃페미액션은 어떻게 가입하게 됐어요?
페이스북을 하다가 페미니즘에 발을 담글까 말까 고민하고 있었는 데, '○○이 불꽃 농구 한다. 여자들만 참석 가능하고 다 같이 운동 하고 놀자'는 글을 봤어요. 페북으로 알게 된 지는 꽤 된 분이고 계 속 후기도 올라왔지만, 무서워서 못 가고 있다가 다 여자라고 하니 까 신청했어요. 그 모임이 정말 재미있어서 그다음에도 가고 그러 다 보니까 어느새 불펨 회원이 돼서 페미니즘 공부도 하게 됐죠.

그전에는 페미니즘에 관심이 없었어요?
그전에는 좀 흉자●였어요. 정말 흑역사인데, 예전에는 인공 임신 중

● '페미위키'는 흉자를 이렇게 설명한다. "'흉내자지'의 줄임말로 명에 남성이 좋은 의미로 오인되는 것을 막고 어감을 부정적으로 만들어 더 강하게 비판하기 위해 워마드에서 만들어졌다. …… 상호교 차주의 페미니스트들은 이 신어가 성기가 성별을 결정한다는 성별 이분법에 근거를 둔 단어이며, 워 마드의 트랜스젠더 혐오와 그 맥락이 맞닿아 있다고 비판한다."

단도 반대했어요. 여성 인권보다는 태아의 생명을 우선하는 사람이었고, 그렇게 배운 대로 의심하지 않고 받아들인 사람이었죠. 그러다가 2016년에 넥슨에서 한 여성 성우가 메갈리아 티셔츠를 입고 트위터에 인증했다가 집단 보이콧이 일어나서 다음날 계약 해지를 당했잖아요. 그 사건 뒤로 '여자는 왕자를 필요로 하지 않는다'가 폭발적으로 번졌다는 말이에요. '나도 이걸 같이 해보고 싶다' 생각해서 카톡 상태 메시지에 'Girls do not need a prince'라고 올렸어요. 그렇게 페미니즘에 입문했어요. 페이스북에서 이것저것 알아보고 ○○ 페이스북 친구 추가를 하면서 페미니즘을 알아갔죠.

어떻게 ○○ 님하고 접속이 됐어요?
페이스북을 하다 보면 친구가 리트윗한 것도 뜨잖아요. 아마 페미니즘에 관심이 있어서 찾아보다가 '이 사람 말 잘하네' 하면서 친구 추가를 하다가 타고 넘어갔겠죠. 메갈리아에는 관심이 없었어요. 있다는 사실도 모르다가 넥슨 사건이 터지고 나서 메갈이라는 단체가 있고 워마드라는 단체가 있다고 알게 됐죠. 일베는 이미 알고 있었으니까. 메갈은 왜 생겨난 건지, 뭘 바라는 단체인지, '아, 그렇구나' 하면서 그때서야 조금씩 보게 됐어요.

그 사건에 왜 관심을 많이 가졌어요?
페미니즘에 관해 아무것도 모르는 시절에도 그분이 계약 해지 당하는 일이 부당하다는 생각이 들었어요. 그때는 일베를 하는 남성 직원은 아무 제지도 안 하고, 일베에서 여성 혐오가 엄청났잖아요.

불법 촬영 사이트 소라넷도 있었고. 제대로 처벌도 받지 않던 때인데, 여자가 그 티셔츠를 입었다는 이유로 계약 해지를 당하니까 정말 불공평하다 싶어서 더 빠르게 관심을 갖게 됐죠. 같은 여성이 당한 일이니까 감정 이입이 됐고, 이렇게 부당한 대우를 받으면 안 된다 싶었죠. 아무것도 모르고 있었는데, 저한테는 충격적이었어요. '아, 이런 일이 있었구나! 아, 이것도 여성 혐오였구나! 나는 여태까지 여성이면서 여성 혐오를 하고 있었구나!' 알면 알수록 쾅쾅쾅쾅 오게 되잖아요. 그래서 좀더 많이 충격을 받았어요.

그 사건을 계기로 다른 사람들 이야기를 페이스북으로 보고 페북 친구도 만들다가, 불펨을 알기 전에 농구단을 먼저 알게 된 거네요.
저는 농구단 출신입니다, 하하하.

농구는 왜 하고 싶었어요?
중고생 때도 친구들이랑 운동하는 걸 좋아했어요. 농구랑 배드민턴을 좋아했는데, 솔직히 여자들이 운동장 나가서 운동하는 모습을 본 적 없잖아요. 그래서 졸업하고 놀 공간이 없었어요. 페북에서 여자들끼리 농구한다, 여자들끼리 놀 수 있다고 해서, '어, 나도 되게 농구 좋아하는데 같이 하고 싶다. 그런데 처음 보는 사람들이랑 재미있게 놀 수 있을까?' 그러다가 한번 해보고 싶으니까 갔어요.

정말 농구를 하러 간 거였네요?
그렇죠. ○○ 님 글을 제가 평소에 많이 읽고 공감했으니까 안전하지 않을까 하는 마음으로 용기를 냈어요. 잘한 선택이죠.

저도 농구하려고 처음 가기는 했어요. 페미니즘 운동이 아니라 농구하러 갔는데, 농구가 너무 재미있잖아요. 일요일을 손꼽아 기다렸어요. 페이스북 활동은 많이 하시나요?

지금은 많이 안 해요. 예전에 페미니스트 활동을 하면서 페이스북에 여러 글귀도 공유하고, 제 생각이나 시위 나간 사진도 올리고, 글도 썼어요. 그랬더니 끊임없이 찾아와서 욕 댓글을 다는 모르는 사람들이 있어서 우선 걔를 먼저 고소했고, 그다음 해에 다른 애가 또 찾아와서 또 고소를 했는데, 이게 두 번 고소를 하니까 심적으로 지친 거죠. 페이스북을 하면서 자꾸 주변의 혐오를 접하게 되잖아요. 제가 선택해서 정보를 보는 게 아니라, 친구들이나 동생이 리트윗해야 볼 수 있으니까 너무 괴로운 거예요. '에스엔에스를 하면 피폐해진다는 게 이거구나' 하고 느꼈어요.

　페이스북을 블루 일베라고 부르잖아요. 그런 문제가 너무 많아서 실상을 말하고 싶은데 주변 사람들이 인지조차 못하는 상황에서는 제가 이런 얘기를 하면 또 공격이 쏟아질 테니까, '보기 싫다. 그냥 탈퇴하자' 해서 지금은 페이스북을 탈퇴한 상태예요.

많은 분들이 하는 고민 같아요. 페이스북이 남성 중심적 온라인 매체인데다가 감시 체제나 거짓 뉴스 확산 등 여러 면에서 비판받으면서 제 해외 친구들도 많이 탈퇴했거든요. 그런데 워낙 다양한 사람들이 사용하고 가장 보편화된 플랫폼이라서 사용 안 하기는 어렵겠죠. 어떤 점에서 블루 일베라고 느꼈는지 좀더 자세히 얘기해 주실 수 있을까요?

'김치녀'는 기본이고, 여자들 수영복 입은 사진, 연예인 노출 사진에 성희롱 댓글도 많이 달리잖아요. 이런 문제를 아무도 제재 안 하고, 문제를 제기하면 오히려 '선비'라고 몰아붙이고 대댓글로 욕이 수십 개 달려요. 그런 상황을 일상적으로 경험했어요.

일베를 음습하고 은밀하게 모이는 집단이라고 한다면, 페이스북 은 일베가 아닌 척 살짝 변형한 느낌이라고 해야 하나요. 정상적인 말을 하는 척하는데 읽으면 여성 혐오가 많아요. 일베는 일정한 가 입 절차에 따라 이용하지만, 페북은 다양한 연령층이 가입하니까 어린이들도 여성 혐오를 접할 기회가 더 많아지잖아요. 일베보다 더 쉽게 더 많이 물들어가는 느낌이 들고, 그래서 더 빨리 퍼져요. 그런 면에서 일베보다 페북이 더 해롭다는 생각도 했어요.

이런 걸까요? 일베는 '너네 일베야'라고 할 수 있는데…….

딱 차단할 수가 있잖아요. '쟤 일베야. 너네는 일베니까 나쁘다. 네 말이 틀리다'고 할 수 있는데, 블루 일베는 일상적으로 다가오는 유 해한 일베들?

자기 자신도 일베인지 아닌지 모르지만 일베랑 똑같은 말을 하는, 그래서 오히려 차단되지 않고 일상에서 돌아다니니까 더 위험하네 요. 댓글 고소는 어떻게 하게 됐나요?

처음 고소한 애는 제가 아니라 제 친구, 그때 페미니즘을 같이 공부하던 페미니스트 친구한테 먼저 왔어요. 어떤 글귀에 '이건 여성 혐오적 발언이다. 이렇게 하면 안 된다'는 식으로 말을 남겼더니 댓글로 남자들이 엄청 공격하는 거예요. 실시간으로 몇 십 개가 달리니까 깜짝 놀라서 그 친구 페북에 친구를 돕는 마음으로 댓글을 달았죠. '지금 이런 식으로 하시면 안 된다.' 그 사람들이 제가 만만해 보인 거죠. 제 친구는 좀 어려운 용어도 쓰고 많이 공부한 사람이라는 게 보이는데, 저는 어휘력도 없고 이건 이러이러해서 나쁜 짓이라고 하는 수준이라 악플러들이 저한테 다시 공격을 하는 거예요. 다른 애들은 다 떨어져 나갔는데 한 두세 명이 남아서 밤새 배틀을 했어요. 걔가 제 페이스북 디엠(페디)에도 넘어와서 계속 글을 남기고 '너 그럼 나랑 카톡으로 배틀을 더 하자' 했다는 말이에요. 그런데 얘가 카톡을 하는데 '아기 고양이'나 '로즈' 같은, '오구오구' 하는 식으로 부르는 거예요.

예? 한참 싸우다가?
~~~~~~~~~~
네. 너무 얼척이 없어서 미친 것 아니냐, 일단은 호칭 정리부터 하시라, 그딴 식으로 부르지 말라, 내가 니 애도 아니고 너랑 똑같은 성인이다, 지금 이게 무슨 짓이냐고 하니까, '아니 칭찬한 건데, 그렇게 잘못된 거냐'고 해서 차단했다는 말이에요. 그랬더니 댓글 창에 와서 쌍욕 하고 '니 보지 허벌 보지' 같은 말을 해서, 저랑 친구랑 다 피디에프로 따서 경찰에 고소했죠. 6개월 정도 걸렸는데 100만 원밖에 안 나왔어요. 내가 힘든 데 견줘 얘가 받는 형벌이 너무 적으니까 다 끝나고 심적으로 많이 지쳤어요.

합의한 거예요?

절대 안 했죠. 일단 벌금으로 끝났지만, 다음에 또 고소를 당하면 개는 벌을 받아야죠. 그때는 사과문 같은 걸 생각을 못 했어요.

두 번째 고소는 어떻게 진행하셨어요?

한국 돌아와서 얼마 안 되고 시위 사진을 올렸는데, 개가 갑자기 와서 댓글을 남겼어요. '페미는 정신병이다. 너 페미 그만 안 두면 가만 안 두겠다.'

어떤 시위 사진이었어요?

검은 옷 입고 옷걸이 들고 한 낙태죄 반대 시위요. 그 사진 올리면서 글도 같이 올렸는데, 개가 제 페북에 오더라고요. '얘는 뭐지' 하고 무시했는데, 제 페디에 있는 모든 게시 글에 댓글을 다는 거예요. 며칠 동안 알림이 오면 무조건 개가 단 댓글이고. 몇 개씩 오니까 스트레스 받아서 그만 댓글 달라고, 나 지금 피디에프 다 따놨다고, 지금 뭐하는 거냐고 하니까, 개가 '너 찾아가 가지고 몽둥이로 개 때릴 거다', '페미는 정신병이다'라는 식으로 욕하는 거예요. 일주일 동안 댓글을 계속 다니까 너무 짜증이 나잖아요. 그래서 '한 번만 더 그러면 경찰서 간다' 하고 있었는데 또 제 페디에 온 거예요. 바로 피디에프 따놓고 이러면 고소할 수 있다고 하니까 욕을 한 거죠. 그전까지는 쌍욕은 안 해서 좀 애매하니까 피디에프만 따놨는데, 쌍욕을 하기 시작하고, '이제 찾아가겠다'는 식으로 말하고, '현피 뜨자'(현실에서 만나서 싸우자)는 얘기가 나오는 거예요. 그래서 네 번호나 내놔보라고 했죠. 저는 이미 고소 각을 재고 있었기 때문에 현피나 뜨자고 번호를 주길래 즉시 경찰서 가서 이러이러한 상황이라고 하면서 고소했어요. 그렇게 고소하고 끝난 줄 알았어요. 그런데 일주일인가 한 달 뒤인가 걔가 조사받고 왔다는 소식을 듣고 나서 갑자기 카톡이 온 거예요.

카톡이요? 카톡을 했어요?

아니요. 안 했는데, 제가 걔 번호를 우선 저장해놨어요. 혹시 얘한테 전화가 올 수도 있으니까. 그런데 저는 사과도 필요 없고, 합의도 필요 없고, 법대로 처벌해달라고 했는데 카톡이 와서 깜짝 놀란 거예요. '나 ○○ 엄마인데, ○○가 너무 잘못했다. 근데 그렇게 고소를 하면 어떡하냐'라는 식으로 횡설수설하는 장문 카톡이 온 거예요. 깜짝 놀라서 내 번호 어떻게 알았냐, 뭐하는 짓이냐, 당신이 잘못했으니까 내가 고소하지 않았냐고 했죠. 그런데 ○○가 지금 너 때문에 취업도 못 하게 생겼다고 하는 거예요.

아니 지금 취업을 하면 안 되는 쓰레기구만.

'어쩌라구요. 제발 유병 장수하시고 모든 하는 일 다 잘 안 되길 바랍니다.' 이렇게 답하고, 또 연락하면 바로 고소할 테니 알아서 하라고 해놓고 담당 형사한테 전화했죠. 이게 무슨 일이냐, 가해자한테 방금 연락이 왔다, 번호 유출된 거냐고 하니까 깜짝 놀라는 거예요. 아니라고, 고소인 정보는 절대 안 알려준다고 하더라고요. 형사가 가해자랑 통화하고 다시 전화했는데, 제가 카카오톡 친구

추천에 떴대요. 사실인지 거짓인지 모르겠지만, 그 말이 맞으면 또 고소할 방법은 없대요. 제가 연락하지 말라고 한 다음에도 계속 연락하면 그때는 고소할 수 있는데, 차라리 차단하는 게 마음 편하다고 해서 찝찝하게 끝났어요. 그 사람은 집행 유예가 나왔어요. 자기 어머니를 사칭한 거죠. 어른이라고 하면 제가 겁먹을 줄 알고.

어머니가 아닌 것 같았어요?
절대 아니었어요. 말투 자체가 걔였어요.

세상에, 고소 과정도 참 험난하고, 직접 연락할 생각을 하다니 어이가 없네요. 혜경 님이 지닌 어떤 힘이 온라인 공간에서 댓글 공격에 맞서고 고소까지 할 수 있게 만든 건가요?
제가 성질이 불같아서 못 참는 거죠. 이 녀석들, 혼쭐을 내줄 수 있겠다! 따끔한 맛을 보여주려고 달려드는 거예요, 하하하. 일상생활에서도 살아남으려면 강해져야 한다는 생각을 하고 '작은 혜경을 건드리면 아주 뭐 되는 거예요'라고 하면서 살아왔기 때문에 좀더 세게 할 수 있었어요. 그리고 이 댓글 배틀이라는 게 막 하다가 상대방이 딱 없어지는 때가 있어요. 그러면 손뼉 짝! 쾌감이 캬!

하하하, 저는 소심해서 키보드 배틀 경험이 없는데, 그 세계가 새롭네요. 그렇게 배틀을 하다 보면 사과하는 사람은 없었어요?
없었어요. 걔네들은 몰라서 그런 게 아니라 어렴풋이 알고는 있는데 인정하고 싶지 않아 해서 절대 사과 안 해요. 사과하면 죽는 병에 걸렸거든요. 그냥 조용해지거나 욕을 투척하고 도망가요.

여성 혐오 댓글을 고소하려고 고민하는 분들에게 알려줄 만한 노하우가 있을까요?

첫째, 처음부터 끝까지 피디에프를 다 따놓고, 증거를 최대한 많이 남겨둬라. 둘째, 경찰 말고 검찰로 가라. 바로 검찰로 갈 수 있어요. 경찰한테 가면 그냥 종결할 수도 있어요. 그러고 나면 경찰에서 종결한 사건이라서 재고소를 못한다는 말이에요. 검찰로 가면 바로 법원으로 연결되기 때문에 좀더 빠르고 쉽게 진행할 수 있다고 들었거든요. 저도 경찰이 질질 끌다가 겨우 진행된 적이 있거든요. 셋째, 시간이 엄청나게 걸린다, 어쩌면 당신의 정신과 시간과 돈을 쓸 수도 있다, 지치면 그만둬도 된다, 당신이 지칠 수도 있지만 그건 당신 잘못이 아니다, 당신은 최선을 다했으니 포기해도 된다고 말하고 싶어요. 일단 개인적으로는 당신 잘못 아니니까 너무 힘들어하지 않으면 좋겠다는 말을 하고 싶어요.

변호사 없이 가능해요?

네, 저는 변호사 없이 했어요. 너무 감당하기 힘들다 싶으면 변호사를 구하는 게 훨씬 낫죠.

기소 유예가 잦아 합의금으로 마무리된 사례도 많다고 들었어요.

맞아요. 엄청 많아요. 저는 합의금보다는 집행 유예를 노렸어요. 가해자가 다음에 똑같은 건으로 고소되면 징역형이니까, 제가 고소한 덕에 다음에 고소하는 분은 얘를 징역 살게 할 수 있다는 생각으로 그랬죠. 저는 정신적으로 버틸 수 있으니까 가능했죠.

혜경 님에게는 엄청 고된 과정이었지만, 고소는 가해자가 가해 행위를 멈추게 하는 중요한 일이에요. 공인들이 이미지 때문에 댓글 고소를 하기가 어렵다는 점은 이해하는데, 저는 많이 하면 좋겠어요. 악성 댓글 다는 사람이 더 줄어들 테니까요. 물론 그분들도 쉽지 않은 결정이겠지만, 돈과 변호사가 없는 개인은 증거를 모으고 고소를 진행하는 과정이 더 힘들잖아요.

저도 댓글 고소가 더 활발해지면 좋겠어요. 손가락 함부로 놀리다가 네 손목이 날아갈 수 있다는 현실을 공인들이 앞장서서 알려주면 조금씩 줄겠죠. 아, 그리고 프로필 사진은 얼굴로 하고 실명 댓글을 달게 해야 한다고 생각해요. 그래야 악성 댓글이 좀 줄 수 있어요. 제가 키보드 워리어 할 때도 제 얼굴 까고 실명 깠거든요. 그래야 고소하기가 편해요. 내 신상 정보가 있는 계정에서 나를 알고 있는 다른 사람 두 명 이상이 봤다고 해야 모욕죄가 성립되기 때문에, 저는 개인 정보를 남겨요. 니들이 한번 해보라고, 나는 너를 고소할 준비가 돼 있다고.

고소 과정이 흥미로워서 이야기가 그쪽으로 빠졌네요. 다시 가슴해방으로 돌아와서, 학창 시절에는 브라를 꼭 착용해야 한다고 생각하다가 노브라는 언제쯤 떠올리게 됐나요?

아마 불펌에서 농구할 때부터 같아요. 멤버가 멤버다 보니 사람들이 페미니즘 이야기를 할 수밖에 없잖아요. 저는 그때 와이어 있는 브래지어가 답답하다고 자각하기 시작하는 시기였다는 말이에요. 그런데 '브래지어 안 찰 때도 있다', '노브라가 신경 쓰이면 편한 노 와이어 브래지어가 있다'는 말들이 나왔고, 괜찮겠다 싶어서 바로 와이어를 벗었어요. 정말 편한 거예요. 저는 주변 시선보다 내가 편한 게 훨씬 더 중요하다고 여기기 때문에, 사람들이 뭐라 하든 '내가 편하다는 데 어쩔 거야' 하는 마음으로 노브라를 겨울에 한 번씩 해봤거든요. 그런데 정말 자유롭게 느껴져서 브라를 하는 날보다 안 하는 날이 많아졌어요.

맞다. 우리가 농구할 때 그런 얘기를 했네요. ○○가 자기 브라 안 하는데 농구할 때 출렁거려서 당기고 아프지 않냐 물어봐서 노브라 얘기를 한 기억이 나요.

저는 충격을 받아서 진짜 브라 안 하냐고 물었어요. 그래서 티가 안 난다는 걸 알았죠. 안 하면 툭 하고 티 나는 줄, 큰일나는 줄 알았는데, 안 하는 사람이 몇 명 있는 거예요. 노브라를 하면서 좀 억울한 거 있죠. 남자들은 가슴 큰 사람도 맨날 노브라로 다니거든요. 어떤 남자들은 저보다 크다니까요. '나는 심지어 함몰이라 보이지도 않는데 그 불편한 걸 매일 했다니' 하는 생각이 들었죠. 불펨 단톡방에서도 살찐 남성과 여성이 있으면 살찐 남성도 가슴이 튀어나오고 여성도 튀어나오는데 왜 여성만 감춰야 하나, 왜 여성의 몸은 성적으로 보일 수밖에 없고 감춰야 하는 신체 기관인가 하는 얘기가 많이 나와서 조금 더 영향을 받았어요.

일할 때 노브라는 괜찮았어요?

처음에 노브라를 한 때는 고의가 아니라 실수로 브라를 안 가져간 거예요. 일단은 유니폼을 입고 어떡하지 걱정했는데 하루 종일 아무도 모르는 거였어요. 왜 그러지 하면서 그다음 날도 안 입고 가보니까 또 아무도 모르길래 안 입어도 되나 보다 했고, 그다음부터는 유니폼 입을 때 노브라로 다녔어요. 유니폼이 검정색이라 애초에 잘 보이지 않아서 가능했죠.

찌찌 해방 여행에 참가하게 된 동기가 있어요?

불펨 모임에도 나가고 단톡방에 들어오고 하면서 몇 달 지난 무렵이고, 다른 분들하고도 좀 친해진 상태였어요. 노브라 생활도 많이 시도하던 때였고. 찌찌해방운동도 할 겸 바닷가 가서 놀자고 해서 재미있겠다 싶고 한번 가서 놀아보자는 가벼운 마음으로, 친한 사람들이랑 놀러간다는 느낌으로 갔어요.

가슴해방운동은 어떤 기억으로 남아 있나요?

우리밖에 없는 바다였고, 그런 생각이 드는 거예요. 지금 안 해보면 평생 못 하겠다는 생각이 딱 들면서 갑자기 너무 벗고 싶은 거예요. 한 번이라도 남자애들이 웃통 까는 것처럼 나도 해보자 싶어서 벗었는데, 그런 상태로 본 바다 모습이랑 엄청난 해방감이 잊히지가 않아요. 세상 살면서 답답할 때면 가끔씩 그때 기억이 나더라고요. 되게 재미있었어요.

여행 갈 때 가서 상의 탈의 할 생각을 했어요?

솔직히 안 했어요. 사실 노브라로 가서 아주 조금은 한번 해보고 싶기는 했는데, 바닷가에서 어떻게 하냐는 생각을 하고 있었어요. 그런데 가서 다른 사람들이 상의 탈의 하고 촬영하는 모습을 보니까 갑자기 어디선가 솟아오르는 용기, 어디선가 솟아오르는 하고 싶은 그 마음, 그래서 딱 벗었죠.

저는 혜경 님 벗는 모습 보고 벗었어요. 저도 벗을 생각을 하고 갔어요. 월경 페스티벌 때 기획단이었는데, 저 빼고 다 벗었거든요. 그날 사진을 찍었는데, 저는 죽어도 못하겠는 거예요. 찌찌 해방 단체 사진을 찍는 데 정말 멋있더라고요. 그래서 이번에는 못했지만 다음에는 꼭 해야겠다 생각했는데, 페이스북 앞에서 가슴 깐다고 시간 되면 오라고 연락이 왔어요. 내년에나 할 줄 알았는데 아직 마음의 준비가 안 됐고, 그래서 못했고, 미안한 마음에다가 부채감도 좀 있었어요. 좌절을 많이 했죠. 그러다가 가슴해방 출렁출렁 여행을 간다는 거예요. 노는팀과 촬영팀으로 나눴는데, 저는 노는팀이어서 나름 준비를 해서 갔어요. 티셔츠 안에 스포츠 브라 같은 건데 뽕 없이 면으로 된 걸 입고 가서, 티셔츠는 벗고 돌아다녔잖아요. 그 스포츠 브라를 못 벗겠는 거예요. 사람들은 막 벗는데, 저는 못 벗겠고. 어떻게 해야 할지 모르겠더라고요. 저는 그 탑만 입고 있는 데도 해방감을 느꼈어요. 그런데 갑자기 혜경 님이 벗은 거예요. 혜경 님이 벗은 걸 보니까……

주변에서 벗는 걸 보고, '아, 나도 벗을래요' 하면서 벗고.

맞아요. 우리 다 그렇게 벗었어요. 먼저 벗는 사람도 있고, 촬영팀 아니어도 ○○은 먼저 벗고. 한번 벗으니까 입고 싶지 않더라고요. 맞아요. 한번 벗으니까 다시 입어야 한다는 게 싫더라고요. 언제 또 벗을 수 있을까 하는 생각이 들고. 정말 재미있게 놀았어요. 믿을 수 있는 사람들끼리 안전하다고 생각하는 공간에서 벗었으니까. 위험 요소가 없으니까, 온전히 해방감을 느낄 수 있잖아요.

뭐가 재미있었어요?
버스 안에서 팀별로 구호 외쳐서 문제 맞히는 게임을 했잖아요. 팀 이름이 '보지'하고 '찌찌'고. 평소에는 말하기 민망한 단어들을 팀 이름으로 정하는 분위기가 돼서 외칠 때마다 꺄르르 웃으면서 놀았어요. 게임 내용은 기억이 안 나는데, 그게 기억나요. 하하하.

저는 게임 내용은 기억나는데 그건 기억이 안 나요. 하하하. 같은 공간, 같은 시간대에 있어도 정말 사람 기억이 다 달라요. 여성 영화 초성으로 맞추기 했잖아요. 버스 타서 버스 내릴 때까지 하루 종일 엄청 웃었어요. 생각하면 별거 없는데 계속 웃었어요. 넷플릭스 얘기도 기억나고, 오고가는 내내 이런저런 얘기 많이 했어요. 시간은 짧은데, 알찼죠.
여여 님 무지개 깃발 두르고 뛰어다니고, 어린 시절로 돌아가서 티 없이 논 것 같아요. 솔직히 언제 여자들끼리 가서 그렇게 놀아보겠어요. 그렇게 안전한 공간에서 탈의를 하고 놀 수 있는 기회가 평생에 몇 번 없을 텐데, 그걸 한 게 정말 즐거운 기억으로 남았어요.

그 경험이 준 변화는 무엇일까요?

사람들이 처음에만 좀 부끄러워하다가 곧 익숙해져서 벗든 말든 뛰어놀고 난리 났잖아요. 그 기억 때문인지 두려움이 없어졌다고 해야 하나? 노브라로 다니면 허리가 약간 굽고 팔짱을 끼거나 겉옷을 입었는데, 그런 해방감을 알게 되니까 브라를 더 못 차게 된 거예요. 그전에는 열 번에 다섯 번은 차고 다섯 번은 안 차는 식이었으면, 그 뒤에는 열 번에 아홉 번은 안 차고, 그리고 좀더 당당해졌어요. 우리 그날 여행 끝나고 카톡으로 사진도 보내주고 했잖아요. 사진들 보면서 우리가 이렇게 다양한 신체를 갖고 있고 이게 다 틀린 게 아니라는 걸 느꼈고, 우리의 다양한 몸을 자연스럽게 받아들이게 됐고, 내 몸을 좀더 긍정적으로 생각하게 된 변화가 있었어요.

알몸으로 사진 찍는 것도 처음이고 찍힌 것도 처음이어서 사실 갤러리에 있는 사진을 볼 때마다 민망했어요. 점차 '이런 것도 괜찮구나. 딱히 성적으로 보이지 않는구나' 하는 생각이 들고, 낯설기는 한데 참 재미있다는 생각이 많이 들었죠.

몸을 긍정적으로 본다는 건 어떤 의미인가요?

고등학생 때 160센티미터에 58킬로그램이었는데, 저는 제가 뚱뚱하다고 느꼈고, 뱃살, 옆구리, 허벅지를 보면서 너무 불만이 많았다는 말이에요. 가슴도 조금 처진 모양에 함몰이고, 자신감이 없다고 해야 하나, 항상 몸을 숨겼어요. 항상 큰 옷을 입었고. 제 몸을 보여주고 싶지 않았다는 말이에요. 항상 다른 사람이랑 내 몸을 비교했는데, 요즘에는 페미니즘 관련 운동을 하고 나서 이야기도 많이 나누고 책도 읽고 그러다 보니까 거울을 봐도 **내 몸이 싫지가 않은 거예요.** '그럴 수도 있지, 이 정도면 괜찮지 뭐' 하면서 긍정적으로 받아들이게 돼요. 감추지 않게 되는 게 가장 크죠. 옛날에는 '내 몸은 왜 이럴까', '조금만 더 예쁘면 좋을 텐데', '나는 턱이 왜 이렇게 나왔지? 수술하고 싶다'고 생각했다면, 지금은 '**내 몸이 이렇게 나왔는데 어쩔 거야**' 하면서 당당해진 느낌이 들어요. 지금 모습이 더 좋죠.

단체 사진 찍을 때 괜찮았어요?

네, 괜찮았어요. 어차피 스티커로 얼굴 가릴 거고 내 신상을 알 사람은 없을 거고, 그럼 상관없다는 마음이었어요. 아마 얼굴을 공개해야 한다고 했으면 안 된다고 했을 거예요. 페이스북에 친구들이나 가족들이랑 다 친구가 돼 있다는 말이에요. 아직 거기까지는 공개할 수 없어요.

우리 여행 다녀온 기사는 리트윗했죠? 그럼 주변에서 알았어요?

아주 친한 친구 세 명한테 말했어요. 그 친구들도 페미니스트에 가깝고 믿을 수 있었으니까. 다른 애들한테는 못했죠. 그런 게 있잖아요, 좀 어색해진다거나. 사실 처음 페미니즘을 공부한 때는 겁이 없었는데, 동생들이랑 얘기하다가 부모님이 너무 그렇게 급진적으로 하면 동생들이 힘들어한다고, 동생들은 너랑 얘기하고 싶어하지 않으니까 적당히 하라고, 그냥 안 하면 좋겠다는 식으로 얘기하시더라고요. '아, 이걸 숨겨야 되는구나. 그럼 이해해줄 수 있는 애들한테만 말하자' 싶어서 몇몇 친구한테만 말하게 됐어요. 친한 친구들한테 저 사진 중에 하나가 저라고 말했더니 진짜 용기 있다면서 정말 재미있었겠다고 하더라고요.

저도 몇몇 친구들한테만 제가 가슴 해방 여행 다녀왔다고 말했어요. 친구들이 제가 불펨인 거 아니까 불펨 기사 보고 '이런 거 했네' 하면 '어, 나도 다녀왔어' 하지만, 굳이 상의 탈의 한 얘기는 안 했거든요. '저 사진에 내가 있어'라고 말하지 않았는데, 너무 급진적으로 보일까 좀 두려워한 것 같아요. 우리 여행 다녀오고 나서 기사 나갔는데, 댓글 보셨어요?

안 봤어요. 왜냐하면 단톡방에 올라오잖아요. 반응은 이렇고 욕은 저렇고 하는 얘기를 미리 들어보면 분명 제가 가만있지 않고 나대겠다 싶어서 차마 볼 용기는 안 나더라고요. 거기에 댓글 달고 싸우면 현실 친구들도 보겠지, 가족들이랑 또 싸워야 할 테고, 그럼 지치겠지, 그러느니 차라리 보지 말자, 조용히 마음속으로 응원하자, 그랬죠. 부모님이랑 마찰이 크던 시기여서 더는 알고 싶지 않았어요.

고소하고 이런 걸 부모님은 알고 계셨어요?

처음 고소할 때는 부모님이랑 같이 살았고, 그다음 고소할 때는 따로 살았는데, 아마 우편이 집으로 와서 알고는 계실 거예요. 부모님은 '네가 너무 유난스럽다. 차별이 어디 있냐. 여자가 군대 안 가는데 차별이 당연하다'는 식으로 생각하는 분들이에요. 아버지는 여자애면 여자애답게 있으라고 말하는 분이고, 여동생들도 꾸미는 거 좋아하고. 가족들이랑 마찰을 일으키고 싶지 않으니까 그런 말은 안 하게 됐죠. 여행도 가족들에게 말 안 했죠. 어차피 당일치기라서 아무도 몰라요.

페미니즘 운동을 이해하고 응원해주는 부모는 엄청 소수 같아요. 부모님 세대쯤 되면 생각을 바꾸기가 더 어렵대요. 그러다 보니 연을 끊을 게 아니면 조용히 있자 하는 편이죠. 모르는 사람들 의견은 두렵지 않은데, 내 안쪽에 와 있는 사람들, 내 사람들에게 그런 소리를 들으면 더는 못하겠다 싶어지는, 그런 건 좀 두려워요.

주변 반응이 혜경 님에게 미치는 영향은 어떤가요?
부정적 반응을 접하면 좀더 두려워지죠. '내가 틀린 건가?'라는 생각을 많이 했고요. 지금은 그나마 꽤 무던해져서 괜찮은데, 처음 시작할 때라면 저는 도망갔을 수도 있겠다는 생각을 많이 했거든요. 온라인상에서 자기가 내뱉는 말에 사람들이 좀더 둔해지고 좀더 공격적이잖아요. 그런데 그 모든 날카로운 화살과 시선이 와서 꽂히고 공격을 받는 사람한테는 전혀 그렇지 않다는 말이에요. 지금은 에스엔에스도 인스타그램도 잠금으로 해놨어요. 요즘은 악플이 별로 없어서 괜찮은데, 스무 살, 스물한 살 때 페북에서 그런 댓글을 보면 숨었을 것 같아요. 못하겠다고 겁먹고 숨었을 것 같아요. 내가 아프니까, 내가 틀린 건가 하는 생각을 많이 하게 되니까.

'나도 여자지만 이건 아닌 것 같다'는 댓글도 기억에 남지만, '되게 용기 있다'는 댓글도 간간이 보였거든요. 원래 와이어만 입던 친구가 노브라로 다녀도 된다고 생각하게 됐다는 얘기를 해서 완전

헛짓은 아니었구나, 다행이다 하는 마음이 들기도 했어요. 솔직히 저는 주변 사람들 얘기에 많이 흔들리는 타입이라는 말이에요. 그렇기 때문에 긍정적으로 반응하는 친구들, 주변 사람들 이야기들 들으면서 생각하게 돼요. '내가 틀리지 않았구나. 운동의 효과가 조금이라도 나기는 하는구나.' 그런 댓글이, 그런 반응이 있어서 지금까지 페미니즘 운동을 계속했죠. 주변에 페미니즘에 관심이 있는 사람이 많았고, 불펨에 들어와 활동하면서 기초부터 차근차근 배울 수 있었고, 좋은 사람도 만날 수 있어서 운이 좋았다고 생각해요.

힘들 때가 많았는데도 워리어로 활동했는데, 애초에 주변 사람들이 저를 지지한 때문이었어요. 불펨 액션단에 합류하면서 단톡방에 들어가고, 같이 모임 나가고, 이야기도 나누면서 긍정적인 에너지를 많이 받았어요. 그러다 보니까 나는 틀린 게 아니라는 확신이 생긴 거죠. 친구들이나 불펨 액션단이 없었다면 그러지 못했겠죠. '아이씨, 똥 밟았다' 하면서 지나갔을 텐데, 주변에서 많이 받쳐주니까, 이런 일 때문에 이런 말을 했다고 하면 굉장하다고, 잘했다고 해주는 사람이 있으니까 할 수 있었죠.

혜경에게 찌찌 해방이란?
보정 속옷을 버리게 해준 작은 용기, 내 둘째 선택지. '브라는 무조건 해야 한다'는 첫째 선택지 밖에 없었잖아요. 불편하고 답답해도 입어야 하는 필수 속옷이었는데, 둘째 선택지가 생긴 거죠.

다른 여성들에게는 가슴해방운동이 어떤 의미였으면 좋겠어요?

저랑 같지는 않아도 비슷한 걸 느끼면 좋겠어요. 만약 불편하다면 좀더 편해져도 된다는 걸 느끼면 좋겠어요. 더 당당해져도 된다, 더 목소리 커도 된다, 더 나대도 된다, 그런 걸 알아주면 좋겠어요.

한국에서 가슴해방운동이란 뭘까요?

암탉이 우는 소리가 널리 퍼졌다. 누군가에는 망국의 징조인데, 누군가에게는 '어! 나도 울 수 있구나' 하고 알게 하는 소리이고, 내가 이 나라를, 가부장제를 한번 제대로 망쳐보겠다고 알리는 신호를 보낸 거죠.

망국 얘기가 나오니까 떠올랐는데, 페이스북 코리아 기자 회견 하고 불펨 사형 청원 올라온 거 기억나요? 왜 그러는 걸까요?

봤어요, 사형해주세요. 무슨 죄로요? 부들부들. '감히 여자가 어디 조신하지 못하게 가슴을 드러내고 감히 남자랑 똑같이 당당해지려고 괘씸하게' 하는 속마음을 그렇게 표현한 거 같아요. 자기 안의 여자들은 집에서 조신하고 얌전하게 남자를 받쳐주고, 마음에 안 드는 게 있어도 '그러면 안 돼요. 이건 나쁜 짓이에요'라고 조근조근 말해야 하는데, 자기들의 성을, 자존심이라는 성을 공격하려 드니까 대통령한테 '저년들을 죽여야 합니다' 하면서 난리가 난 거죠. 보면서 깜짝 놀랐잖아요. '아유, 찌질해라. 이렇게 사람이 찌찔해지는구나.' 하하하.

상의 탈의 퍼포먼스 참여자들을 공연 음란죄로 처벌하라는 청원을 보면 수치스러워서 대한민국에서 살 수가 없대요. 아니 여자가 가슴을 깠다고 대한민국에서 살 수가 없어?

너무 무서운가 봐. 내 찌찌랑 눈이 마주치는 게 무서운가 봐요. **내 찌찌가 알고보니 메두사인 거죠.** 눈 마주치면 죽는 거예요, 하하하.

그나마 공연 음란죄로 처벌해야 한다고 청원 올리는 사람은 법을 잘 몰라서 그런다고 할 수 있거든요. 경찰도 연행하려 했으니까. 그런데 사형은 무지함을 넘어서잖아요. 뭐가 그렇게 화나는지 이해가 안 되는 거예요.

걔네는 여자들이 목소리를 내는 게 불만인 거죠. 호주제 반대하던 그분들처럼 '어디 여자가 목소리를 내나! 어디 암탉이, 어디 여자가. 나라 망하려고' 그런 거죠.

가부장제가 만든 여성상에서 벗어나는 여성들을 향한 혐오와 공격이 끝이 없어요. 2019년에 두 여성 연예인을 안타깝게 보냈잖아요. 좌절감을 많이 느꼈어요. 어릴 때부터 알던 연예인이고, 같은 여성이고. 그분들이 욕을 먹다는 건 알고 있었지만 연예인은 욕먹는 직업이니까 어쩔 수 없다고 생각했어요. 그런 분이 죽음을 택해버리니까 뒤통수를 맞은 기분이었어요. '이렇게 힘들었구나. 힘들다고 말했을 텐데 듣지 않았구나.' 그 죽음 이후에 달리는 댓글들 보셨어요? 물론 추모 글이 많았지만, '뭐 이런 걸로 죽냐. 멘탈이 약하다'는 글도 있었고, 안 좋은 얘기도 있었다는 말이에요. 그런 글 볼 때마다 '죽어서도 끝내지를 못하는구나. 다른 여성 연예인들은 얼마나 힘들까, 동료를 이렇게 잃었는데' 하는 생각이 많이 들었죠.

그리고 그 죽음을 보고 '더는 잃을 수 없다. 같이 연대하고 싶다. 내가 할 수 있는 건 뭐가 있나' 같은 생각을 하고 있는데, 그다음에 또 한 분을 잃으니까, 그때는 정말 좌절감이 컸어요. '왜 그분들이 떠나야 하나. 잘못한 사람들은 따로 있는데' 하는 생각이 들었고, 많이 슬펐고, 괴로웠죠. 그 뒤부터 여자 연예인들을 향한 욕이 올라오거나 하면 '언니, 저 언니 완전 좋아해요'라고 댓글을 남기고 '좋아요'를 누르게 됐어요. 저한테 작은 스위치가 켜진 거죠.

저도 그래요. 지금도 댓글은 못 쓰더라도, 여성 혐오 댓글에 '싫어요'는 귀찮아도 눌러요. 그 죽음 뒤에는 더는 잃고 싶지 않다는 간절함인 거죠.

욕설 댓글에 '싫어요'를 누르고, 반박하는 댓글에 무조건 '좋아요'를 누르고, '어딘가에서 응원하고 있어요. 혼자라도 지치지 말아요'라고 말없이 표현하는 거죠. 사람들은 죽어가고, 말도 안 되는 판결은 계속 나오고, 그러니까 사람들이 좀더 악에 받치는 거죠.

그러니까요. 여성들은 분노와 좌절감이 쌓이는데, 미투 운동이 시작되고 백래시가 점점 늘어나거든요. 2018년에는 가슴 해방 사진에 댓글이 1만 개 달리다가 2019년에는 10만 개가 달리는데, 이런 현상은 어떻게 보세요?

2018년보다 2019년이 더 빠르게 인터넷으로 확산되는 탓도 있었고, 2018년보다 지금 사람들이 더 위기를 느낀 거죠. '얘네들이 점점 시끄러워진다'거나 '얘네들을 눌러놔야 된다'고 생각하는 사람들이 많아졌어요. 그래서 점점 거세지리라고 보는데, 그런데 거세져 봤자 의미가 있을까요.

예전부터 세상이 바뀔 때 변화에 맞선 반발이 커지다가 확 사라지는 경향이 보였고, 우리는 그 과도기에 서 있다고 생각해요. 그래서 공격력(백래시)이 점점 올라가다가 어느 순간 우리 같은 깨어 있는 사람이 늘어날 거예요. 댓글 달면서 욕하는 사람이 많아지는 만큼 생각하는 사람이 늘어날 거라는 말이에요. 그런 사람이 계속 늘어나면, '여혐 댓글 다는 사람이 이상한 사람이다'라거나 '쟤네는 너무 생각이 옛날 사람이다'라는 식으로 되면서 우리가 과반수를 차지하는 반전이 일어날 거라고 생각해요. 인터넷 댓글이 아니더라도 뉴스 보면 이게 언제 적 얘기인가 싶을 정도로 말도 안 되는 판결이 많이 나오잖아요. 손정우도 그렇고. 저는 그런 게 백래시라고 생각하거든요. 그걸 보면서 이렇게 생각하고 있어요. **'니네가 그렇게 해봤자 사람들은 점점 더 심각성을 알게 될 텐데. 그렇게 하면 안 된다는 것을, 내가 처음 페미니즘을 맛본 때처럼 깨닫는 사람들이 많아질 텐데. 니네가 그렇게 발버둥을 쳐봐라. 옛날로 돌아가나.'**

요즘에 가슴 해방이랑 연관성은 명확하게 모르겠지만 브라를 안 해도 가슴 쪽에 덧대어 편하게 입을 수 있는 티셔츠나 안 입은 듯 편한 노와이어 브라렛 같은 상품이 많이 나오잖아요. 느리기는 하지만 조금씩 변하는 느낌이에요. 와이어 브라, 이제 장사 잘 안 돼요.

저도 얼마 전에 휴게실에서 전혀 모르는 여성들이 하는 말을 들었는데, 니플 패치 얘기더라고요. 브라는 하고 싶지 않은데 유두가 신경 쓰이는 거죠. 서로 니플 패치 주고 어디가 좋은지 정보를 주고받는데, 그런 모습이 변화라고 생각했어요.

옛날에는 여성은 무조건 코르셋을 조이고 자기 몸을 억압하는 분위기였는데, 지금은 좀더 편안함을 추구하고 자기 몸을 더 긍정적으로 보는 사람이 많아진 느낌이에요. 이런 게 변화라고 생각해요.

혜경 님에게 페미니스트 되기는 뭐예요?

아직도 제 안에 혐오가 많이 남아 있다고 느끼거든요. 언제나 내 안의 여성 혐오를 검열하고 없애려 노력하는 과정, 또는 내 주변 사람들에게도 있을 혐오에 맞서 싸우기 위해 공부하는 과정 같아요. 예전에 그 문구 있잖아요. '내 인생을 망치러 온 인생의 구원자'라는. 저한테는 페미니즘이 그래요. 모르던 시절로 돌아갈 수는 없죠. 돌아갈 수는 없어요. 멈출 수는 있어도, 돌아갈 수는 없어요.

초기에는 여성 인권 운동을 하니까 가볍게 '나는 페미니스트다'고 여겼는데, 배우고 말하는 양이 점점 늘면서 '아, 내가 아직 페미니스트가 아닐 수도 있겠다'는 생각이 들었어요. 그나마 혐오에 맞서 싸울 때, '내가 왜 이 짓을 하고 있지?' 하고 생각할 때, '내가 페미니스트가 되려는 발걸음이겠구나, 발버둥이겠구나' 여기게 돼요. 지금도 많이 부족하지만 페미니스트에 가까워졌다고 느껴요.

가슴해방운동에서 묵묵히 따라가기, 엄청 나대기, 소리지르고 따라가기가 제 할 일이라고 생각해요. 계획하는 타입도 안 되고 앞장서서 끌고 나가는 성격도 아닌데, 이 길이 옳다고 생각하면 쫄쫄

쫄 잘 따라다니거든요. 저 같은 사람이 몇 명 있고, 그럼 또 그 사람을 쫓아다니는 사람이 몇 명 있다는 말이에요. 그런 사람들 덕분에 끌고 가는 사람들도 안심할 수 있으니까, **같이하는 사람들이랑 모두 끝까지 걸어갈 수 있게 함께 걸어가기**, 그게 페미니스트가 되는 과정 같아요. 혼자서 열 걸음보다 다 같이 한 걸음 가는 게 낫다는 말에 아주 공감하기 때문에, 잘하고 있는지는 모르겠지만 열심히 쫓아가고 있습니다. **지친 사람 있으면 쉬었다 가도 되고, 먼저 가고 있는 선배님들 발자취 쫓아서 같이 가자고 하면서 따라가는 느낌으로**, 저는 선두와 끝의 중간쯤에 위치하고 있어요.

페미니스트의 여정에서 후회될 때는 없어요?

가끔 후회되는데, 남자로 태어나고 빨간 약●을 안 먹었으면 어땠을까 생각해봐요. 자기가 무슨 말을 하는지도 모르고 똑같이 혐오를 쏟아내고 있겠죠. 그런 생각을 하면 정신이 딱 들죠. '빨간 약 먹기를 잘했다. 안 먹었으면 저렇게 살겠구나.' 힘들어도 그렇게 살고 싶지는 않아요.

페미니즘 리부트 이후에 제 인식, 초점이 달라졌거든요. 예전에는 눈에 보이는 차별이나 편견에만 초점을 맞췄다면, 이제 좀더 세부적인 성적 대상화나 언어 속 여성 혐오라든가, 장애인 혐오, 성소수자 혐오까지 세세해지고 넓어졌어요. 불펨 모임에서 이런 얘기

● '빨간 약'은 영화 〈매트릭스〉에서 유래한다. '페미위키'에 따르면 빨간 약은 '여성 혐오의 존재를 인정한 시점 또는 그 계기를 뜻한다.

들이 나오잖아요. 엘지비티인 사람도 있고, 그 사람들이 겪는 문제가 제 일상에 들어온 거죠. 그런 문제가 그 사람들만의 문제가 아니라 내 문제가 돼서 함께 어떻게 풀어야 할지 생각하게 되고, 그러다 보니 자연스럽게 더 많이 고민하게 돼요.

페미니즘 리부트 이후에 페미니즘의 여러 갈래가 생기잖아요. 불꽃페미액션이 '꾄'이라고 엄청 욕먹는다는 말은 들었는데, 그 이유는 사실 이해를 잘 못하겠어요. 그냥 '왜지?' 이런 느낌. 아무래도 제가 속한 단체가 욕을 먹으면 기분이 안 좋죠. 그런데 서로 생각이 다른 건 어쩌면 당연하니까, 서로 부딪히면서 점점 새로운 뭔가가 생기지 않을까 하는 생각도 들어요. 처음부터 페미니즘도 파가 많았잖아요. 그러면서 점점 발전하고 인식이 확장됐으니까, 지금도 과도기라서 한 단계 발전하느라 서로 갈등할 테니까, 거기에서 또 배울 게 있겠구나 생각해요.

혜경은 농구 모임에서 처음 만났다. 농구 모임이 아니라도 종종 연락해서 따로 만났다. 수영이랑 함께 공원에 피크닉도 가고, 수영네 집에서 음식을 만들어 먹기도 하고, 시간 맞으면 집회도 같이 갔다. 어떻게 이런 만남이 시작된 건지 모르게 어느새 나랑 혜경은 친해졌다. 친구 따라 강남 간다는 말이 있듯이 우리는 함께 강릉 바다에 갔고, 나는 상의 탈의를 하고 싶지만 망설였다. 그러던 내가 '아, 나도 벗을래'라고 생각하게 만든 사람이 혜경이었다. 혜경이 상의를 벗은 모습을 보다가 나도 그걸 따라하고 싶어졌다. 이미 상의 탈의를 한 사람이 많이 있었지만, 걱정 많고 의외로 꽤 소심한 나는 그 한 겹을 벗기가 그렇게 어려웠다. 혜경이 윗옷을 벗고 앉아 바다를 바라보는 모습을 본 순간 숱한 걱정이 사라졌다. 나는 종종 생각한다. '혜경이 벗지 않았다면 나도 벗을 수 있었을까?' 어떤 사람 덕분에 내가 하지 못할 것 같은 일에 도전하는 용기가 생기는 좀 특별한 순간, 서로 용기가 되는 시간을 경험할 수 있었다. 혜경과 나는 바다를 배경으로 무지개 깃발을 펼쳐 들고 즐겁게 활짝 웃으며 사진을 찍었다. 사진을 찍을 때, 웃으라고 할 필요가 없었다. 우리는 계속 웃고 있었으니까.

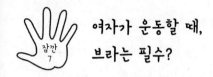

여자가 운동할 때, 브라는 필수?

필록싱이라는 운동을 시작했다. 필라테스, 복싱, 댄스를 뒤섞어 활동량이 많다. 통통한 체격에 근육질인 강사가 발성도 좋아서 밤 9시에 하지만 강좌를 들었다. 복싱 자세를 할 때는 쾌감도 있었다. 한 달쯤 지난 어느 날 수업을 시작하기 전에 강사가 말했다. "여자분들은 꼭 브라를 착용하셔야 해요. 필록싱이 활동량이 많아서 브라를 착용 안 하시면 가슴에 안 좋거든요. 요가나 필라테스 같은 가벼운 운동을 하시더라도 브라는 착용하시는 게 좋아요. 스포츠 브라라도 꼭 하세요." 노브라이던 나는 나 때문에 저런 말을 하는 건가 싶어 강사를 똑바로 쳐다보지 못했다. 몸에 관해서는 나보다 전문가인 사람이 활동량 많을 때 브라를 안 하면 가슴에 안 좋다고 하니 걱정도 됐다.

수업이 끝나고 강사한테 브라를 꼭 해야 하냐고 물었다. 그 강사는 필록싱처럼 많이 뛰는 운동을 할 때 브라를 착용하지 않으면 가슴 인대가 늘어나고 파열될 수도 있다면서 브라를 착용하라고 또다시 권했다. 인대가 어쩌고저쩌고 전문적으로 말하니 겁이 나서 겨우 노브라로 살고 있는데 브라를 착용해야 하나 고민이 됐다.

우연히 산부인과 의사를 만나서 물었다.

"제가 요새 운동을 하는데요, 강사가 브라를 안 하면 인대가 늘어나고 파열된다던데요."

"가슴이 처진다는 얘기예요."

'아, 가슴이 처지는 건 주름이 생기는 거랑 같지.' 괜히 걱정했다 싶었다. 다시, 노브라!

⑧ "내가 원하면 내가 벗을 수 있어야죠"

다양한 가슴의 해방을 꿈꾸는 채은 이야기

먼저 가슴에 관한 기억이나 경험을 듣고 싶어요.

초등학교 3학년인가 4학년 때 발육이 좀 빠른 친구가 있었는데, 저는 조기 입학 해서 덩치도 작고 생일이 늦었거든요. 그때는 약간 놀리는 분위기였어요. 누가 엄마 브라 하고 왔다고 놀리고, 끈으로 장난도 치고. 나중에 제가 브라를 할 때 '내가 왜 그랬을까? 너무 못됐다' 하고 생각했어요.

중학교 교복 입을 때 브라를 했어요. 초등학교 때 성교육 책을 봤는데, 브라를 어떻게 하는지 잘 나와 있었어요. 그때는 가슴이 안 나와서 선망이랄까, 약간 나도 하고 싶다고 생각했어요. 가장 작은 75를 했는데, 가슴이 덜 크고 덩치가 작으니까 통도 안 맞고 컵도 안 맞아서 끼워 맞췄죠. 브라를 선망했으니까 불편하다기보다는 빨리 착용하고 싶었어요. 학교를 한 해 빨리 들어가서 친구들이랑 덩치 차이가 컸어요. 그런 점이 계속 콤플렉스여서 빨리 커서 애들이랑 비슷해지고 싶었어요. 생리도 다른 애들은 다 하는데 나는 왜 안 하지 그러면서 조바심 내고 그랬어요. 브라가 불편하다는 생각은 그때는 아니고 좀 지나서 했죠.

교복 입을 때는 유두가 비치니까 왠지 숨겨야 될 것 같아서 한

겹 더 입었어요. 하복이나 셔츠는 라인이 다 드러나잖아요. 끈 나시를 입으면 끈이 여러 개 보이니까 두꺼운 옷을 입었는데, 그럴 때 불편하다는 그런 정도였어요. 아토피 때문에 닿는 부분이 엄청 간지러워서 브라 끈 주위를 많이 긁었어요. 유두에도 습진이 있었는데, 엄마 몰래 한참 앓다가 나중에 말했어요. 그런데도 브래지어 안 할 생각은 전혀, 엄마도 못 하고 저도 못 했어요. 안 불편해하는 스타일이어서 쫄리거나 그러지 않으니까 되게 오래, 거의 하루 종일 하고 있었죠.

후크 달린 브라를 정확히 언제 입었는지 모르겠지만, 엄마랑 같이 어린이들이 입는 걸 산 기억이 나요. 어린이용은 토끼가 그려져 있는 반면에 후크 달린 브라는 모양이 되게 달라서 어른들이 입는 브래지어랑 비슷하잖아요. 중학교에 입학할 때라 친구들 시선을 많이 신경쓰기 시작했거든요.

그 시선이라는 게 친구들이 내 가슴을 보는 걸 말하는 건가요?
특정한 또래 그룹에 소속된다는 정상성에 관한 거죠. 친구들은 후크 달린 브라를 하는데 저는 어린이용을 하는 게 너무 싫었어요. 고등학생 때는 한동안 외모 콤플렉스가 분기별로 찾아왔어요. 언제는 여기가 마음에 안 들고, 언제는 저기가 마음에 안 들고. 가슴이 너무 없다고 생각해서 어른 되면 가슴 수술할 거라는 얘기를 되게 많이 하고, 일기에도 썼어요. 교복 입으면 가슴이 있어야 하는데 없어서 태가 안 난다고요. 그래서 약간 뽕이 있거나 두꺼운 거로 가슴을, 숨기는 건 아니고 가슴 있는 척을 했죠.

저도 가슴이 작아서 콤플렉스였는데, 여중 다닐 때 친구가 이거 뽕 아니냐고 손가락으로 눌러서 쑥 들어간 기억이 있어요. 너무 당황스러운 거예요. 그런데 저는 수술은 아니고 도움은 좀 받아야겠다는 생각은 했죠.

어릴 때 누가 만져주면 가슴이 커진다는 속설을 들은 적 있는데, 완전 연애 중심적인 말이죠. 남자한테 성기 더 키우고 싶으면 누가 만져줘야 한다는 말 안 하는데, 여성은 도움을 받는 위치에 있는 느낌도 나고. 외갓집이랑 엄마는 가슴이 큰 글래머 체형인데, 고모들은 다 가슴이 없어요. 제가 아빠 쪽을 닮아서 몸통이 얇고 가슴이 하나도 없어요. 왜 나는 엄마 쪽을 닮지 않고 아빠 쪽을 닮았을까 슬퍼한 적도 있었어요. 고등학생 때 성인 되면 가슴 모으는 왕뽕 브라 사서 예쁜 옷 입고 클럽 가자는 로망이 있었어요. 차마 엄마한테 사 달라는 말을 못 하다가, 대학 가서 원가족이랑 분리되고 처음 알바 해서 오티 가기 전에 산 게 뽕 브라였어요.

저도 대학 다닐 때 공기 채운 패드를 넣은 뽕 브라를 하고 다닌 거 기억나요. 지금 생각하니까 왜 했나 싶네요, 하하하. 여름에 두 배로 덥잖아요. 그걸 어떻게 하고 다녔지. 여성에게 가슴이 매력 요소로 부각되다 보니 가슴을 관리하고 가슴에 투자하는 걸 당연히 여겼죠. 불꽃페미액션이 2017년 퀴어 퍼레이드 때 가슴 해방 사진을 찍었는데, 혹시 아시나요?

2017년 퀴어 퍼레이드 때 불펨 깃발 있는 데 가서 같이 누워 있기도 했는데, 가슴 해방 사진 찍는 줄은 몰랐어요. 그날이 저한테 어떤 계기가 되기도 했어요. ○○ 님이 거의 상의 탈의 차림을 하고 왔는데, 처음에 시선을 어디에 둬야 할지 모르겠더라고요. 저도 모르게 자꾸 눈이 갔는데, 계속 같이 앉아 있으니까 자연스럽게 얼굴만 보면서 시선을 내리지 않고 얘기했어요. 여성의 가슴이 드러나면 가슴에 시선이 가기 때문에 가슴 노출을 하면 안 된다는 말은 변명이라는 걸 그때 강렬하게 경험했어요.

그럼 2018년 월경 페스티벌 때는 가슴해방운동을 한다는 걸 알고 온 건가요?

찌찌 해방 하는 줄은 몰랐고, 불펨에 아는 사람이 있으니까 인사하러 갔다가 같이 끼게 된 거죠. "우리 상의 탈의 하고 단체 사진 찍을 건데, 오세요. 찌찌 해방 하러 오세요." 그때 ○○, ○○이 이렇게 엄청 호객하길래 저도 한다고 막상 말은 던졌는데, 생각해보니 못할 것 같다니까 가면을 주겠다고 적극적으로 홍보했어요. 그래도 망설이니까 현아가 그러는 거예요. "여럿이 할 때 해야 해. 지금 아니면 못 해." 이 말에 엄청 혹했어요. 저는 옛날부터 활동하면서 역사가 되거나 어딘가 기록에 남으려면 할 수 있는 건 다 해보자는 주의여서 안 빼는 스타일이거든요. 그리고 고민할 시간이 별로 없었어요. 이미 누군가 옷을 벗고 있었고, '지금 아니면……아, 그래, 해버려'라는 생각이 들어서 했죠. 그래서 가면을 쓰고 있어요.

할 때 어땠어요?

제가 그날 위부터 아래까지 단추를 다 채우는 셔츠 원피스를 입고 있었는데, 티셔츠가 아니니까 벗으려면 다 벗어야 되는 거예요. '아, 너무 옷을 잘못 입고 왔다'고 생각한 게 떠올라요. 그리고 누가 상의 탈의를 하고 몸에 뭔가 쓰고 있는 거예요. 저도 써달라고 해서 ○○가 붉은색 립스틱으로 썼어요. 사진 타임이 엄청 짧았고, 박수도 받았어요.

그전에는 가면을 써본 적이 없었거든요. 가면을 쓰니까 나를 가리는 게 있다는 것만으로도 좀더 용기가 났어요. 눈 구멍으로 보니까 저 사람이 내가 아니라 다른 사람을 보는 것 같고, 앞에 아는 사람들이 있고, 친구들도 막 구경하고 그래서 훨씬 안심이 됐죠. 남 앞에서 옷을 벗는다는 건 정말 인간이기를 포기하는 측면이 있다고 생각하거든요. 친구들이랑 목욕탕 가도 따로 저 멀리 있는 사물함을 쓰고 그랬는데, 그때는 사람들이 뒤에 있어서 든든했죠. 사람들 한복판에서 상의 탈의 하고 사진 찍은 장면이 생생하게 기억나요. 그 공간은 페미니스트들이 대부분이었고, 밖에서 지나가는 사람들은 이런 재미있는 장면을 못 봐서 아쉬웠어요. 몸의 한 겹을 벗은 느낌, 진짜 해방감이 들었어요.

찌찌 해방 사진 찍고 나서 집에 돌아가는 지하철에서, 나름 페미니스트라는 자각이 있어서 치마 입었다고 '조신하게' 앉아 있지 않으니까 맞은편에 앉은 아주머니 두 분이 팬티 보인다면서 다리 조심하라고 말하는 거예요. 엄청난 괴리감! 방금 시내 한복판에서 상의 탈의도 했는데 다리 안 오므렸다고 치마 간수하라는 말을 듣다니, 너무 충격받았죠.

얼마 전에 저도 비슷한 경험을 했어요. 옆집 아주머니가 제가 빨아 널어둔 면 월경대를 보고 더러운 걸 걸어둔다고 하는 거예요. 아니, 말이 안 맞잖아요. 빨아서 널었는데 뭐가 더러워요. 월경이 더럽다는 거야? 아니 면 월경대를 어떻게 더 깨끗하게 빠냐구요. 피 흔적이야 좀 남는 거지. 처음 이사 와서는 옆집 아저씨라는 사람이 혼자 사는 여자가 팬티를 밖에 널어둔다고 좀 그렇다는 거예요. 자기도 속옷 밖에 널면서. 대꾸도 안 했는데, 아니 내가 내 집 앞에 팬티 걸어두는 게 뭐가 문제예요. 혼자 사는 여자는 자기 집 앞에 팬티도 못 걸어? 생각하니 또 열받네. 흥분했어요. 이 얘기를 엄마한테 하니까, 여자 팬티가 밖에 널려 있으면 좀 그렇지 않냐, 나도 예전에 면 월경대 쓸 때는 표백제 넣고 삶아서 깨끗하게 빨아 널었는데 너는 대충 빨지 않냐, 너랑 생각이 다를 수도 있지 않냐, 이러면서 옆집 사람들을 옹호하는 거예요. 아니, 저는 각자 인식이 다르니까 그렇게 생각할 수 있다고 봐요. 그런데 그걸 밖으로 말하는 건 다르죠. 속으로 생각하라고! 내 팬티이고, 내 면 월경대라고! 왜 이렇게 내 속옷에 관심이 많고 지적질을 하냐고요. 너무 화가 나서 그 다음날부터 매일 빨래 건조대에 면 월경대를 널고 있어요. 하하하. 어떻게 다른 사람 속옷이나 몸가짐에 관해 말하는 걸 당연하게 생각하지? 진짜 이해가 안 돼요.

지하철에서 모르는 아주머니가 그렇게 말하니까 다른 사람들이 쳐다보잖아요. 저한테 시선이 몰리니까 당혹스럽고, 얼굴에 열이 확 올랐죠. 그깟 다리 안 오므렸다는 지적을 받고 가슴은 잘 가렸나 봤는데, 하나씩 단추가 어긋나서 중간이 열려 있더라고요.

용기만 있다면 '아, 그래요?' 하면서 다리를 확 벌렸을 텐데. 저도 비슷한 경험이 있거든요. 계단을 올라가는데 뒤에 오던 활동가가 그러는 거예요. "여여, 팬티 보여요." 그 말을 듣는 순간 너무 놀랐어요. 밑에서 위를 쳐다보면 당연히 팬티가 보이죠. 다리를 완전 꽉 오므리거나 치마를 꽉 잡지 않는 한 그럴 수 있잖아요. 팬티 보인다는 말을 듣는 순간 뭔가 잘못한 것 같고. 뒤에 오는 사람이 치마 입은 사람을 안 쳐다보면 되잖아요. 치마 안에 팬티 입는 건 다 알지 않나요? 아니 팬티 보이면 어쩌라고.
왠지 지적처럼 들리지 않아요? 그냥 그 상황을 얘기한 건데도.

그렇죠. 7년 전 일인데, 아직도 그 계단이 생생히 기억나요.
이게 다 몸가짐에 가해지는 압박 때문이에요.

아는 사람이 그런 얘기를 해도 스트레스인데 모르는 사람이 그래서 진짜 당황했겠어요. 참 사람들이 여성들 팬티에 관심이 많네요. 다시 돌아와서, 페이스북 코리아 기자 회견은 어떻게 연락받았어요?
○○ 님에게 들은 듯해요. 월경 페스티벌에서 사진 찍은 멤버들 중에서 올 수 있는 사람은 많이 오면 좋겠다고 아마 따로 연락이 왔어요. 날짜 맞으면 가고 싶은데 참여자가 다 불펨이라서 그래도 되는지 물어봤더니 당연히 와도 된다고 해서 참석했는데, 대부분의 기사에 '불꽃페미액션의 페이스북 코리아 앞 상의 탈의 시위'라는 타이틀이 달리고 단체 행사가 돼버려서 저처럼 불펨이 아닌 사람은 그런 게 좀 섭섭하기도 했어요.

이 가슴 해방 사진이 삭제된 사실을 듣고 어땠어요?

엄청 부당하다고 생각했죠. 페북 프사에 남자들 상의 탈의 사진이 많은데 우리 사진은 여성 나체라서 지운 건 여성 신체가 음란하다는 거잖아요.

　개인적으로는 페이스북에 집중하지 못한 이유가 있었어요. 제가 월경 페스티벌 때 찌찌 해방을 하고 난 뒤에 해방감이 너무 좋아서 집에 가자마자 포털 사이트 다음에 있는 '여성시대'라는 여초 카페에 후기를 썼는데, 그 글이 30여 분 만에 지워졌어요. 처음에는 운영진이 한 건지 다음에서 한 건지 몰랐는데, 나중에 '클린 다음'이라는 곳에서 제가 쓴 게시물이 청소년 보호법 위반이라는 메일이 오더라고요. 인스타그램에서 여성 유두가 나온 사진이 삭제된다는 게 생각나서 젖꼭지에만 이모티콘 붙여서 다시 올렸는데, 바로 다시 지워졌어요. 삭제되기 전까지 반응은 좋았어요. '이런 게 있었냐', '나는 왜 몰랐냐', '이 단체 어디냐', '왠지 눈물이 난다' 같은 댓글들을 캡처해서 ○○에게 '이거 봐. 뿌듯하지 않아' 하면서 보내고 있는데 갑자기 '접근할 수 없는 게시물입니다'라는 메시지가 뜨고, 제 메일로 청소년 보호법과 정보통신법에 따라 삭제됐다는 통보가 왔어요. 청소년 보호법에 또 걸리면 한 달 정지였거든요. 젖꼭지도 가리고 올렸는데 이유를 모르겠는 거예요. 월경 페스티벌 게시물에 같이 올린 가짜 피 묻힌 월경대 사진 때문인가 싶어서 한 달 뒤에는 빨간 물감 생리혈 사진도 뺐고, 젖꼭지도 가렸는데 삭제됐고, 아이디까지 '영구 사용 정지' 됐어요. 초등학교 때부터 쓴 메일이고, 주로 쓰던 메일이라서 여러 사이트의 비밀번호 찾기가 연결돼 있었거든요. 결국 몇 개 사이트는 비밀번호를 못 찾아서 아이디도 포기하고, 너무 불편해서 다음에 정식으로 항의하니까 법무팀에 연락해 소명하라고 해서 소명도 했어요. 페이스북 코리아는 사진도 복원하고 사과도 했잖아요. 집회나 시위를 목적으로 하는 여성의 가슴 사진은 괜찮다는 말이 백 퍼센트 마음에 들지는 않았지만, 여튼 그 문서도 첨부해서 페이스북 코리아도 이 정도로 하는데 저명한 국내 대기업이 이래도 되냐고 항의했더니 페이스북은 외국 기업이고 자기네는 국내 기업이라서 다르대요.

그래서 제가 정확히 뭐에 위반되는 거냐, 뭐가 문제인지 알아야 소명을 제대로 할 수 있으니 알려달라고 했더니, 내부 정책은 알려줄 수 없다, 무엇이 문제인지 알려줄 수 없다는 거예요. 개인적으로 다음이랑 몇 번 이야기를 주고받다가 불펌 사람들한테도 말했는데, 개인 계정에서 생긴 일이라 불펌이 단체 차원에서 대응하기에는 맞지 않는다고 하더라고요.

정말 다음에 실망을 많이 했어요. 네이버 쓰기 싫어서 다음을 쓴 건데, 그래도 아고라도 있고 해서 홈 화면도 다음이고 블로그도 티스토리이고, 나름 열성 이용자라서 너무 배신감이 들었어요. 따지러 가려고 해도 카카오랑 합병하고, 본사는 제주도에 있고, 전화하면 외주라서 어느 부서 일인지도 모르고, 복잡했어요.

페이스북은 외국 기업이고 다음은 한국 기업이라고 얘기하는 게 너무 구리지 않아요? 페이스북도 '페이스북 코리아'잖아요. 어이가 없어서. 원하는 답을 얻지는 못했지만 페이스북 코리아가 백기를 든 셈이니까 승리감에 차 있었고, 다음도 당연히 해줄 줄 알았거든요. 그런데 끝내 영구 제명이 되니까 엄청나게 좌절했죠. 다음이 이렇게 불통이니까 어떻게 할 수 있는 방법이 없는 거예요.

개인이 대기업을 상대하는 일은 정말 어렵네요. 다음이 한 변명도 너무 구차하고요. 아이디가 영구 사용 정지 돼서 진짜 속상하겠어요. 다시 페이스북 코리아 기자 회견으로 돌아와서, 그때 상황이 자세히 기억나세요?

제가 그날 일부러 치마를 입고 기자 회견에 갔어요. 3월에 어떤 행사를 갔는데 모르는 사람이 오더니 온라인에서 하듯이 '성림'[●]이라고 부르는데 기분이 너무 나쁜 거예요. 단순히 머리가 짧고 화장을 안 했다고 해서 처음 보는 사이인데 성림이라고 하다니. 그 사람은 저한테 존경스럽다고, 자기는 아직 이런 걸 포기하지 못하겠다고 하는데, 왜 나한테 이런 말을 하지 하는 생각이 들고 기분이 나빴죠. 탈코르셋이 한창 붐일 때라서 어디 행사를 하거나 진행을 하면 일부러 치마를 입었어요. 페미니스트는 이런 모습을 해야 한다는 전형을 깨고 싶었어요. 그리고 기자들이 이렇게 많다고 생각하지 못했고, 경찰이랑 대치하는 일 자체가 너무 낯설어서 잡혀가면 어떻게 해야 하냐고 물어봤죠. 저는 페이스북 코리아 건물 안에 들어가서 눕는 그림을 예상했는데, 주말에 들어가면 무단 침입이라 건물 앞에서 진행된다는 거예요. 예상이랑 너무 다르고, 이미 경찰도 많고, 기자도 점점 더 몰려오고. 기자 회견을 한 공간이 도로가

● 생물학적 여성을 우선시하는 여성들 사이에서 온라인에서 상대방을 부를 때 쓰는 용어.

아니라 인도라서 생각보다 좁았어요. 경찰이 바로 옆에서 이불을 사 왔는데, 이불을 펼 때 상표도 그대로 달려 있고 곰팡이 방지제가 후드득 떨어지는 거예요. 너무 어이가 없는 게, 내 몸 가리려고 세금으로 이불을 한두 개도 아니고 여러 개 사온 거예요.

사복 경찰도 있었고, 정복 입은 경찰이 공연 음란죄라면서 계속 겁줬어요. '연행하겠습니다. 이리로 오십쇼' 이러는데, 운동권 경험이 있는 분들이 '무슨 이유로 연행하냐. 영장 가지고 왔냐' 그러면서 대응을 잘하더라고요. 저는 잡아간다고 하면 다 잡혀가는 줄 알았어요. 경찰이 연행을 요구해도 방어할 수 있다는 걸 그때 몸소 체험했어요. 운동권이 껴 있으면 이런 면에서 든든하구나 하고 느꼈고, 여경들이 많이 온 것도 웃겼고. 맨 앞에는 여경 배치하고, 경찰이 채증하고, 기자들 플래시도 기억나요.

처음에는 얼굴을 가려야 한다는 생각을 하지 못했고, 가면도 마스크도 없었어요. 그런데 기자들이 너무 많고 부담스러워서 ○○한테 선글라스를 빌려달라 해서 썼죠. 선글라스 끼면 나름 남들이 못 알아보겠구나 했는데, 나중에 알고 보니 엄마가 텔레비전에서 알아본 거예요. 기자 회견 끝난 직후에는 엄마가 아는 줄도 몰랐어요. 엄마 밴드에 있는 사진첩을 보다가 제 사진을 발견했죠. 6월에 제가 텔레비전에 나온 화면을 폰으로 찍었더라고요. 용케 알아본 것도 웃기네? 왜 나한테 말도 안 했지? 달라고 하면 될 텐데 사진은 왜 찍었지? 심정이 복잡했어요. 제 사진 왜 찍었냐고 물어보니까 그냥 텔레비전에 나오길래 찍었다고 하더라고요. 엄마가 별로 참견은 안 했어요. 그래서 제가 자랑했죠. "그날 경찰이 얼마나 많이 온 줄 알아? 나 잡혀갈 뻔했잖아." 이러면서 기사랑 좀 잘 나온 사진 몇 장 보냈죠.

엄마랑은 별거 없었는데, 그다음에 웃긴 일이 있었어요. 엄마가 지인이랑 수다를 떨다가 채은이가 시내 한복판에서 옷 벗어서 뉴스 나온 거 아냐는 얘기를 한 거예요. 그때 남동생이 집에 있었대요. 깜짝 놀란 동생이 갑자기 전화해서는 누나냐고 물어봤어요. 무슨 말이냐고 했더니, 강남에서 옷 벗은 게 누나냐고 해서, 어떻게 알았냐고, 맞다고 자랑했어요. 남동생이 어릴 때부터 페미니스트로 자라면 좋겠다고 생각해서 성평등 관련된 좋은 거 있으면 선물도 하고 뭘 많이 뿌리는 편이었어요. 그래서 기자 회견 취지도 설명했어요. 처음에는 아무리 그래도 그렇지 왜 하필 누나가 벗냐, 친구들이 엄청 욕했다면서, 누나인 줄 몰라서 가만히 있다가 같이 욕했다고 하더라고요. 여튼 동생이 생각보다는 반발심을 갖지 않고, 운동장 같은 데서 남자애들은 벗는 애들이 있으니까 좀 불공평한 것 같다면서 제 얘기에 수긍하는 거예요. 그 뒤에 남동생이 페이스북 코리아 상의 탈의 시위를 욕하는 친구들한테 우리 누나니까 욕하지 말라고 말렸다면서 자랑하더라고요. 아니, 자기도 처음에는 같이 욕해놓고, 어, 귀여운 것. 큭큭큭. 한편으로는 상의 탈의 시위 참여자가 가족인 것과 가족이 아닌 것은 대체 뭐가 다른 걸까 하는 생각도 많이 했죠. 얘가 가진 가족의 정의는 나랑 다르구나 싶기도 하고.

페미니스트가 내 가족이라고 생각하면 좀더 빨리 성평등 사회로 변화할 수 있겠다는 생각이 드네요. 어머니가 매우 자랑스러워하시나 봐요. 다른 분들에게 그 이야기를 많이 하시고.

가려서 하는데, 이모한테나 외할머니한테는 안 해요. 선택적 자랑이죠. 하하하.

퍼포먼스 하면서 어땠어요?

연행하려면 연행하면 되는데, 우리를 가리려고 하는 게 너무 웃긴 거예요. 어차피 가려봤자 충분히 운동의 의미를 드러냈는데, 왜 가리는 데 힘을 이렇게 쓸까. 이불 하나 치우니까 또 다른 이불로 가리고, 경찰들이 아주 조직적으로 이불로 가슴을 가리려고 했죠. 경찰이 그렇게 할수록 더 확신이 생겼어요. '아, 내가 맞는 것 같다. 여성 신체를 계속 음란한 것으로 취급하고 엄청 대상화하는구나.' **나는 여성의 가슴이 남성이랑 별로 다른 게 없다고 느끼지만 누군가에게는 아주 다르고, 보호해야 하고, 보이면 안 되고, 금기시되는 대상이라는 걸 확인했죠.**

경찰이 이불로 가리는 게 무의미하다고 생각했어요. 카메라는 사방에 있었거든요. 오히려 이불로 가려서 더 기삿감이 되고 주목받을 텐데, 왜 굳이 자극할까? 그만큼 여성 신체는 꽁꽁 숨겨야 하는 건가? 제 상식으로는 이해가 안 됐어요. 현장에 있던 여성 경찰들은 현타 오지 않았을까요? 여성 가슴을 가리려고 이불 사 오고, 열심히 가리고, 진짜 코미디 같지 않았나요?

그러게요. 여성 경찰들은 어떤 기분이었는지 소감 한번 들어보고 싶네요. 가슴해방 출렁출렁 여행은 어떻게 가게 됐어요?

○○이 '찌찌 해방 여행 가려는데 같이 갈래요'라고 개인 톡을 보냈어요. 동해 바다도 가고 싶고 재미있겠다 해서 바로 간다고 했죠. 놀러가는 의미가 컸지만, 다큐에 얼굴 찍혀도 된다고 말하고는 촬영해도 되는 팀에 꼈어요. 그리고 꼭 다음이 제 게시물 삭제한 이야기를 내보내달라고 요청도 했고.

월경 페스티벌이랑 기자 회견에서는 얼굴을 가리려고 했는데, 심경의 변화라도 있었나요?
이쯤에는 마음의 준비가 된 것 같아요. 시간도 세 달 정도 지났고, 이상한 악플들도 보고 주변 사람들 여러 반응도 듣고 나니까 가려야겠다는 생각이 별로 안 들었어요. 거기가 외딴곳에 바다잖아요. 그냥 다 안심할 수 있는 분위기이고, 심경의 변화는 모르겠지만. 처음에는 가슴 해방은 제 이슈가 아니고 그냥 행사 참여자였는데, 계속 적극적으로 참여하다 보니 다음에는 사람을 모으기도 하고 설득하기도 하면서 제 이슈의 하나가 됐어요. 제 얘기가 된 느낌이 들면서 마음의 준비도 됐죠.

바다에서 촬영한 경험은 어떤 느낌이었어요?
실망했어요. 우리가 놀고 있으면 자연스럽게 찍는 줄 알았는데, 다큐가 생각보다 너무 연출인 거예요. 처음 간 해변이 좁고 옆에 커피숍도 있어서 벗고 놀기 적절하지 않으니까 다른 곳으로 갔거든요. 먼저 도착해서 이미 벗고 있었는데, 촬영하는 분이 옷을 입으라고, 벗는 장면부터 다시 하자고 하더라고요. 이런 것도 마음에 안 들고, 그림이 나와야 되니까 바다가 아니라 저 먼 곳에서 뛰어가면서 소리지르라고 해서 하라는 대로 했죠. 그러면서도 '이게 뭐지?' 하는, 제가 생각한 다큐가 아니라 이용당하는 느낌이 들고, 실망이 컸어요. 여튼 그렇게 기껏 촬영한 영상이 심의에 걸려서 아주 멀리 찍은 장면만 0.5초 나왔죠. 구경도 하고 여유 있게 즐기고 싶은데, 촬영팀이라 많이 못 놀아서 아쉬웠죠. 시간이 짧을 때는 촬영 안 하고 노는 게 더 재미있겠다 싶더라고요.

바다에서 우리끼리 노니까 어땠어요?

다들 벗고 있고, 너무 자유롭고, 엄청 감동이었어요. 놀 때 적극적으로 바다도 들어가고 물장난도 치고 했는데, 기분이 참 이상한 거예요. 이렇게 좋은 걸 한 번도 안 해봤다니 하는 생각도 들었고, 사람들 뒷모습이나 공놀이하는 걸 보는데 옷을 입어도 그랬겠지만 정말 자유로워 보였어요. 상상해본 모습이 전혀 아니라서 그런지, 기독교인도 아닌데 '이런 게 바로 낙원인가?' 하는, 태초의 모습으로 돌아간다는 느낌도 들었어요. 그전에는 '프라이빗 비치에서 왜 벗고 놀까? 목적이 뭘까? 섹슈얼한 게 있는 건가?' 생각했는데, 막상 해보니까 재미있고, 자유롭고, 상의 안 입은 것 하나만으로 해방감을 느꼈어요. 이래서 사람들이 누드 비치 가는구나 싶더라고요.

처음에 월경 페스티벌에서 찌찌 해방을 할 때는 참여한 분들이랑 인사도 한 번 못했고, 누가 누구인 줄도 몰랐어요. 그런데 여행 때는 게임도 하고, 이름도 듣고, 몸도 좀 부딪히면서 연결되는 감각을 많이 느꼈고, 그다음에 다른 데서 봐도 같이 여행 간 분이라서 얼굴이 눈에 익고 이름도 아니까 되게 좋았어요. '나 이러고 놀았어'라면서 자랑도 엄청 많이 했어요.

자랑을 많이 하셨구나. 저는 거의 못 했는데. 기억나는 일화가 있어요. 상의 탈의가 너무 자연스러워지니까 윗옷을 입어야 된다는 생각을 못 해서 한 분이 그냥 화장실에 간다고 했거든요…….
저도 그랬어요. 안 입고 그대로 가서…….

그분이 화장실 가다가 막 달려오는 거예요. 왜 그러냐고 하니까 옷을 안 입었다는 거예요. 화장실에 사람들이 있잖아요. 그때 저도 너무 놀랐어요. 옷 벗고 있는 게 당연해서 화장실 갈 때도 벗고 가다가 갑자기 정신이 든 거죠. 옷을 입고 가야 하는구나. 둘이서 엄청 웃었어요. 옷을 입어야지 그러면서. 상의 탈의가 자연스러워지니까 그렇게 되더라고요.
처음에 다른 사람이 상의 탈의를 한 모습을 볼 때는 약간 당황하다가 점점 자연스러워지듯이 그때도 정말 자연스러운 거예요. 저도 씻으러 갈 때 안 입고 갔거든요. 샤워실도 없으니까 가게에서 호스 빌려서 씻는데, 옆에 아저씨가 있어도 상관 안 하고, ○○ 님이 물 뿌리면서 왜 이렇게 못 하냐면서 등이랑 다리에 묻은 모래를 씻었어요. 친구랑 목욕탕 가도 부끄러워했는데, 그분은 친하지 않은데도 안 부끄럽더라고요. 제가 벽이 있어서 남이랑 스킨십을 안 좋아하고, 몸 부딪히고 우산 같이 쓰기도 안 좋아하거든요. 그런데 그날은 오히려 더 벗고 있고, ○○이 저를 씻겼어요. 애기가 된 느낌이 들고, 정말 색다른 경험이었어요. 바다에서 놀고 씻은 게 가장 인상 깊어요. 상의 탈의를 한 자유로움, 가슴을 드러내고 바로 옆에 아저씨가 있는데도 신경 안 쓰는, 약간의 일탈. 평소의 저라면 하지 않을 행동을 다른 사람 때문에 하게 됐지만, 기분은 나쁘지 않고 좋은 기억으로 남아 있어요.

아무도 그때 씻으러 간 얘기를 안 해주셨는데, 이제 기억이 나네요. ○○ 님이 빨리 씻어야 된다면서 우리 씻겨주고 엄청 웃었죠. 저도 ○○ 님이랑 거의 안 친한데 다리에 모래 씻어주시고, 진짜 정신없이 씻었어요. 한 명은 호스 들고, 한 명은 씻기고, 한 명은 옷 들고, 그것도 남의 가게 앞에서. 신나게 씻었네요, 하하하.

또 기억나는 건, 해변에 도착해서 차에서 내릴 때 제 팔을 잡고 찝쩍댄 사람이 있었어요. 여성은 성적 대상이 아니라는 말을 하러 바다에 왔는데 차에서 내리자마자 바로 대상화를 당했다면서 깔깔거렸어요. 그리고 낙태죄 폐지에 연대하는 메시지로 '나의 몸은 불법이 아니다'고 쓴 현수막을 들고 사진도 찍고요.

나중에 사진을 받았는데, 줄도 안 맞추고 띄엄띄엄 서서 다들 바다를 보는 뒷모습이 정말 좋았어요. 모두 바지는 입고 윗옷만 벗은 모습이 자연스럽고 멋있는 거예요. '정말, 멋있다. 나도 여기 있었어.' 그 사진을 프로필 사진으로 하다가, 뒷모습이지만 다른 사람이 있으니까 저 혼자 바다를 배경으로 뒤돌아선 사진으로 바꿨어요.

여행 후일담도 들려주세요.

바다를 가거나 수영장을 가면 그때가 계속 생각나는 거죠. 이번 주말에도 친구들이랑 바다를 다녀왔는데, 가족 단위 관광객이 너무 많은 거예요. 가족만 없으면 우리끼리 벗고 놀 텐데. 아이들이 많아서 벗는 순간 누가 제지할 거 같더라고요. 안전 요원도 있고. 바다에 가더라도 혼자는 못 벗을 것 같아요. 그때처럼 또 놀고 싶고, 그때 참 잘 갔다는 생각도 들어요.

그전에 브라를 했다 안 했다 하다가 2016년부터 아예 안 했는데, 그때도 여름에는 뷔스티에, 조끼, 겉옷을 입어서 어쨌든 젖꼭지를 가리려고 했거든요. 페이스북 코리아 기자 회견에 갈 때 엄청 보수적인 사무실에서 일하고 있었어요. 흡연 구역에 아저씨들 진짜 많고 담배 피면 째려보고 그랬는데, 강남에서 상의 탈의 하고 나니까 '뭐, 어쩔 건데?' 하는 생각이 들었어요. 그전에는 티 나면 좀 움츠러들었다면, 이제 대로변에서도 벗었는데 찌찌 티 나는 게 대수야 싶은 거예요. 노브라 하고 싶은데 안 좋아 보여서 못 하겠다는 사람을 만나면 예전보다는 확신에 차서 내가 벗어봤는데 하다 보면 다 익숙해지고 여성의 가슴은 미학적이거나 절대적인 게 아니라고 말할 수 있게 됐어요. 그전에는 노브라를 실천하는 수준이었다면, 페이스북 코리아 앞에서 찌찌 해방을 하고 나서는 브라 안 하는 게 기본값이 된 거죠. 그런데 이제 약발이 좀 떨어져가는 느낌이에요. 사무실에 어르신이 되게 많거든요. 사무실 사람들은 괜찮지만 외부에서 다른 사람들도 만나잖아요. 그분들은 운동가가 아니라서 왠지 가슴을 가려야 될 것 같고, 한소리 들을까 혼자 겁먹게 되네요. 약발이 떨어지고 있다! 빨리 다시 해야 해요!

그 마음, 이해돼요. 저도 면접 보려고 2년 만에 브라 했거든요.

저도 면접 볼 때 흰 셔츠 입고 브라렛을 했어요. 그때쯤 발표할 일이 있었는데, 심사를 받는 처지였어요. 전에 시험 칠 때는 브라 안 하고 너무 추레하게 가서 선생님이 다음에는 조금 복장을 갖추라고 하더라고요. 혼자 심사를 보러 들어가야 하니까 전날부터 브라는 이미 없으니 브라렛을 할까 말까 고민하다가, 결국 나시 위에 젖꼭지 티 안 나는 셔츠를 입었어요. 더운데 벗지도 못하고, 그때 정말 현타 왔어요.

연애 관련해서 웃긴 경험이 얼마 전에 있었어요. 연애는 아니고, 누구를 만나고 싶어서 어플에서 사람을 만났어요. 그런데 저는 브라가 없으니까 상대가 깜짝 놀랄 수도 있고, 사서 하는 걱정 같지만 처음 만나는 사람이 브라를 안 하고 있으면 섹슈얼한 의미로 받아들일 수 있잖아요. 상대가 여자인데도 걱정돼서 브라렛을 입고 나갔어요. 겨털도 밀었는데, 되게 오랜만에 느끼는 감각인 거예요. 이런 세팅을 한다는, 나를 꾸미고 준비한다는 감각에서 보면 연애 대상이 되지 않는 상태의 나와 연애 대상이 되는 나가 엄청 다르다는 생각을 되게 많이 하고, 현타도 엄청 왔죠. 이렇게 준비하고 만났는데, 잘 안됐어요. '겨털까지 밀었는데. 아, 아깝다. 내 겨털.' 그런 생각을 했죠. 하하하.

정말 현타가 오는 순간들이 있어요. 어떤 기회를 잡기 위해, 그 순간을 넘기기 위해 내가 평소에 하지 않고 좋아하지도 않지만 뭔가를 해야 할 때, 사실 살면서 한 번씩은 그럴 수 있는데도 현타가 오죠. 왠지 내가 운동을 한 번 멈춘 것 같은…….
변절한 것 같고, 막.

저는 어떤 경험이 있냐면요, 스코틀랜드에서 봉사 활동 할 때 국적이 다 다른 친구들이 모였거든요. 독일, 스위스, 필리핀, 한국, 이렇게 모여서 밤에 수다를 떨었는데, 페미니스트라고 딱히 말하지 않지만 서로 좀 잘 맞았거든요. 그중 한 명이 브라 끈이 보였어요. 그랬더니 누가 물어본 거예요. "너 브라해?" 얘가 당연하다는 듯이 그렇다고 해요. 질문이 좀 당황스러웠겠죠. 그래서 그 친구가 너네는 안 하냐고 물어보니까 나머지 셋이 다 안 한다고 한 거죠. 필리핀 친구가 너무 놀라서 눈이 동그래졌어요. 자기는 여자가 브라를 하는 게 정상이라고 생각하는데 모임에서는 자기만 브라를 한 거니까. 우리끼리는 정말 웃기죠. 어떻게 다들 브라를 약속이나 한 듯이 안 하고 이렇게 끼리끼리 만난 거냐면서. 그 순간이 아직도 기억에 남거든요. 그런 분위기에 있으면 내가 브라를 안 하는 게 어떻게 비칠까 걱정할 필요가 없잖아요. 해도 안 해도 상관없죠. 그럼 2019년 페스티벌 킥은 어떻게 참여하게 됐어요?
그때는 다른 단체 소속으로 부스를 진행하러 갔어요. 너무 더워서 땀을 많이 흘렸고, 물을 아무리 마셔도 화장실을 안 가고 싶은 거예요. 그러다가 불펨에서 찌찌 해방 사진 찍는 데 같이하자고 해서 참여했어요. 그때 출마 흉내를 낸다고 띠를 매고 있었는데, 어느 순간부터 상의는 없고 그 띠를 매고 있더라고요. 그러고는 부스에서 보드게임을 했는데, 그때도 제가 쫄나시 같은 걸 벗지 않고 그냥 밑으로 내려서 가슴이 드러났어요. 더워서 등목도 하고 그러다가 공연이 시작했는데, 행사 장소가 공원이라 담배 피는 곳이 정해져 있었거든요. 부스 정리가 늦게 끝났고, 담배 피러 가려니 돌아서 가기가 너무 멀었어요. 그래서 머리 숙이고 공연장을 지나가는데 권김현영 샘이 상의 탈의 하는 언니들이 아주 멋있다고 하셔서 갑자기 박수가 터졌고, 그래서 기분이 좋아져서 계속 안 입고 있었어요. 여자만 있는 곳도 아니었고, 닫힌 공간도 아니었고, 벗은 사람들도 각자 흩어져 있었죠. 제 기억으로는 저 말고도 상의 탈의 하는 분들이 몇 분 더 있었는데, 일행이 있어서 다 따로 놀았어요. 공연을 생중계로 스크린에 쏘잖아요. 그런데 촬영팀이 여성의전화 사람이 아니고 남성들이었는데, 그분들이 무슨 말을 들은 건지, 우리는 찍혀도 상관이 없는데, 카메라로 관객을 훑다가 우리가 나오면 갑자기 휙 위로 올리는 거예요. 일부러 안 찍나, 진행에서 뭔가 말을 한 건가 했죠. 상의 탈의 하는 사람들이 같이 사진 찍자고 해서 찍고, 저는 버스 타러 갈 때에야 윗옷을 주섬주섬 입었어요.

더워서 벗기도 했지만, 찌찌 해방이라는 의미가 컸죠. 이제 큰마음을 먹어야 하는 게 아니라 그냥 '벗읍시다' 하면 할 수 있는 정도가 됐어요. 저랑 같은 단체에 있는 분이 자기도 참여하고 싶다고 해서 같이 사진 찍고 그분들은 바로 옷을 입었죠. ○○ 님이 제가 담당하는 부스에 와서 둘 다 벗고서 보드게임을 했고, 곳곳에 벗고 돌아다니는 사람이 있었어요. 정말 신기했죠. 2018년 찌찌 해방 할 때는 밖이랑 영역이 구분되는 느낌이었는데, 그때는 일상 한가운데 있는 기분이 들었죠. 담배 피러 갔다가 이름을 모르지만 안면은 있

는 분을 만났는데, 정말 멋있다면서 자기도 상의 탈의 해도 되냐고
해서 같이 벗고 제 폰으로 사진도 찍었어요.

그러고 후폭풍을 맞이하게 되는데요. 불펨 페이스북 가슴 해방 게
시물에 달린 댓글 본 적 있나요?

기본적으로 외모 평가, 외모 비하 댓글이 많이 달렸죠. 특정한 사
람을 콕 집어서 욕하는데, 그 사람이 보면 기분 나쁘겠다는 생각도
들었어요. '야, 이거 봐봐. 너네 안구 테러해주겠다'면서 여러 명 태
그해서 우리가 찍은 의미 있는 사진을 놀리고, '야한 거 있다'는 식
으로 퍼져 나갔어요. 불꽃페미액션이 무슨 곳인지도 모르면서 '좋
아요'를 누르는 사람도 많았는데, 저라면 '좋아요' 누르기 전에 설명
이라도 읽어볼 텐데 안 그러는 사람이 꽤 된다는 걸 알았죠. 정확히
언제인지 모르겠는데, 얼굴 왜 가리냐는 댓글에 저도 '니 때문에 가
린다. 위에 욕하는 댓글 안 보이냐'는 식으로 댓글을 달았어요. 이
렇게 반박할 여지가 있는 댓글에는 답변을 했어요.

  페북 친구 신청도 엄청 많이 받고, 싸우기도 엄청 싸우고, 그러
다가 감당이 안 되고, 신고하고 삭제한다고 말하고, 여러 명이 같
이 삭제하는데도 댓글 달리는 속도를 미처 따라가지 못했어요. 남
자 친구가 여자 친구를 태그해서 '이거 봐봐. 너는 절대 이런 거 하
지 마. 우리 자기 소중하니까' 하거나, 여자 친구가 남자 친구를 태
그해서 얘네 보라고 하면서 연애 놀이를 하는 데 우리를 이용하는
느낌이 들어서 섭섭하기도 했죠. 진짜 그냥 싸지르는 악플도 많았
는데, 친구 열댓 명 태그해서 이거 보라고 하는 남성도 있었어요.

불펨이 2019년 가슴해방운동 사진에 관련해서 고소를 진행하고 있다고 들었는데, 그 과정을 말씀해주실 수 있을까요?

2019년 페스티벌 킥 사진에 달린 댓글은 본격적으로 고소해야겠다는 말이 나왔어요. 고소할 테니까 악플 달지 말라고 게시도 했는데 아무도 신경 안 쓰고 계속 다는 거예요. 법정에서 그게 매우 마이너스가 됐을 거예요. 그렇게 경고를 하는데도 무시하고 했으니까.

악플 달린 사진에 나온 사람들끼리 단톡방으로 고소방을 따로 팠어요. 사진이 여러 개 있고, 겨털 해방 단독 컷도 있어서 고소를 같이 했어요. 좀 아쉬운 건 정확히 어떤 사진에 관련해서 고소가 들어가는지 공유가 잘 안 됐고, 고소 얘기가 나온 때가 2019년 6월인데 한참 지나서 시작된 거였어요. 고소하고 나서야 조사할 수 있는 시기가 6개월이라는 사실을 알았지만 이미 너무 늦었고. 그리고 사진에서 얼굴 가린 사람은 신원이 특정되지 않아 고소인에서 빠졌다는 말을 3차 합의 하고 나서 들었어요. 돈이나 합의가 문제라기보다는, 다들 어떻게 되고 있는지 궁금은 한데 일을 도맡아 해주는 불펨 사람들이 무리를 하고 있고, 고맙고 그러니까 진행 상황을 아무도 못 물어봤죠. 누가 사과문을 보내오고 합의하자고 한다는 정도만 공유됐고, 합의금은 어떻게 하고 고소는 몇 명이 하는지도 정확히 알 수 없어서 2차 합의 할 때는 제가 똑같이 나누자고 했어요. 계좌를 다 받고 첫 합의 건부터 합쳐서 합의금 총액을 엔 분의 일로 나눠 입금해주셨어요.

사과문은 하나같이 다 멍청하고 하나같이 돈이 없대요. 사과문 쓰는 애들이 성의도 없어요. 노트에 쓴 걸 쭉 찢어서 보낸 애도 있고, 다 악플 쓴 일을 기억하지 못한다는 거예요. 어이가 없었는데, **사과하는 쪽에서 '나는 쓴 것도 몰랐어'라고 하면 피해자는 기분 나쁘잖아요. 그 정도 처지 바꿔 생각해보는 것도 안 하니까 사과문이 오히려 화를 돋우는 거예요. 화가 하나도 안 풀리더라고요.**

악플러에 청소년이 엄청 많았는데, 일단 미성년자로 보이는 사람은 고소를 안 했어요. 소년법 때문에 만 14세 이하면 아예 안 되고, 청소년이랑 합의를 하려면 보호자한테 연락이 가야 해서요. 그런데 이 사실도 바로 공유되지는 않았고, 한참 지나서 청소년은 고소 대상에서 빠졌다고 들었어요. 진행 상황이 궁금한데 대부분 나중에 전달받고, 물어보고 싶지만 불펨이 바쁘고, 소송 담당자는 누군지 모르고, 왠지 재촉하는 것 같고, 조심스러워서 고소 과정이 전반적으로 쉽지는 않았어요.

고소 과정이 참 힘들어요. 악플러들이 혐오를 쏟아내서 고소를 당한 뒤에 사과하지 말고 그 전에 좀 멈추면 좋겠네요. 가슴해방운동이 주변 사람들하고 맺는 관계에 영향을 미치나요?
악플 때문에 타격도 받았지만, 아는 사람한테서 연락이 오거나 관계가 소원하던 분이 정말 고맙고 응원한다면서 같이한 사람들이랑 나눠 먹으라고 기프티콘이랑 커피랑 케이크를 보내주기도 했어요. 악플이 달리고 있는 글에 같이 나서서 댓글 다는 분들도 많았고, 오며 가며 그거 봤는데 정말 멋있다는 반응, 좋은 피드백도 받았어요. 악플은 온라인에서 접했지 제 얼굴에 대고 욕하는 사람은 없었어요. 좋은 기운도 많이 받고, 스트레스도 많이 받았어요.

갑자기 연락한 남자 동창들도 있었어요. 남자 동창들이 메시지도 엄청 보내고, 제 글에 '좋아요' 누르거나 밑에 글 몇 십 개에 다 '좋아요'를 누르는 거예요. 심지어 고등학교 가면서 아예 연락이 끊긴 사람들이 연락해서는 '누가 너 어떻게 지내는지 묻더라. 페북에서 뭐 봤대' 그러면서 뭐 봤는지는 말 안 해요. 예전에 다닌 학교가 되게 보수적인데, 제가 약간 유명해졌죠. 여자애들도 엄청 신기해하고 그래서 그때 페북 친구들을 많이 정리했어요. 다 차단하거나, 친구 끊거나, 연락 온 사람 씹고. '좋아요' 누른 애들도 그냥 다 유지할 필요가 없구나 싶고. 그전에는 '내가 글을 써서 공유하면 얘가 페미니즘에 관한 글을 볼 거야'라고 생각했는데, 뒷말을 한다는 얘기를 들으니까 제가 말한 내용에는 관심 없고 가십으로 소비하겠구나 싶더라고요.

페스티벌 킥 때도 게시물 공유도 하고 댓글도 참여했어요. 제가 원래 관종이라서 페이스북 전체 공개를 하는데, 페스티벌 킥 때는 후기랑 사진을 같이 영상으로 올리니까 조회 수가 1만 5000번이 되는 거예요. 제 댓글을 굳이 찾아 눌러서 제가 올린 글 중 6~9번째에 있는 게시물을 본 거예요.

2019년 찌찌 해방 사진이 게시될 때는 진짜 친구 신청이 많았어요. 분위기가 달라졌다고 느꼈죠. 댓글 분위기도 한 번 논란이 되고 나서 그런지 딱 처음 든 생각은 엄청 더 빨아졌다는 거예요. 댓글 달리는 속도도 더 빠르고 내용도 훨씬 저급하고. 2018년에는 훨씬 욕이 더 많았다면, 그 뒤에는 기분 나쁠 만한 포인트를 집어서 별거를 다 비판해요. '니네는 이게 여성 인권을 신장시키는 건 줄 알

지? 그건 네 착각이야' 이런 식으로 좀더 심리를 건드리려는 댓글도
꽤 있었어요. 친구 신청이 계속 오고 메시지도 오는데, 연령대는 중
고생이 많은 거예요. 저도 되게 신기했어요. 악플러가 댓글로 욕하
면서 메시지 보내서 뭐하냐고 물어보는 일이 한두 번이 아니었고,
자기 사진 보낼 건데 너는 어차피 사진 깠으니까 너도 또 보내달라
는 애까지 별별 유형이 다 있었어요. 공통적으로 댓글 창에는 엄청
욕을 해놓고 친구 신청을 하는 거예요. 여자를 되게 좋아해서 혐오
하는 인셀●이 생각보다 많다는 생각을 했어요. 왜 이렇게 관심이 많
을까? 가슴 깐 사진 한 번 올렸다고 주구장창 올릴 줄 아나? 정말
이해가 안 되는 거예요. 제 피드에 들어오면 페미니스트라고 대문
짝만 하게 적혀 있고 자기가 원하는 건 안 올라올 텐데 그런 것도
감수하는 건지, 일단 친구 신청을 하고 보는 건지 모르겠는데, 대체
한국 사회 남성들의 심리는 뭘까 너무 궁금해요.

그런 남성이 많다는 거죠?
여성은 한 명도 없었어요. 악플은 여성도 많았지만, 친구 신청이나
메시지는 단 한 명도 여성이 없었어요. 동창도 마찬가지고. 이렇게
친구 신청 하는 사람들도 이해가 안 됐고, 대학 선후배나 동기들도
연락 온 사람은 남성이 많았어요. 제 번호를 아니까 갑자기 '요즘
잘 지내?' 같은 카톡을 보냈는데, 그런 일을 많이 겪으니까 '이 새끼
도 사진 보고 궁금해서 찔러보는구나' 하는 생각이 들었어요. 처음

● 'involuntary celibate'의 줄임말, 비자발적 독신주의자.

에는 '가슴 깐 사진이랑 연결해서 봐도 되나? 내가 기분 나빠해도 되는 건가? 지레짐작 아닐까?' 그랬는데, 연락 오는 사람도 그렇고, 누가 너 어떻게 지내는지 묻더라는 얘기도 전해 듣고, 하나같이 똑같이 찔러보는구나 싶어서 언제부터 답장도 안 해요.

악플이 어떤 영향을 미칠까요?

진짜 안 무서워하는 편이거든요. 일일이 대응할 수 없는 체력이라고 생각해서 불법 촬영이든 악플이든 신경을 많이 안 쓰려고 하는 편인데요. 그런데 진짜 막상 보면 심장이 빨리 뛰고 손이 덜덜 떨리고, 땀도 나고, 심호흡해도 바로 안 가라앉는 상황이 조금 이어져요. 엄청 당황하고, 굉장히 폭력적이라는 게 몸으로 느껴지는 거예요. 상처 입는다는 말이 아니고 그 뒤로 타격은 없는데, 악플을 직면하면 그 순간에는 신체 반응이 일어나요.

불펨이 너무 유명해져서 불펨이나 페미니스트로 검색해도 그 사진이 걸리는 거예요. 예상하지 못한 곳에서도 가슴 해방 사진이 너무 쉽게 표적으로 설정돼 있는 모습을 보면 깜짝 놀라죠. 상처받은 건 아닌데 어쨌든 피해가 없다고 할 수는 없죠. 저는 진짜 제가 무딘 사람인 줄 알았는데, 이런 일을 겪으면서 그렇게 무디지 않다는 사실도 알게 되고 조금 겁이 생겼어요.

물론 또 이런 상황이 주어진다면 적극적으로 할 테고, 지금도 빼는 스타일은 아니지만, 어쨌든 겁은 좀 먹게 되잖아요. 이런 게 바로 사회의 때를 탄다는 건가, 점점 사회에 순응하는 인간이 되는 건가 싶기도 하고요. 사람들이 겁먹는 게 사회가 원하는 거잖아요.

이렇게 가시가 다듬어지고 잘 적응해서 사는 사람이 되는 건가 하는 생각도 들고요.

사회에 적응한다는 게 뭘까요?

기성 질서에 문제 제기를 하지 않고, 하라는 대로 하고, 그건 나쁘니까 하지 말라고 하면 문제를 고민하지 않고 순응하는 거죠.

기성 질서가 만들어놓은 '여성성'의 틀을 깨려고 하는 여성들을 향한 악플은 분명 위축 효과가 있어요. 채은 님은 페미니즘을 언제, 어떻게 만났어요?

삶에서 큰 변환점은 세월호였어요. 그전에는 세상이 살 만하다고 생각했고, 삶에서 겪는 어려움은 내가 노력하지 않아서, 내가 너무 쉽게 생각해서, 내가 조심하지 않아서 등 내 잘못이라고 생각했는데, **세월호를 계기로 내가 아무리 열심히 살아도, 내 잘못이 아니어도 화를 당할 수 있다는 걸 알게 됐어요. 그전에는 법도 믿고 경찰도 믿었는데, 여성에게도 국가가 없지만 인간 개인으로 볼 때도 국가란 뭔가 하는 생각이 들었죠.**

대학에 들어가서 학생운동 하는 친구가 같이 공부하자 해서 읽은 책이 《선녀는 왜 나무꾼을 떠났을까》였어요. 페미니즘이라는 단어나 페미니즘에 관한 설명이 많이 나오지는 않아요. 그때는 페미니즘이 뭔지도 몰랐어요. 제가 진짜 온라인 세대거든요. 2014년부터 여초 카페나 트위터 같은 데서 페미니즘이라는 말은 안 나와도 한국 사회는 이상하다거나 왜 여자가 담배 피면서 눈치를 봐야 되냐는 글들이 많이 올라왔어요. 그때 한창 더치페이가 얼마나 말이 안 되는지, '된장녀'나 '김치녀'라는 말을 왜 쓰면 안 되는지 주장하는 글들을 읽었어요. 페미니즘이라고 아무도 말하지 않았지만 페미니즘적인 글들이 많이 올라왔죠. 페미니즘이라는 단어는 2015년에 트위터에서 처음 인지했어요. 강남역 여성 살인 사건 터질 때만 해도 책 몇 권 말고는 공부가 모자라다고 느껴서 저를 페미니스트라고 부를 자신이 없었거든요. 그래서 혼자 공부를 좀더 하고 책모임에 참여하려고 했어요. 그런데 한 번 책모임에 참여하고 나서는 열심히 활동하게 됐어요.

여성주의 활동을 하게 된 계기는 2017년에 간 '2030 페미 캠프'예요. 140명 정도가 참가했는데, 아는 사람은 없었거든요. 그런데 너무 재미있고 토론도 좋았어요. 모르는 사람들이랑 갑자기 동질감을 형성할 수 있다는 엄청난 힘을 느꼈죠. 그때 제가 비수도권에 살고 있었는데, 서울에서 열리는 북 토크나 3·8 여성의 날 행사에 참여하러 오면 잘 곳을 찾아야 하잖아요. 그런데 페미 캠프에서 만난 사람들이 막 재워준다고 그러고, 하하하. 저도 서울에 친척 있고 친구도 있는데 재워달라고 말하기가 좀 민망하고 귀찮기도 해서 그냥 돈으로 해결했는데, 사람들이 기꺼이 방도 내주고 고생한다면서 밥도 사주니까 엄청나게 위안이 됐어요. 페미 캠프 때 진짜 열심히 활동하는 사람이 많구나, 다들 자기가 할 수 있는 일들을 열심히 하는구나, 정말 다양한 사람들이 있구나 하고 알게 됐고, 그런 관계 안에서 페미니즘이 나아갈 방향에 관해 얘기도 나눴어요.

저한테 페미니스트 되기란 이 세상을 구성하던 것들, 내가 당연

하다면서 지나치거나 진리로 여긴 것들을 한 번 더 생각하고 의심하기라고 생각해요. 모르는 사람들이 하는 이야기를 듣는 것, 내가 다 안다고 확신하지 않으면서 계속 알려고 노력하는 것이 페미니스트의 실천 같아요.

언제 페미니스트로 정체화했어요?

메르스 갤러리가 엄청 뜰 때가 시작점이었는데, 그때는 스스로 페미니스트라고 부르지는 않았어요. 메르스 갤러리가 막히니까 엄청 화가 나서 열심히 하기는 해도 스스로 페미니스트라고 부르기에는 자신 없는 상태였다면, 강남역 살인 사건 때는 엄청 큰 절망과 분노를 느끼면서 부족한 자신감 같은 거 더는 생각하지 않고 확실히 정체화를 했어요.

디시인사이드를 하다가 메르스 갤러리가 터진 거예요?

네. 여초 갤을 했어요. 디시는 남초라서 여성이 드물고, 여자라는 게 드러나면 엄청나게 욕을 먹었어요. 디시가 오래되고 한국 인터넷 문화의 흐름을 대표한다고 봐도 될 정도로 규모가 큰데, 갤러리 수는 많아서 단일하지는 않아요. 디시에서 활발하기로 유명한 갤들이 코미디 갤러리, 야구 갤러리 등인데 거기가 가장 빨았어요. 일베의 전신이기도 하고. 반면 여자들이 많이 하는 갤러리는 덕질을 하거나 정보를 얻는 공간이 많아요. 연극, 해외 연예인, 미국 드라마 갤러리 같은 데죠. 미국 드라마를 좋아하는 사람이 그런 커뮤니티를 혼자 만들기는 어려우니까 디시에 갤러리를 만들어달라고 해서 이용자가 어느 정도 모이면 정식 갤러리가 되거든요.

남초 커뮤니티에서 짤을 올려야만 글로 인정해주고 짤 안 달면 꺼지라고 하는 문화가 디시에서 왔어요. 저는 인터넷에서 여성 사진으로 짤을 만들고 여성을 제물로 삼는 문화가 디시에서 시작했다고 생각해요. 그리고 새로 들어온 사람이랑 기성 유저랑 구분하는 문화가 디시에서 엄청 강하거든요. '닥눈삼'이라고, '닥치고 눈팅 3년 해라', 그러니까 분위기를 모르면 조용히 하고 일단 분위기 파악부터 하라는 말이 거기서 왔거든요. 메갈에서도 글 길게 쓰지 않기, 성토대회나 거친 말투, 욕 많이 하는 문화가 다 디시에서 온 문화였어요. 사람들이 왜 메갈이 갑자기 양남 찬양을 시작하냐고 그러는데 해외 연예인 갤러리라든지 어떤 특정 연극이나 뮤지컬 갤러리도 그렇고, 거기는 양남을 찬양하는 분위기가 있었어요. 해외 연예인 갤 같은 데는 '아시아 남자 너무 구리다. 양남이 최고'라고 하는데, 거기에서 많이 유입됐다고 생각해요. 메갈 처음 할 때 찻내 빼고 오라는 말을 많이 했거든요.

찻내요?
영어로 '티', 마시는 차요. 네이버나 다음 카페 냄새가 난다는 말이에요. 여초 커뮤니티 냄새가 난다는 말은 단정하다는 뜻이거든요. 네이버나 다음의 여초 카페랑 디시는 되게 달라요. 다음 카페 같은 곳은 실명제잖아요. 실명제이고, 자기 주민등록번호로 가입하고, 아이디가 소중하잖아요. 아이디를 아무리 많아도 한 사람이 다섯 개밖에 못 만들어요. 그러니까 커뮤니티가 욕이나 누군가를 비난하는 수위도 다르고 돌아오는 반응도 친구들이랑 말할 때하고 비슷하거나 더 조심하는 정도라면, 디시는 기본이 익명이고 아이디로 가입을 안 해요. 자기 아이피로 하거든요. 1인 다역도 할 수 있으니까 분위기 몰아가기도 쉽고, 기본 어투 자체가 달라요. 대부분 욕을 많이 써요.

온라인을 통해 점차 페미니스트들이랑 교류가 늘어났나요?
저는 다음 카페랑 디시 말고도 인터넷 커뮤니티를 많이 보는 편이었는데, 이를테면 페미니즘을 하기 전에는 실제로 아는 사람이랑은 인스타그램 친구를 맺지 않았어요. 온라인 친구들이랑 연락하는 용도였는데, 그때 만난 페미니스트들이 다들 인스타그램을 많이 해서 지금은 오히려 함께 활동하는 이들이랑 소통하는 비중이 커졌어요. 페이스북은 플랫폼의 특성상 아는 사람들끼리 주로 소통하잖아요. 저도 원래 고등학교 친구들이랑 대화하는 용도로 쓰다가, 어느 순간부터 모르는 사이인데 서로 '좋아요' 눌러주고, 어떤 사람이 페미니스트이고 몇 번 눈에 익으면 친구 추가 하고, 유명한 사람이나 여성학자, 책 낸 사람한테 친구 신청 하고 이러다 보니까 진짜 친구들보다 페이스북 친구가 훨씬 많아졌어요. 모르는 친구가 없을 때는 전체 공개가 아무 의미가 없었는데, 모르는 사람들이 많아지니까 친구 신청을 먼저 하는 경우가 생기면서 한 번도 만난 적 없는데 단지 페미니스트라는 이유로 온라인에서 이야기를 주고받다가 친구가 된 분도 있어요. 제가 만나러 부산까지 가기도 했고. 꼭 친구가 된 건 아니지만 온라인에서 더 좋은 관계로 남기도 하고요.

그런데 그런 익명에 기반한 활동이 확실히 줄었어요. 현실 생활에서 비중이 커지니까 오히려 지금은 트위터도 안 하고, 예전에는 제가 할 수 있는 최선의 활동이라고 생각해서 커뮤니티에 페미니즘 글도 많이 썼는데 오프라인에서 직접 뛸 수 있으니까 덜 쓰게 되는 거예요. 예전에는 페미니스트 친구가 별로 없으니까 익명에 기반한 곳이라도 토론할 사람을 원했는데, 지금은 카페 같은 커뮤니티에 기대지 않아도, 거기에서 정보를 얻지 않아도, 어떤 특정한 관계를 원하지 않아도 그런 사람들을 어느 정도 만날 수 있고, 뭔가 하고 싶을 때 할 수 있는 방법도 찾아서 그렇겠죠.

온라인이 익명에 기반하니까 어떤 위기감을 조성한다거나 누가 누구랑 친하면 위계가 생겨 룰을 위반하게 된다고 보는 곳도 있어요. 한 명과 한 명이 현실 친구가 되면 둘이 편을 먹어서 룰이 깨지고 기초가 무너진다고 생각해서 느슨한 연대를 추구해요. 어떤 집회는 아는 사람도 절대 아는 티 내지 말고 서로 말하지 않는다는 규칙을 만들기도 하는데, 다 익명에 기댄 문화 때문이죠.

익명에 기대면 운동이 오래갈 수 없다고 생각해요. 관계가 지속되지 않으면 전략을 만들거나 어떤 목표를 세워도 실패하기 더 쉬운데, 이를테면 책모임을 온라인으로 할 때 이어지지가 않는 거예요. 쉽게 끊어지고, 주축인 사람들이 사라지면 모임 자체가 깨지더라고요. 허술한 점이 많은데, 오프라인은 확실히 그런 게 덜하죠. 저도 오프라인 활동을 많이 하니까 온라인 활동이 줄어들고 감을 잃어가는 게 느껴져요. 이를테면 온라인에서 왜 갑자기 이런 식으로 말을 하지 할 때나 어떤 이슈에 관련해서 글 흐름을 이해하지 못

할 때. 온라인이랑 오프라인을 둘 다 잘할 수는 없어요.

또 하나는 온라인은 그 플랫폼을 운영하는 회사가 게시 글을 통제한다는 점이에요. 인스타그램과 페이스북이 같은 회사거든요. 제 가슴 해방 사진은 인공 지능에 10초 만에 바로 썰렸어요. 불펨이 공개 항의를 해서 그런지 불펨 단체 계정만 삭제 안 되는 것 같아요. 개인 계정으로 올린 ○○ 님도 삭제됐고, 다른 분들도 그런 경험이 있다는 말을 들었어요. 바닷가에서 찍은 제 독사진은 안 지워지다가 몇 달 지나서 무슨 규칙을 어겼다면서 알람이 울리는 거예요. 삭제된 뒤니까 무슨 게시물인지 모르잖아요. 인스타에 올린 게시물에서 삭제될 만한 건 찌찌 해방밖에 없는데.

왜 그 사진만 못 찾았을까요?

나름 추측을 해보면, 다른 찌찌 해방 사진들은 여러 명이 같이 찍은 거고 여성 가슴이 티가 나는데 제 독사진은 팔을 활짝 편 채라 가슴 굴곡이 없어서 그렇지 않나 싶어요. 지금은 그런 게시물이 줄기는 했지만, 페이스북이나 인스타그램에서 조건 만남이나 불법 촬영 영상물은 신고를 해도 잘 안 지워졌거든요. 보통 이 게시물은 커뮤니티의 규정을 위반하지 않았으니까 신고한 사람이 보기 싫으면 차단하거나 숨기기를 하라는 답변이 와서 정말 어이가 없었어요. 불법 영상물을 신고할 때는 이미지에 등장하는 사람이 신고자 본인인지 신고자 지인인지 물어보는데, 플랫폼에서 강제로 삭제할 때는 이미지 속 인물이 게시물 작성자인지 아닌지가 상관없는 거예요. 기준이 너무 이상하죠.

선택적으로 지운다는 느낌이 드네요.

다음에서도 디지털 성폭력에 관련된 글을 올릴 때 지워진 적이 있어요. 남초 사이트에서 여성 신체를 성적으로 이용하는 게시물은 안 지우면서 여성의 가슴 사진은 사이버 성폭력에 노출될 염려가 있다고 지우는 건 이상하잖아요. 앞뒤가 안 맞아요.

미러링이 이슈가 될 때 큰 남초 커뮤니티에는 '은꼴(은근히 꼴리는) 게시판'이나 '야짤(야한 짧은 동영상) 게시판' 같은 게 있었어요. 남초 커뮤니티는 디시 문화가 기초라서 무슨 글을 쓰려면 짤을 하나 달아야 돼요. 그 짤이 대부분 춤추는 여성 아이돌을 느리게 반복하는 동영상이나 그라비아 모델이거든요. 지금은 아닌데 예전에는 '로리 게시판'이나 '미성년자 게시판'도 따로 있었어요. 그런 동영상과 사진은 젖꼭지랑 성기가 직접적으로 드러나지 않으면 제지를 안 받았다는 말이에요. 그런데 여초 커뮤니티에서는 성기가 드러나지 않는 남성 사진만 올려도 정지를 먹는 경우가 많은 거예요. 여기는 운영진이 자체적으로 성인 인증을 하면서 성인 여성만 모인 공간이라는 사실을 인증하는데 왜 남초 커뮤니티랑 다른 잣대를 들이대느냐고 항의하니까, 다음 고객센터는 성인 인증을 다음 포털이 아니라 운영진이 자체적으로 해서 성인 기준을 정식으로 충족하지 못한 때문이라고 하더라고요. 그래서 청소년 보호를 이유로 게시물이 통제됐어요. 제가 볼 때는 여초 커뮤니티가 더 많이 삭제되고 경고도 더 자주 먹는데, 사람들이 대충 추측하는 이유는 이래요. 남초 커뮤니티는 여성이 몰래 들어가서 관음을 별로 안 한다고 해야 하나, 관심이 없잖아요. 그런데 여초 카페에는 숨어 있는 남성들이 많아요. 걔

네가 신고한다는 소문도 있어요. 청소년 보호라는 이유가 어이없는 게 여성의 젖꼭지가, 월경혈이 청소년 보호랑 무슨 상관이 있어요. 아니, 청소년은 뭐 알 권리 없어?

제가 온라인 페미니즘 활동을 거의 안 해서 채은 님이 하는 이야기를 들으니까 정말 생생하네요. 온라인에서 여성들 공간은 남성들 공간보다 더 많이 감시와 통제를 받고 있네요. 저도 진짜 궁금해요. 여성의 가슴이 왜 청소년들에게 해로운지, 가슴 달고 있는 10대 여성은 자기 몸을 어떻게 생각해야 한다는 건지, 정말 답답하네요. 이제 인터뷰를 마무리해야 하는데요, 채은 님에게 가슴해방운동은 어떤 의미인가요?

다른 단체나 페미니스트 그룹에서 상의 탈의를 하자 하면 잘 안 될 수도 있었다고 생각하거든요. 그런데 불펨의 성격이나 구성원, 불씨뿐 아니라 회원들이 재미있게 느끼고 적극 참여할 수 있다는 게 강점이라고 생각해요. 누군가 그 사진을 보고 응원한다는 건 그 사람은 어쨌든 제 신체를 봤다는 말이잖아요. 원래 누군가의 몸을 보려면 서로 봐야지 한 사람만 보는 건 불공평한데, 이건 내가 의도한 일이고, 내 내밀한 부분을 다른 사람들이 봤다고 해서 특별히 더 부끄러울 게 뭐 있나 싶어요. 그래서 노브라가 더 확실한 기본값이 됐고, 시선에 관련해서도 아주 큰 용기를 얻었어요. 외모 문제가 아니더라도 제 자신이 다른 사람을 많이 신경썼는데, 지금은 그런 게 훨씬 줄어들었어요.

2년 연속 가슴해방운동에 참여한 이유는 엄청난 해방감 같아요.

찌찌 해방이라는 말이 가장 좋았어요. 해방이라는 말이 가장 와닿은 순간은 찌찌 해방이에요. 한국에서는 여성 가슴을 엄청나게 성적 대상화한다고 생각하거든요. 긴팔에 긴 바지 입고 가슴만 조금 파여도 야하다고 하잖아요. 중요한 자리에서 가슴 파인 옷 입으면 한소리 듣고, 쟤는 옷을 왜 저렇게 입고 다니냐는 말 듣고. 복식 문화에서 보수적일수록 더 성적인 부위로 취급되는 것 같은데, 그런 문제를 다시 생각할 수 있는 기회가 됐어요.

그럼 이 운동이 풀어야 할 과제는 뭘까요?

너무 단편적이에요. 벗은 사람이 주도적이 되는 운동이잖아요. 다른 활동도 할 수 있는데, 이를테면 어떤 기획을 할 수도 있는데, 찌찌 해방은 오직 벗은 자만이 성취감을 느끼고, 주목받고, 박수를 받는 한 가지 방식밖에 없죠. 여성 신체에 관한 것뿐 아니라 다른 이유로 벗는 걸 선택하지 않을지도 모르고 굳이 그렇게 하고 싶지 않을 수도 있는데, 그럼 가슴해방운동에 동참하기가 어려워지죠. 찌찌 해방을 좀더 길게 이어가려면 일단 참여할 기회가 많아져야 한다고 생각해요.

저도 비슷한 생각을 했어요. 우리 가슴 해방 여행 사진에 나도 가고 싶다고 댓글 다는 분들이 있었어요. 이런 행사가 우리 안에서 진행되니까 불펨 회원이 아니거나 불펨에 아는 사람이 없으면 가고 싶어도 함께하기가 어렵잖아요. 그런 점이 아쉽더라고요.

맞아요. 다른 나라는 피크닉 가서 찌찌 해방을 하는 식으로 할 수도 있는데, 아직까지 불펨의 가슴해방운동은 외딴곳이나 페스티벌처럼 특수한 장소에서 주최 쪽이 철저히 통제하는 상황 아래 하잖아요. 좀 일상적으로 할 수 있으면 좋겠다고 생각해요. 신체도 더 다양해야 될 것 같고.

신체가 다양하다는 말을 좀더 설명해주실래요?

어떻게 생각하면 '정상 가슴'이라는 범주 안에 든 사람이어서 쉽게 벗을 수 있었다는 거죠. 나는 음란물이 아니다, 내가 원하면 내가 벗을 수 있다는 건데, 이를테면 가슴에 흉터가 있는 사람, 유방암 수술을 해서 한쪽 가슴만 남은 사람, 심장 수술을 한 흉터를 지닌 사람은 없었거든요. 단체 사진을 전신이 나오게 먼 곳에서 찍다보니 피부에 있는 콤플렉스나 흉터도 딱히 안 보였죠. 범주를 넓히면 휠체어 탄 여성, 휠체어를 타지 않는 장애 여성, 퀴어들이랑 함께하면 좋겠어요. 그런데 그런 사람들이 참여 안 할 수도 있겠네요.

왜요?

젠더 퀴어나 트랜스젠더 여성들은 시스젠더 여성들이랑 벗은 몸을 나란히 하는 일이 부담될 수 있고, 가슴이 성적 대상이라 그런다기보다는 자기 가슴이 정말 싫어서 안 드러내는 사람도 있겠죠. 지금 하는 찌찌 해방은 여성이 여성으로 긍정하는 느낌이라서 참여를 꺼릴 수도 있고요. 자기 가슴을 엄청 싫어하는 분, 가슴 압박 속옷을 입고 다니는 분은 이 운동에 동참할 생각을 절대 안 하고, 자기를 이 운동의 참여자로 부를 생각도 안 하고, 자기가 같이할 수 있는 자리라는 생각도 절대 안 하더라고요. '정상 가슴'의 범주를 넘어 확장하면 좋지 않을까 싶기도 해요.

참 중요한 이야기네요. 얼마 전에 탈코르셋에 관련된 글을 읽었는데, 탈코르셋 운동의 한계가 배타적인 여성 범주를 자꾸 만들어낸다는 점이라는 거예요. 해외 논문에서도 프리 더 니플이나 페멘 운동이 백인, 젊은, 시스젠더 여성 중심이고, 결국 전형적인 여성의 가슴을 재생산한다는 비판을 받더라고요. 그런데 불펨 구성원들은 다양하고 퀴어인 사람도 있지만 인종이 다양하지는 않고, '양성애자 가슴입니다'라거나 '레즈비언 가슴입니다'라고 가슴 위에 쓰지는 않으니까 성적 지향의 다양성을 좀더 드러낼 수 없잖아요. 이런 요소들을 어떻게 더 다양하게 할 수 있을까 하는 생각이 들기도 해요. 트랜스젠더 여성도 같이하면 좋겠어요. 해외에서 트랜스젠더 여성이 가슴해방운동을 같이하는 사례도 봤거든요. 교차성 페미니즘이 당장 실현되기는 쉽지 않겠지만, 다양한 몸이 만나 가슴해방 운동을 함께하면 정말 멋질 거예요.

##

내가 채은하고 처음 인사를 나눈 때는 가슴해방 출렁출렁 여행이었다. 그전에도 집회나 행사에서 종종 마주쳤지만 친해질 기회가 없었다. 다른 인터뷰 참여자들은 2년에서 4년 정도 알고 지냈지만, 채은은 얼굴만 아는 사이였기 때문에 인터뷰를 요청할 때 조금 망설였다. 불펨 회원이 아닌 채은이 거절할 수도 있을 거라고 생각했고, 개인적으로 이야기를 나눈 적이 별로 없어서 인터뷰가 잘 될까 걱정도 됐다.

인생은 원래 예측 불허라고 하지 않던가. 인터뷰는 가장 길게 진행됐다. 인터뷰라는 사실을 잊은 채 채은의 이야기에 빠져들기도 하고, 내 얘기도 한참 하다 보니 시간 조절에 실패하고 말았다. 중요 질문이 8개 정도 남은 상황에서 이미 밤 10시가 훌쩍 지났다. 남은 인터뷰는 화상으로 하기로 하고 1층에 내려온 때, 우리는 빌딩에 갇힌 사실을 알았다. 출구를 찾아 지하에 내려갔다. 곰팡이 냄새가 가득한 지하에서 희미한 불빛을 좇아 복도를 따라 걷는 내내 우리 둘은 숨을 죽였다. 출구가 아니라는 사실을 확인한 뒤 엘리베이터가 다시 지하로 올 때까지 걸린 그 짧은 시간이 정말 길게 느껴졌다. 혼자가 아니라 둘이라는 게 그렇게 위로가 될 수가 없었다. 엘리베이터에 타서야 우리는 그 순간에 떠오른 공포 영화를 이야기했다. 지상에 올라와 모든 출입문을 잠그고 쉬는 경비 노동자에게 연락해 겨우 빌딩 밖으로 나왔다. 우리 인터뷰는 이렇게 끝이 났지만, 채은과 나의 새로운 관계를 열어줬다. 채은을 알게 돼 참 기쁘다.

가슴을 고민하는 유자녀 기혼 여성 이야기

안녕하세요.● 가슴해방운동 자료를 보면 한국이든 해외든 10대, 20 대 여성이 주로 활동해요. 원인은 두 가지라고 봐요. 첫째, 기부장 제가 '젊은, 탱탱한, 풍성한' 여성의 가슴만을 이상화하고, 둘째, 여성의 가슴이 성적 매력을 드러내는 섹슈얼리티로 강조되면서 가슴의 풍만함은 드러내되 절대 노출되면 안 된다는 이중 메시지 속에서 피로감이 높기 때문이죠. 반면 유자녀 기혼 여성의 가슴은 '어머니'의 가슴을 뜻하고, 모유 수유를 마친 가슴이 '신성'하고 '숭고'하게 여겨지기도 하죠. 이렇게 여성의 가슴은 연령과 결혼 유무 등에 따라 의미가 달라집니다. 가슴해방운동과 결혼 유무의 상관관계가 궁금해서 여러분을 모시고 기혼 여성의 가슴 경험을 들어보려 합니다. 먼저 가슴 하면 떠오르는 경험부터 시작할까요.

선미 브래지어를 하게 되는 시기가 있잖아요. '남자랑 여자가 다르구나. 여자는 가려야 되는구나' 생각했어요. 브래지어를 하면 비치잖아요. 남자애들이 브래지어 끈 풀기도 하고 장난을 많이 쳤어요.

● 유자녀 기혼 여성이 결혼 전과 결혼 후에 가슴 인식에서 어떤 변화를 겪는지 알아보고, 이 여성들에게 불꽃페미액션의 가슴해방운동은 어떤 의미가 있는지 살펴보려고 작성한 기말 보고서 내용을 집담회 형태로 재구성했다.

누구누구는 브래지어 했다는 식으로 놀리면 좀 창피했어요. 그런 말 들으면 여자애들이 하지 말라고 하고, 화도 내고 그랬죠.

나경 저도 비슷한 일을 봤어요. 초등학교 5학년이었나, 저는 아직 2차 성징이 일어나지 않았는데 같은 반에 조숙한 애가 있었거든요. 남자애들이 쟤는 벌써 브래지어를 한다면서 뒤에서 끈을 잡아당기는 거 있죠? '싫겠다. 저런 걸로 놀려서 정말 싫겠다.' 그런 생각을 했어요. 그 기억이 강렬하게 남아 있네요. 제가 겪은 일도 아닌데, 그 장면이랑 그 여자애 이름까지 기억나요. 그런 기억 때문에 가슴이 커지는 게 부끄러운 일이 될 수도 있다는 생각이 조금 생겼을지도 모르겠어요.

참 놀랍네요. 제가 20대부터 40대까지 가슴 경험을 듣고 있는데, 어떻게 10대 시절의 가슴 경험이 이렇게 비슷할까요? 여성이 자기의 가슴을 인식하는 시기가 초등학교 4학년에서 6학년 사이인데, 스스로 가슴 통증을 느끼거나 가슴이 나오기 시작하는 사춘기죠. 이때 여성의 가슴을 향한 '시선'을 경험하거나 목격하면서 브래지어를 착용하기 시작하더라고요. 가슴이 나오기 시작하면 놀림감이 되고 브라 끈 풀고 도망가는 서사도 정말 비슷해요. 10대를 보낸 시기도 다르고 생활한 지역도 다 다른데.

희선 저는 좀 늦게 브라를 착용했어요. 중학교 때 브래지어 파는 사람이 왔는데, 그때 알았어요. '가슴을 위한 속옷이 있구나. 여자는 브라를 입어야 하는구나.' 중학생이 돈을 많이 안 갖고 다니잖아요. 일단 브라를 받고 돈은 나중에 학교로 가져갔어요.

중학교 때요?

희선 네. 지금 생각하면 황당한데, 시골이라 브라를 마땅히 살 만한 데가 없어서 그런 게 아니었을까요.

저는 중학교 때 교사들이 브라가 안 비치게 입었는지 검사한 기억은 나는데, 학교에서 브라를 산 적은 없거든요. 브라 산업이 확장되면서 학교랑 업체가 손발이 딱 맞았네요. 학교는 여학생들이 브라를 착용하면 좋고 브라 업체는 브라를 팔면 좋으니까, 찾아가는 서비스인 거죠. 여성의 브라 착용을 정상화하려고 세밀히 진행된 이벤트라는 생각이 들어요. 다른 분들은 어떠세요?

지현 운동을 좋아해서 맨날 뛰어다니는데 가슴이 출렁출렁하는 거예요. 가슴 흔들리는 티 안 나게 티셔츠를 앞으로 잡아당기고 뛰는 거 알죠? 마르고 어깨가 좁아서 가슴이 표가 안 났을 텐데, 그 철렁철렁하는 게 싫어서. 또 기억나는 게, 여자애들 뛸 때 가슴 작은 애들은 위아래로 딸랑딸랑 흔들리고 큰 애들은 가슴이 원을 그리면서 돌아간다고 놀렸어요.

초아 그 얘기 들으니까 생각나는데, 저는 고등학교 때 뛰면 가슴이 출렁거리는 게 너무 싫었어요. 체육 교사가 남성이면 더 싫어서 달리기를 못 했어요. 두 살 많은 선배가 있었는데, 몸집도 크고 가슴도 컸어요. 가슴이 허리 밑까지 내려오고 너무 커서 브래지어를 못 했는데, 그 선배가 뛸 때마다 출렁거리는 게 너무 보기 안 좋더라고요. 체육 대회 하면서 여자애들 가슴이 출렁거리는 모습을 남성 체육 교사가 지켜볼 때 느껴지던 불편한 감정이 떠오르네요. 여성의 가슴을 성적인 대상으로 봐서 그런 건가 싶기도 하고요.

제가 얼마 전에 《다시는 그전으로 돌아가지 않을 것이다》는 책을 읽었거든요. 비슷한 내용이 나와요. 권김현영 선생님도 초등학교 5학년 때 달리기를 잘하는 편이었는데 흔들리는 가슴을 느끼고는 아무도 못 보게 하려고 손으로 티셔츠를 눌렀대요. 그 뒤 달리기를 즐길 수 없게 됐고요. 저는 가슴이 흔들린 기억이 없고 그런 생각을 해본 적도 없어서 그럴 수도 있구나 하고 말았는데, 가슴 발달은 여성이 신체 활동에서 멀어지는 계기가 되기도 하네요.

선미 제가 10대 때는 청순 연예인 우희진이 최고 인기였거든요. 글래머라는 단어가 각광받은 건 대학 갈 때쯤이에요. 고등학교 1~2학년 때만 해도 남자든 여자든 여리여리한 여성을 선호했거든요. 큰 가슴은 창피한 거였어요. 제가 가슴이 크거든요. 가슴 되게 크다고 대놓고 놀림감이 됐어요. 여자 친구들도 앉을 때 가슴이 책상에 닿는다고 놀렸죠. 대학 오기 전에는 가슴 큰 게 창피해서 가슴 작아 보이게 압박하는 브래지어를 썼어요.

중학생 때 전영록이 나오는 영화 〈돌아이〉를 텔레비전에서 봤거든요. 전영록이 마음에 드는 여자 세 명을 꼬시다가 그래요. "좀 괜찮아?" 그러니까 옆에 있는 친구가 말해요. "어우, 쟤는 유방이 너무 커서 안 돼." 가슴이 너무 커서 마음에 안 든다는 거잖아요. 큰 가슴이 인기가 없구나, 다른 사람들한테 좋아 보이지 않는구나 생각했죠. 지금이야 글래머가 유행인데, 우리 때는 가슴 큰 건 좀 그랬어요. 가슴 큰 여자들의 콤플렉스일 수도 있고. 그런데 고3인가고2 때부터 글래머가 유행하면서 가슴 커서 좋겠다는 말을 듣기 시작했어요. 주변에서도 큰 가슴을 부러워하고. 그전에는 가슴이 커서 부담되고 수치스러웠는데, 고3을 기점으로 바뀐 거죠.

지현 초중학생 때 가슴이 큰 게 수치스러웠어요. 큰 가슴을 매력 자본으로 생각하게 된 때는 고3 같아요. 20대 때는 남자 친구가 꾸준히 있었고, 가슴 예쁘다는 소리를 많이 들었어요. 제가 무지 말라서 가슴이 큰 줄 모르다가 옷을 벗으면 가슴이 크니까 놀라서 '우와' 하죠. 가슴 칭찬을 많이 들어서 알았죠. '아, 큰 가슴이 감탄할 만한 거구나.' 그때는 '젖부심'이 있었어요.

젖부심, 하하하. 가슴이 매력 자본인 적이 없어서 상상이 안 돼요.

지현 젖부심이 대단했어요. 브래지어나 속옷에도 관심이 많았고. 워낙 왕가슴이라 젊을 때는 가슴이 자랑거리였어요. 가슴이 살짝 밑에 있기는 한데 가슴 예쁘다는 소리를 많이 들어서 그렇게 가슴을 내놓고 다녔어요. 가슴골 보이는 거, 그런 걸 많이 입고 다녔다니까요. 하하하.

나경 가슴이 큰 편은 아니거든요. 지금 보면 성희롱인데, 대학 때 남성 동기들이 저보고 놀렸어요. "앞인지 뒤인지 모르겠어. 앞판인지 뒤판인지, 가슴인지 등판인지 모르겠어." 격의 없고 친한 사이라지만 감수성은 부족했죠. 초등학생 때부터 큰 가슴은 뭔가 부끄러운 일이라는 생각을 어렴풋하게 했는데, 20대가 되면서 정반대로 놀림을 받은 거죠.

저는 나경 님이랑 비슷해요. 가슴 작다고 놀림을 하도 당해서 기분은 나빴는데, 그때는 성희롱으로 생각하지 못했어요. 그만 좀 하면 좋겠다 정도였지. 아니, 저는 물은 적이 없는데 각자 가슴 크기를 오픈하시는 건가요? 하하하. 여성의 가슴 경험에서 가슴 크기가 참 중요하다는 생각이 드네요. 작으면 작다고, 크면 크다고 놀림을 받으니까요. 여성의 몸은 어릴 때부터 평가받는구나 싶어서 좀 화가 나요. 더 나누고 싶은 가슴 경험이 있을까요?

선미 저는 20대 비혼일 때 가슴이 노출되는 데 엄청난 공포감이 있었어요. 졸업 앨범을 나시 위에 재킷을 입고 찍었어요. 6명이 소그룹 단체 사진을 찍는데, 뒤에 서 있으니까 몸을 수그리게 됐죠. 나시가 약간 밑으로 처지면서 가슴골이 보인 거예요. 유두는 안 보여도. 그런데 앞쪽에서 다른 선배인가 누군지도 몰라, 남자가 본 거예요. '허' 하고 놀란 눈빛으로 나를 보더라고. 너무 수치스럽고 창피한 거예요. 유두도 아니고 가슴골인데, 지금 생각하면 아무것도 아닌데. 요새는 가슴골을 일부러 노출하는 마당에. 그 일이 있고 며칠을 창피해한 게 아직도 기억나네요. 누가 제 유두라도 봤다면, 정말 그랬으면 큰 충격을 받았겠죠.

선미 님이 더 당황한 게 남성 선배의 놀란 눈빛 때문이었다고 생각해요. 저도 비슷한 경험이 있는데, 20대 후반에 고등학교 남자 동창이 옛날 얘기를 했어요. 고등학생 때 버스에서 자리에 앉은 제 흰 팬티를 보고 깜짝 놀랐다는 거예요. 우선 저는 그건 팬티일 리가 없다고 말했죠. 그때는 엄청 조신과 순결의 압박에 싸여 있던 때라 속

바지를 안 입으면 밖에 안 나갔거든요. 걔는 흰 팬티가 아니라 흰 속바지를 본 거죠. 그런데 남자애가 제 팬티를 보고 놀랐다는 말을 듣는 순간 너무 당황스럽고 창피하더라고요. 일부러 보여준 것도 아니고 걔가 우연히 본 건데 말이죠. 선미 님과 제 경험을 통해 보면, 여성이 수치심을 느끼는 건 가슴골과 팬티가 아니라 내가 내 몸을 제대로 단속하지 않았다는 사실 때문이에요. 자기 잘못이 아닌데도 '정숙한 여자'에서 벗어났다는 생각이 드니까 창피한 거죠. 이렇게 여성은 몸가짐을 둘러싼 압박과 두려움 속에 살아가네요. 지금까지 결혼 전 가슴 경험을 얘기했는데요, 결혼 후에는 어땠나요?

나경 모유 수유를 했거든요. 처음에는 젖이 안 나오다가 이삼일 지나 젖을 먹기 시작했죠. 저는 그렇게 고통스럽지는 않았거든요. 젖몸살도 안 하고 다 괜찮았는데, 친정엄마가 몸조리 도와준다고 와 있었어요. 그런데 옆에서 자던 아기가 울 때마다 빨리 젖 주라는 말을 하는데 어느 날부터 너무 듣기가 싫더라고요. 약간 젖소 부인이 된 듯한 기분이 들고. 내 몸이 내 몸이 아니라 애 우유 통 같다는 느낌을 엄마가 그 말을 할 때마다 받는 거예요.

선미 저도 비슷해요. 시어머니랑 이런 얘기를 계속 했어요. "네가 잘 먹어야지 애기한테 좋은 영양분으로 간다." "어머님, 저 이거 못 먹어요. 돼지 뼈 끓이지 마세요. 저, 그거 싫어요." "니가 이걸 먹어야 애기 모유가 잘 나올 거 아니냐." 그런 얘기 듣다보면 내가 애한테 먹이 주는 사람인가 하는 생각이 들었죠.

진경 제가 유두가 좀 커요. 시어머니한테 이런 말도 들어본 적 있어요. "니가 유두가 너무 커서 애기 입에 잘 안 들어간다. 쓸데없이 커서 애가 잘 못 먹잖니." 제 친구도 모유 수유를 하는데 자기가 밥 주는 사람이라는 생각이 들어서 너무 우울하다는 거예요. '자기 자식한테 젖 주는데 왜 그런 생각을 하지' 하면서 전혀 이해가 안 됐는데, 제가 그런 상황이 되니까 똑같은 생각이 들더라고요.

희선 결혼 뒤에는 내 가슴은 내 몸이 아니라 아이랑 공유하는 무엇이었어요. 제왕 절개를 했어요. 그때 자연 분만이 최고 분만법이고 아이나 산모에게 좋다는 분위기가 있었어요. 모유 수유도 색다르게 조명받기 시작해서 산모 교실 다니면서 가슴 마사지 하는 법도 배우고 보건소에서 자연 분만법도 배웠죠. 당연히 자연 분만을 하려고 했죠. 수술하면 아이가 머리도 나쁘고 산모도 회복 기간이 길고, 안 좋은 게 너무 많더라고요. 어쩔 수 없이 수술을 했지만 모유 수유는 꼭 하겠다는 필사의 의지를 불태웠죠. 처음에 젖은 불고, 마사지도 이론으로 배운 거잖아요. 젖꼭지에 피도 나고 젖 짜기도 너무 힘들었어요. 그런 어려움을 이겨내면서 모유 수유를 했어요.

초아 아이가 생기면서 가슴은 내 것이 아니라 아이를 위한 것으로 생각했어요. 첫째 낳고 둘째 갖기 전부터 일을 시작했고, 둘째 낳고도 일을 계속 했어요. 보통 육아 휴직은 세 달이고 예정일 10일 전부터 휴직에 들어가요. 그런데 둘째가 예정일보다 열흘 더 늦게 나왔어요. 아이 낳고 두 달 만에 회사로 복귀할 수밖에 없는 상황이 된 거예요. 두 달 된 아이를 어린이집에 맡긴 게 미안하니까 모유 수유에 집착했어요. 하는 일이 경기 북부를 관할하는 업무라 출장이 잦았는데, 항상 전동 유축기와 보냉 가방을 갖고 다녔어요. 밖에서도 일하다가 화장실이나 어디 빈 곳에 들어가 유축해서 보냉 가방에 넣었죠. 그렇게 둘째 돌 지날 때까지 모유 수유를 했어요. 지금 생각하면 왜 그렇게 했을까 싶어요. 그러다 보니 가슴을 향한 애착이라든지 가슴을 섹슈얼리티에 연결하는 생각이 많이 사라졌죠.

지현 저도 건강에 좋다니까 모유 수유를 했어요. 모유 수유를 하려고 얼마나 애썼는지 몰라요. 처음에는 젖이 잘 안 나와요. 그런데 첫 아이고 뭐든 처음이니까 모유 수유에 의미를 너무 많이 부여했죠. 못 해주면 굉장히 죄책감을 느끼는 거예요. 마더차인가 하는 모유 촉진차를 마셨어요. 모유 잘 나온다고 해서 생우유 500밀리리터짜리를 2개씩 마시고 설사를 얼마나 했는지 몰라요. 인터넷 카페에서 모유 나눔 하는 사람이 있었어요. 그걸 받고 싶었죠. 초유에 좋은 게 많이 들어 있다고 하잖아요. 조리원 있을 때 옆방 언니가 둘째 출산인데, 가슴도 크고 모유가 너무 잘 나오는 거예요. 새벽에 유축기 소리가 들리면 나도 저렇게 하고 싶은데 안 나오니까 너무 슬펐다니까요. 유축기로 짜고, 마사지 받고, 얼마나 노력한지 몰라요. 한 달 더 고생했어요. 진짜 열성이었어요. 방법을 모르니까 보건소도 가보고 혼자 애 많이 썼어요. 미역국은 또 얼마나 많이 먹었나 몰라요. 물 종류 많이 마셔야 한다니까 우유 대신 두유를 박스로 사다놓고 마셨어요. 아까 돼지 뼈 말씀하셨는데, 조리원 나와서 집에서 도우미 아주머니가 끓인 돼지족탕 마셨어요. 이게 냄새가 나거든요. 하루 종일 미역국 먹고, 두유 먹고, 돼지족탕 먹고, 진짜 열성이었죠. 좋다니까 무조건 먹었어요. 주변 사람들 다 모유 수유를 하고 모유가 붐이니까, 저도 1년 동안 철저하게 다 지켰어요.

저는 20대 때에는 모유 수유에 환상을 품고 신성시했어요. 예술 작품에서 모유 수유 하는 모습이 아주 평온하고 아름답게 그려졌고, 모유 수유 하는 여성들이 정말 좋은 경험이라고 했으니까요. 그런데 모유 수유 하는 여성들을 가까운 곳에서 보면서 환상이 완전 깨졌어요. 너무 고생하더라고요. 유선이 자주 막히는 사람은 젖몸살 때문에 특히 힘들어했어요. 그런데도 모유 수유를 고집하는 모습이 사실 좀 이해가 안 됐어요.

희선 제가 모유 수유를 해야지 애가 뭔가 먹고 생명이 연장되잖아요. 모성이라고 할까, 그런 사명감이 있었어요.

나경 지금 보면 모유 수유를 포기해도 될 텐데 왜 꼭 해야 한다고 생각했을까요, 제가, 하하하. 자연 분만도 해야 하고 모유 수유도 해야 한다, 이렇게 그냥 생각한 거였네요.

〈산후조리원〉이라는 드라마를 재미있게 봤거든요. 제가 모르는 세계라서 신선했는데, 지현 님이 겪은 일들이 아직도 반복되고 있더라고요. 산후조리원에서는 모유 잘 나오고 육아 잘하는 '엄마'가 가장 서열이 높아요. 모유 수유 방법이나 양육 비법을 배우려고 선물 공세도 하고. 제가 그 드라마를 보고 이번 인터뷰를 진행하면서 기혼 여성들은 모유 수유를 당연하게 생각한다고 느꼈어요. 아는 분이 모유 수유를 시도하다가 결국 실패해서 '죄책감'이 많이 들었다고 하더라고요.

한국 사회가 모유 수유에 너무 큰 의미를 부여하는 건 아닐까요? 저는 분유와 모유는 여성이 임신을 결정하는 일처럼 선택의 문제라고 보거든요. 아는 언니가 출산을 했는데 친정어머니가 모유 수유를 하면 자기 딸 고생한다고 젖 말리는 약을 주셨대요. 그때는 놀랐는데 이제 좀 이해가 돼요. 어느 유럽 단편 영화에서도 두 여성이 출산하자마자 거의 열 달 동안 고생한 만큼 쉬고 온다면서 막 태어난 아기를 남성들에게 맡기고 여행을 떠나거든요.

막 출산한 여성이 몸에 문제가 없고 바로 일을 안 해도 되는데 모유 수유를 안 하면 '왜'라는 질문을 받을 거예요. 그런데 모유 수유가 분유보다 훨씬 힘들잖아요. 잠도 푹 자기 어렵고, 몸에서 계속 뭔가를 만들어 배출해야 하고, 다른 양육자가 있어도 전적으로 여성이 감당해야 하고. 무통 주사 거부, 자연 분만, 모유 수유를 '자연스럽다'고 여기게 하면서 '훌륭한 어머니의 탄생'이라는 서사를 만들지 않나 싶어요. 그래서 모유 수유의 신화가 좀 걱정돼요.

지현 모유 수유가 힘들기는 한데 장점도 있어요. 애가 양쪽을 다 빨면 혈액 순환이 돼서 가슴이 얼마나 시원한지 몰라요. 어떨 때는 빨리 수유하고 싶다고 할 때도 있었어요.

희애 내 신체의 일부를 아이랑 공유하는 거잖아요. 그런 면에서는 친밀감이 더 높아졌다고 생각해요.

선경 아직 딸이 어려서 찌찌를 만지니까 지금은 여자가 아니라 엄마로서 가슴이 갖는 의미가 커요. 아이랑 애착을 형성하는 데 모유 수유가 좋았어요. 초반이 진짜 힘들어요. 산후조리원에서도 쉬지를 못해요. 그런데 모유 수유가 장점도 있어요. 우선 생리를 안 하니까 가장 좋아요, 하하하. 그리고 엄청 먹어도 살이 안 쪄요. 늦게 야식을 먹어도 체중이 하나도 안 늘더라고요. 딸이 찌찌 먹는 모습이 어쩌나 사랑스러운지 아직도 생생하게 기억나요. 그 경험이 정말 좋았어요. 아이랑 눈 맞추고 애가 내 찌찌 빨고, 그게 행복했어요. 분유보다 더 편하기도 해요. 분유는 챙겨야 할 게 많거든요. 물 온도도 맞춰야 하고, 젖병 씻어서 살균해서 말려야 하고. 모유 수유는 그럴 필요가 없으니까 진짜 편하죠.

어쩌다 보니 오늘 모인 분들이 모유 수유 경험자라 그 이야기가 많이 나왔네요. 모유 수유는 힘들지만 장점도 많다는 의견이 공통적입니다. 출산하고 분유를 선택한 유자녀 기혼 여성의 이야기도 들어보면 좋을 텐데, 좀 아쉽네요. 출산을 앞둔 여성들이 모유와 분유의 장단점을 따져본 뒤 조건에 맞게 선택할 수 있고, 최소한 분유를 먹여도 '죄책감'은 안 느끼는 사회가 되면 좋겠어요. 모유 수유를 길게 하신 분들은 공공장소에서 수유한 경험도 있나요?

희선 전철 같은 공개된 곳에서 한 적은 없는데, 뉴스에는 자주 나왔어요. 전철에서 모유 수유를 해서 누가 뭐라고 했다거나 모유 수유는 여성의 권리라는 말들이 많아서 수유실이 막 생기는 때였죠.

나경 유모차 끌고 백화점 가는 사람들은 이해 못 하는 쪽이었거든요. 그런데 아이 생기고 나서 바로 이해하게 됐어요. 아기 데리고 편하게 갈 수 있는 곳이 없어요. 마트나 백화점 말고는 편하게 수유하고 기저귀 갈 수 있는 곳이 없어서 가는 거예요. 쇼핑할 일이 없어도 답답하니까 유모차 끌고 백화점에 간 적이 있어요. 뭘 사러 가는 게 아니에요. 갓난아이 데리고 기저귀 가방 들고 갈 곳이 없어서 가는 거지. 언제 젖 먹이고 기저귀 갈지 불확실한데, 그나마 그런 데 가면 마음이 안정되죠. 길거리에서 할 수는 없잖아요. 그런데 회사에서는 유축하고 그럴 때 할 데가 없더라고요. 이런 인프라가 너무 부족하다, 진짜 모성 보호가 필요하다는 생각도 들고.

지영 공공장소에서는 수유를 해본 적이 없어요. 우선 아이를 먹이려면 편해야 하는데, 수유실이 아니면 아이 안고 먹이기가 어려워요. 가슴도 가려야 하고, 자세가 잘 안 나와요. 아이도 주변에 사람이 있으면 모유 먹는 데 집중할 수 없고요. 엄마도 다른 사람들 시선이 신경쓰여서 경직될 테고, 그럼 아이도 편하게 먹기 어렵죠.

그런 시선을 안 받으면 엄마도 아이도 공공장소에서 편하게 수유할 수 있을까요?

선미 제가 아기 낳은 때 왜 모유 수유를 당당하게 하지 못하냐면서 연예인이 모유 수유 하는 사진을 에스엔에스에 올려서 화제가 됐어요. 한국 연예인도 있고 외국 연예인도 있었어요.

저도 봤어요. 2016년에 연예인 정가은 씨가 모유 수유 하는 사진을 에스엔에스에 올렸죠. 관심 받고 싶냐면서 비난하는 사람과 모유 수유가 부끄러운 게 아닌데 왜 가려야 하냐는 사람들 사이에 설전이 벌어지면서 화제가 됐어요. 논란이 있고 몇 달 뒤에 방송에 나와서 정가은 씨가 그랬죠. "깜짝 놀랐어요. 지금도 뭐가 문제인지 잘 모르겠어요. 저게 왜 야하게 느껴져요?" 저는 수유실이 필요하다는데 동의하지만, 모유 수유를 보는 관점도 바뀌어야 한다고 생각해요. 모유 수유는 어디서나 할 수 있어야 하고, 여성과 아기 모두 모유 수유를 편하게 할 안전한 공간을 찾아다닐 필요가 없어야 한다는 거죠. 엄마가 아이한테 밥 주는 건데.

선미 인식이 쉽게 안 변해요. 몸에 밴 관습도 있고. 저도 공공장소에서 모유 수유 한 적은 없거든요. 항상 모유수유실이 있는 곳에 가거나 차 안에서 했죠. 사람들 보는 앞에서 한 적은 없어요. 밖에서 해야 할 상황이면 남편이 가렸을 거예요. 모유 수유가 창피하다기보다는 남들이 보는 게 좀 부담스럽죠. 친정이나 시댁에 가서도 모유 수유 할 때는 아버님이나 우리 아빠는 절대 못 봤거든요. 방 안에 들어가서 하니까 어머님이나 여자들은 다 들어와서 봐도 남자들은 못 보죠. 여자 가족들이 보는 건 상관없어요. 어머님이 제 찌찌를 들어서 딸 입에 넣기도 했는데, 처음에는 '이게 뭐지?' 하면서도 하지 말라는 얘기는 안 했어요. 새언니에게 그런 얘기를 하니까 너무 충격이라는 거예요. 시어머니 앞에서 하는 모유 수유라니 상상이 안 된다는 거죠. 사람마다 다 다른 것 같아요. 여자 가족한테도 모유 수유 하는 모습을 보여주고 싶지 않은 사람이라면 모르는 사람들 앞에서는 진짜 어렵겠죠.

초아 산후 조리를 친정집에서 했는데, 모유가 꽉 찬 상태에서 잘 안 뚫리면 가슴이 돌덩이처럼 단단해지고 네다섯 배로 커지거든요. 사람 젖이 아니야. 너무 아프니까 부끄러움도 없어요. 친정집 거실에서 웃통 까고 엄마가 뜨거운 물로 막 찜질을 했죠. 그러면 모유 나오는 길이 뚫리거든요. 그때 아빠가 문을 열고 들어온 거예요. 살면서 아빠한테 그렇게 가슴을 보일 일이 없잖아요. 되게 민망했거든요. "아빠, 나 지금 젖 푸니까 들어가." 그냥 그렇게 말한 장면이 아직도 사진처럼 떠올라요. 아빠도 아빠이기 전에 남자인데, 내 젖을 아빠가 봤잖아요. 왜 그럴까 생각하면, 남편 말고는 아빠가 처음으로 제 가슴을 봐서 그런가 싶기도 하네요. 공원이나 수목원 같은 공공장소에서는 사람이 많지 않은 한적한 곳을 찾아 모유수유를 한 경험은 있는데, 항상 사람이 없고 가슴을 드러내도 부끄럽지 않는 곳에서 했어요. 모유 수유를 하는 건데도 가슴을 보이면 부끄럽다고 생각했죠. 회의하거나 모임 할 때도 뭘로 가리거나, 사람들을 등지거나, 구석에서 모유 수유를 했어요.

저도 모유 수유 하는 모습은 예술 작품이나 아주 친한 사람이랑 있을 때 아니면 공공장소에서는 거의 못 봤어요. 해외에서 페이스북이 모유 수유 사진을 음란물로 취급해서 삭제한 적이 있거든요. 화난 엄마들이 집단 항의를 해서 모유 수유 사진을 더는 삭제하지 않는 쪽으로 페이스북 정책이 바뀌었어요. 모유 수유 하는 여성의 가슴은 무엇을 상징하길래 '시선'에서 자유롭지 못할까 하는 생각이 드네요. 모유 수유 이야기는 이 정도면 충분한 듯한데요, 기혼 여성은 어떤 가슴 경험을 또 할까요?

초아 결혼해서 좀더 자유로워진 면도 있어요. 결혼 전에는 불편하고 아파도 와이어 있는 브라를 고집했거든요. 여성의 가슴이 여성을 상징하는 신체 부위라는 생각을 버리지 못했죠. 가슴이 크고 예뻐야 좋은 남자든 멋있는 남자든 만날 수 있다는 이성애 결혼관을 갖고 있었어요. 그런데 결혼한 뒤에는 그런 생각 자체를 안 하니까 브라에서 와이어가 빠지는 거예요.

선미 아무래도 그전보다는 외모에 덜 집착하죠. 완전 놔버린 건 아니라서 지금도 어디 나갈 때는 브래지어를 하지만, 집착은 줄었어요. 누군가 제 가슴을 보면 수치스럽겠지만, 결혼 전만큼 스트레스를 받지는 않아요. 아가씨 때는 가슴 모양과 크기가 중요하고, 예뻐 보여야 되고, 옷 입을 때도 맵시가 있어야 하고, 처지지 않는 걸 중요하게 여겼는데, 아이 낳으니까 둔해져서 그런지 편한 옷을 찾게 되고, 브래지어 안 하고 나갈 수도 있게 돼요. 아직도 딸이 찌찌를 만지는데, 그럴 때 좀더 편한 옷을 찾게 돼요.

나경 저도 결혼한 뒤에 더 편해졌어요. 벗은 몸에 익숙한 상대가 생기잖아요. 아이하고 씻고 벗고 같이하잖아요. 원가족하고는 2차 성징 뒤에는 목욕도 같이 안 하고 혼자 샤워했는데, 내가 구성한 가족은 아이도 그렇고 남편도 그렇고 벗은 몸이 좀더 자유로워요. 그전에는 몸을 조심해야 된다는 생각이 있었다면 결혼 뒤에는 그런 생각이 많이 사라지는 느낌이에요. 기혼 여성은 운동 차원에서 벗을 일이 없어서 그렇지 비혼 여성보다는 몸에 관해 훨씬 자유로워요. 회사에 비혼자들이 있는데, 1년에 한두 번 워크숍을 가면 그분들은 혼자서 옷을 갈아입고 나와요. 그런데 저를 포함해서 기혼자들은 그냥 거기서 옷을 갈아입어요. 그런 면에서 기혼이 훨씬 더 자유롭다고 느껴요.

기혼 여성은 미에 관한 강박과 자기 몸이 드러날 수 있다는 압박에서 좀더 자유로워진다는 거군요. 결혼은 가슴에 관한 인식을 어떻게 바꿀까요?

선미 부부 사이의 애착 관계에서 가슴은 중요하죠. 가슴은 남편한테 여자로서 사랑받는 매개라고 봐요. 결혼 전에 남편이 제 가슴을 만지다가 딱딱한 게 느껴져서 조기에 시술을 받았거든요. 지금도 남편이 자기가 진찰하고 있으니까 걱정하지 말라고 해요. 우리 딸이랑 남편이랑 둘 다 제 가슴 만지기 경쟁을 해요, 하하하.

초아 결혼한 지 10년이 넘었어요. 결혼 전에는 가슴이 봉긋 솟고 제가 봐도 예뻤거든요. 지금은 어쨌든 축 처져서 할머니 가슴처럼 되니까 시간이 지날수록 가슴이 의미가 없어지고, 몸의 일부로 그냥 존재하는 느낌이에요.

희선 저도 가슴이 큰 의미는 없어요. 옷 입을 때 너무 비치지만 않으면 정말 안 하고 싶은데, 한동안은 스포츠 브라도 아니고 인견으로 된 편한 브라를 즐겨 입었거든요. 정말 편해요. 어느 날 충격을 받았어요. 우연히 제 사진을 봤는데, 저만 느낄 수도 있지만 흘러내린 가슴이 그대로 사진에 비치는 거예요. 인견 브라가 가슴을 받쳐주는 기능은 없거든요. 그 사진 본 뒤로 인견 브라는 안 했어요. 조금 불편해도 스포츠 브라를 했죠. 모유 수유를 할 때도 엄마들 사이에서 나중에 가슴이 처진다는 말이 많았거든요. 그런데 어쨌든 출산 뒤에는 가슴이 불어 오른다거나 팽창하고 나이가 들어가면서 처진다는 생각이 들어요.

할머니가 체구가 작은데 유두가 배꼽까지 처져서 정말 놀랐거든요. 지금 생각하면 봉긋한 가슴을 너무 당연하게 생각한 게 아닌가, 처진 가슴도 자연스러운 가슴이 아닌가 싶어요. 불꽃페미액션이 페이스북 코리아 앞에서 기자 회견과 상의 탈의 퍼포먼스를 했는데, 어떻게 보셨어요?

선미 굳이 이렇게 해야 하나 생각했어요. 참가자들도 정말 운동이고 퍼포먼스니까 참여한 거지 벗고 다니는 게 거리낌없는 사람들은 아니잖아요. 모두 벗고 다니자는 말이 아니고, 여성의 상의 탈의를 창피한 일로 취급하면 안 된다는 주장이고, 남자들이 상의 탈의 할 수 있는 공간에서는 여자들도 상의 탈의를 할 수 있게 한다는 게 궁극적인 목표 아닌가요? 사람들 인식이 바뀌면 가능하기는 할 텐데, 저는 남자건 여자건 간에 상의 탈의 한 모습이 좋아 보이지는 않아요. 운동을 하는 건 괜찮아요. 그런 운동을 통해서 '그럴 수도 있겠다'고 생각을 바꿀 계기를 주는 건 좋았어요.

초아 그때는 여성학을 공부하기 전이었는데, 기사를 보고 용기 있는 행동이지만 저렇게 과도하게 해야 할까 하는 생각이 들었어요. 남성들이 쓴 비난 댓글을 보면서 한편으로는 이해도 됐고요. 제가 정당 활동을 해서 운동하는 사람들이랑 페이스북이 연결돼 있는데, 거기에서 불펨의 상의 탈의 퍼포먼스를 혐오하는 발언을 봤어요. 진보 운동을 하는 사람들은 저보다 의식이 높다는 맹목적인 신뢰를 갖고 있을 때였죠. 진보적인 사람들이 하는 비판에 약간 동의하면서 상의 탈의 퍼포먼스는 과하다는 생각도 했지만, 한편으로는 그걸 구실로 모든 여성을 싸잡아 비판하는 방식이 불편했어요.

그때부터 진보 운동을 하는 사람들의 의식을 조금 의심하게 됐죠. 남성들이 막 비난 댓글을 다는데, 저는 그런 모습이 불편했어요. 그런 불편한 느낌이 차츰 다른 데서도 나타나면서 진보 운동을 대표한다는 남성들은 굉장히 남성성이 강하다는 걸 알게 됐고, 그래서 요즘은 좀 회의적이에요. 여튼 가슴해방운동을 처음 본 때는 그런 생각을 했는데, 여성학을 배우면서 생각이 달라졌어요. 그래서 불펨이 걷는 행보에 더 눈길이 가고, 고민도 하게 됐어요. 나는 왜 그때 그렇게 생각했을까? 집에서 브라를 안 하는 나와 불펨이 하려는 말의 차이는 뭘까? 살아온 경험이 다른 건가?

희애 대단하다고 생각했죠. 지금은 아니지만, 나도 언젠가 할 수 있겠다는 생각도 했어요. 가슴해방운동을 하는 분들이 젊잖아요. 나도 그 나이에 저런 패기가 있었나 생각하면서 부럽기도 했고, 어쨌든 무조건 지지했죠.

나경 아우, 멋있다! 집에서 편하게 안 한다거나 가까운 동네에서 안 한다거나 하는 정도는 할 수 있지만, 아무리 굳은 결심을 했어도 공공장소에서 벗을 수 있을까 생각하면, 이 운동에 참여한 개개인은 난 사람들이라는 생각을 일단 했어요. 정말 의미 있는 운동이에요. 이 운동의 맥락을 알고 있었거든요. 페이스북이 글을 지워서 기자 회견을 한다는 사실을 온라인에서 찾아보고 지켜봤거든요. '와, 대단하다. 요새 활동 멋있게 하는구나.' 이렇게 생각했죠. 불펨 활동이 잘되면 좋겠다 싶었어요. 저랑 같이 사는 사람은 불펨이 너무 멋있다면서 후원을 하겠다는 거예요. 이 운동을 한 사람들은 한 단계를 뛰어넘는 어떤 해방감을 느끼지 않았을까요. 저한테는 그런 환상이 있어요.

후원도 해주시고, 감사하네요. 불꽃페미액션 가슴해방운동에 관한 반응은 '과격하다'와 '멋있다'로 나뉘는 느낌이에요. 이 운동은 여러 분들에게 어떤 영향을 미쳤나요?

초아 여성회 활동을 하는데, 회원들이 대부분 집 앞에 나갈 때 브라를 안 해요. 남편들은 반대해요. "너 왜 브래지어 안 하고 나가? 내가 창피하니까 하면 안 되냐?" 불펨의 찌찌 해방은 여기에 대고 이렇게 말할 수 있는 거죠. **"내 몸은 내 것이니까 내가 알아서 할게. 참견하지 마."** 전에는 남편이 그렇게 얘기하면 좀 그런가 하면서 순응했겠지만, **이제는 내가 내 몸을 사유할 수 있고, 권리를 요구할 수 있고, 그런 사유와 권리를 행동으로 표현한 찌찌 해방이라는 운동이 있잖아요.** 새로운 주체들이 탈코르셋 운동을 먼저 시작했고, 기혼 여성이지만 함께하고 싶었어요.

지현 불펨의 찌찌 해방을 보고서야 알았어요. '그래, 이런 방법도 있었구나! 사람들이 이렇게 주목하는구나.' 아주 파격적이잖아요. '우리는 왜 못해? 그래 해버리자.' 이렇게 생각해서 저도 집에서 가슴 해방을 해버렸죠. 처음에는 좀 신경도 쓰이고 불편했지만, 지금은 그러든지 말든지 상관 안 해요. 그전에는 지금처럼 풀고 다니지는 않았죠. 2019년부터 조금씩 안 했어요. 예전에도 집에서는 안 했는데 이제 밖에도 귀찮으면 안 하고 나가요. 꼭지가 커서 티 나니까 여름에는 어쩔 수 없이 하고, 겨울에는 웬만하면 안 해요. 주변 사람들도 안 하고, 불펨 페이스북 시위도 있고, 브라 안 한 사람을 여성 단체에서 많이 보니까 안 해도 된다고 인식이 바뀌는 거죠.

아는 동네 언니가 안 하고 다녔는데 티가 좀 나더라고요. 그때는 브라 좀 하고 다니라고 얘기했거든요. 이제 신체나 외모는 말 안 해요. 남편이 텔레비전 보면서 이렇게 얘기해요. "아우, 쟤 살찐 거봐." 저는 반론을 제기하죠. "그게 팩트가 아니잖아. 어떤 사건이벌어지면 그 사건 얘기를 해야지 왜 외모를 평가해." 제가 마트 같은 곳에 다녀올 때 두꺼운 옷을 입어도 가슴이 커서 표시가 나거든요. "브라자 좀 하고 다녀." 남편이 이렇게 말하면 제가 그러죠. "내몸인데 무슨 상관이야. 니 몸이나 신경써. 노터치."

예전에는 티를 입었는데 지금은 늘어난 러닝을 입어도 신경 안 써요. 그래도 격식을 차려야 할 때는 브라를 착용하죠. 아이 친구들 오면 브라를 했는데, 요즘은 안 해요. 저는 주변 환경이 중요해요. 거기에 휩쓸리는 편인데, **주변 사람이 바뀌고, 접하는 미디어나 방송이 바뀌고,** 그런 접점이 점차 늘어나니까 저도 자유로워지는 거죠.

주변이 중요하죠. 저도 불펨 안 만났으면 겨털 기르면서도 엄청 주눅들고 탈브라도 못했죠. 제가 남편이 없어서 잘 몰랐는데, 남편이아내 브라까지 간섭하는군요. 하기는 제가 아는 부부가 진보 단체에서 활동하고 둘 다 꽤 급진적이거든요. 그런데 아내가 여름에 노브라에 나시 입고 출근하려니까 제발 브라 입으면 안 되겠냐고 간곡하게 부탁했다는 일화를 들었어요. 옷 벗고 가겠다는 것도 아닌데 아내 유두가 비치는 게 진짜 싫은가 봐요.

선미 노브라 여성은 범죄에 노출될 가능성이 높은 여성이라든지,성적으로 개방되거나 남성을 유혹하는 여성이라는 잘못된 인식 때문 아닐까요.

332

완전 잘못된 인식이죠. 여성들의 행동은 뭐든 다 자기들 기준으로 남성을 유혹하게 된다고 생각하는 게 문제예요. 여성이 남성한테 선택받으려고 산다고 생각하는 거죠. 아이고, 한심해라.

양육자 교육 때 어떤 분이 질문을 하더라고요. 딸이 가슴이 커져서 브라를 해야겠다고 말하니까 건강에 안 좋아서 하기 싫다는데 어떻게 해야 하냐는 거죠. 질문하는 분은 브라 착용을 어떻게 생각하냐고 물으니까, 자기도 불편한데 브라를 안 하면 성범죄에 노출될까 걱정이 된다는 거예요. 저는 브라 착용이랑 성범죄는 상관관계가 없다고 말씀드렸어요. 전형적인 피해자 유발론이잖아요. 옷차림, 늦은 시간, 혼자, 취함, 가해자 따라가기 등 피해자가 성범죄를 불러온다는 논리인데, 피해자 잘못이 아니라 가해자가 원인이죠. 지하철에서 가슴 성추행을 당한 지인이 두 명 있어요. 둘 다 브라를 착용했거든요. 브라 착용이랑 상관없이 가해자가 마음만 먹으면 성범죄가 발생하는데, 아직도 성폭력을 보는 고정 관념이 이렇게나 견고하네요. 그런 고정 관념이 브라 착용까지 이어지고 있고요.

그나마 긍정적인 변화는 조금씩 생각을 바꾸는 남성들이 등장한다는 거예요. 남성 기자가 브라를 착용한 뒤 쓴 기사를 읽었거든요. 직접 브라를 착용해보니 답답하기도 하지만 사람들 시선을 견디기 힘들더라면서 동네 나갈 때 '노브라'로 다니지 말라고 아내를 핀잔해서 미안하다 하더라고요. 생각 없이 내뱉은 말이 여성에게는 '억압'이 될 수 있다고 반성한 거죠. 아내 브라 단속하는 남편들은 더울 때 일주일씩 브라를 착용해봐야 해요. 얼마나 답답한데. 여하튼 불펨 가슴해방운동이 기혼 여성에게도 언어를 주고, 브라 착용을 재해석하고, 노브라의 실천 가능성을 넓힌 듯해서 좋네요. 혹시 가슴해방운동에 참여할 생각은 없나요?

선미 못할 것 같아요. 아직은 사회적 인식이 부족하고, 여성이 가슴을 드러내면 사람들 시선을 받잖아요. 결국은 창피할 것 같고.

지현 아이고, 지금은 안 돼요. 가슴이 진짜 배꼽으로 내려갔어요. 집에서는 할 수 있는데 사람들 앞에서는 못 해요. 기혼들은 자기 혼자만이 아니라 애들 얼굴도 있고, 남편 얼굴도 있고, 동네 사람 볼 낯이 없어서 용기 내기가 쉽지 않아요. 대신 이 운동을 응원할게요.

희애 저도 정말 안 하고 싶어요. **가슴에도 나이가 있다니까.** 처졌어, 진짜.

그럼 가슴 모양 때문에 참여가 어려운 거예요?

희애 그건 아닌데, 고민은 해보겠지만 솔직히 내 가슴이 필요할까 하는 생각이 들어요. 지금은 제 가슴에 아무도 관심을 안 갖고 의미도 없겠죠. 나이도 먹었고, 성적 매력이 분출하는 시기도 아니고. 해방이라는 것도 어떤 상징적인 의미가 있어야 한다고 생각해요. 젊은 여성들의 가슴은 성적인 코드이고 대상화되는 부위이기도 하잖아요. 중년 여성이 가슴해방운동을 하면 사람들이 그 정도로 관심을 가졌을까요?

함께 고민해야 할 중요한 이야기네요. 중년 여성이 벌인 상의 탈의 시위를 다룬 기사를 보면 '성적 대상화'라든지 '음란'이라는 시각으로 접근하지 않거든요. 어머니들이 상의 탈의 시위를 할 때는 '어머니들이 가슴까지 내보이며 절규'했다거나 연행을 거부하려는 처절한 몸부림 때문에 어쩔 수 없이 윗옷을 벗었다는 서사를 강조하거든요. 불펨 가슴해방운동하고 결이 조금 다르게 해석되죠. 가부장제는 젊은 여성의 봉긋한 가슴을 이상화하기 때문에 중년 여성의 가슴은 성적 의미가 사라지지는 않더라도 덜 부각되는 걸까요? 조금 더 고민해봐야겠어요.

불꽃페미액션의 가슴해방운동이 젊은 여성 위주이고 젊은 여성들에게 큰 영향을 미치고 있다는 말은 맞지만, 여러분이 말하듯이 기혼 여성 또한 이 운동의 영향을 받은 점에서 젊은 비혼 여성만 참여하는 운동은 아니라고 생각해요. 그렇지만 중년 여성이 자기 가슴이 의미가 있냐고 질문하게 한 현실은 이 운동이 젊은 여성 위주로 진행된 탓에 다양한 나이대에 속한 여성들의 가슴 경험을 담아내지 못한 결과라고 봅니다.

나경 저도 혼자는 참여하지 못하겠지만 단체에 속한다면 같이할 수도 있겠다 싶어요. 저는 개인이잖아요. 단체 안에서는 구성원 사이에 연결망이 있잖아요. 관계성이라는 게 있고. 그런 전제 아래에서 같이 행동을 하는 식으로 참여하는 방식이랑 개인이 결의해서 생판 모르는 사람들 사이에 가는 방식은 느낌이 다르죠. 그 안에 있다면 같이할 수 있겠죠. 누가, 몇 시에, 어디에서, 어떤 행동을 하자고 미리 약속하면 같은 구성원으로서 참여할 수 있겠는데, 완전한 개인으로 참여하기는 어렵다고 봐요.

아, 그 점도 생각을 못 했네요. 관계성이나 소속감도 중요하겠어요. 그런데 불펨 가슴해방운동도 치밀한 각본에 따라서 진행되지는 않았어요.

나경 그래요?

2017년에는 즉흥적으로 했고, 2018년에 처음 공식적으로 올린 찌찌 해방 만세 사진도 기획자가 있기는 하지만 현장에서 바로 결정하고 참여한 분들도 많았어요. 불펨이 아닌 분도 있고. 그렇지만 나경 님 의견은 중요해요. 관계성과 소속감이 있다면 책임감도 좀더 크게 다가오고 안정감도 느낄 테니까요. 불펨 구성원이 대체로 비혼 여성이라서 기혼 여성들을 만나는 접점이 부족한 문제도 참여자를 넓히려면 보완해야죠.

초아 작년이면 생각이 없었다고, 아직은 준비가 안 됐다고 말했을 텐데, 2020년에는 참여할 수도 있겠어요. **탈브라가 크게 거리낌없을 만큼 제 안에 채워지는 힘의 변화가 있었고**, 그걸 이야기할 수도 있겠어요.

저한테 가슴은 섹슈얼리티였어요. 남성들이 여성의 가슴을 섹슈얼리티의 영역으로 여기듯이, 저는 가슴이 성감대라는 생각도 하고 성적인 뭔가에 연결되지 않을 수 없다는 인식이 강했어요. 공부를 하면서 여성의 자위 얘기도 하고 레즈비언들이 서로 만족하는 섹스를 할 수 있다는 걸 알게 되니까, 제가 제 몸을 잘 들여다보지 않고 살았다는 걸 깨달았어요. 그저 내 가슴이나 내 몸이 아름답다거나 만족스럽다고 여기면서 살았어요. 굳이 여성의 몸을 구체적으로 고민하거나 깊이 생각한 시간은 없었는데, 올해 상반기에 제 몸을 많이 생각하고 많이 만졌어요. 클리토리스도 만져보고 들여다보는 시간을 가졌거든요.

가슴이 성감대가 아니라는 생각도 하면서, 점점 관점이 변하는 느낌이에요. 굳이 가슴을 드러내지 못할 이유가 없다는 거죠. 솔직히 애들한테 밥이라고 생각했고, 남편이 좋아하면 그런가 보다 했는데, '나는 내 가슴을 어떻게 생각하고 있을까' 하는 생각을 몇 번 해봤어요. 그러니까 제가 제 가슴을 불편하게 여기지 않게 되고 여성들이 달릴 때 가슴이 덜렁거리는 모습도 이상해 보이지 않더라고요. 단체에서 체육대회를 하면 저도 달리고 다른 여성들도 달려요. 그전에는 불편했어요. 남성들은 여성들이 달리면 막 박수 치고 웃잖아요. 흔들리는 가슴 때문에 그러는 것 같고, 꼭 그렇지 않을 수도 있는데, 여기에서 뭔가 억압적인 기제가 있었나 봐요. 그걸 들여다보니까 여성들이 달릴 때 흔들리는 가슴이 불편하지 않더라고요.

초아 님은 올해 초 가슴해방운동에 참여할 수 있겠냐고 물을 때 어렵겠다고 말씀하셔서 제가 기혼 여성의 가슴 경험을 좀더 알아보고 싶다고 생각하게 해준 분이세요. 그런데 몇 달 새에 엄청난 변화가 일어나 좀 놀랐어요. 초아 님의 변화는 시사하는 바가 큽니다. 자기 몸과 다른 여성들의 몸을 보면서 느낀 불편함을 새롭게 인식하고 좀더 내 몸에 친밀해지는 경험이 '내 안을 채워주는 힘'으로 변화돼 참여 가능성으로 연결됐잖아요. '내 안의 힘'을 발견하는 순간이 실천의 시작이라고 생각해요.
지금까지 이렇게 기혼 유자녀 여성들의 가슴 경험에 관련해서 다양한 수유 경험을 비롯해 주위의 시선, 남편이 하는 간섭, 기혼 여성이 느끼는 자유로움 등 여러 이야기를 들을 수 있어서 정말 좋았습니다. 감사합니다.

참고
자료

1. 페이스북코리아의 성차별적 규정에 맞서는 불꽃페미액션 퍼포먼스 기자회견 회견문

우리는 농구장, 축구장에서 웃통을 벗은 채로 운동을 하는 남성들을 많이, 그리고 쉽게 볼 수 있습니다. 혹시 여성들이 그렇게 운동하는 것을 보셨나요? 아마 없을 겁니다. 여성의 몸은 '섹시하게' 드러내되, '정숙하게' 감춰야 하는 이중적인 요구를 받아왔기 때문입니다.

브라는 예쁜 모양의 가슴을 유지하고, 조신하게 젖꼭지가 보이지 않도록 여성에게 강요되어 왔습니다. 그러나 이 브라는 여름엔 땀이 차고 가렵고 답답하며, 겨울철 체온 유지와는 관련이 없습니다. 뿐만 아니라 브라는 여성의 몸속 혈액의 순환과 소화, 호흡 등 건강 전반에 악영향을 미칩니다.

또한 여성의 나체는 음란물로 규정이 되어, 온라인 사이트에서 강제 삭제당하거나 젖꼭지만 모자이크 처리되어 남성들의 놀림감으로 사용됩니다. 남성의 나체는 보편 인간의 몸으로 인식되어 삭제나 모자이크 처리 없이 자연스럽게 받아들여지는데 말입니다.

월경페스티벌에서 불꽃페미액션은 여성의 몸에 부여되는 남성 중심적 아름다움과 음란물의 이미지를 팽개치고, 답답한 브라를 벗어던지며 여성들의 몸을 있는 그대로 드러냈습니다. 그리고 그 사진을 페이스북에 올렸을 때, 페북 코리아와 다음은 우리의 사진을 나체 사진이라는 이유만으로 삭제하고 다음 아이디를 1개월간 정지했습니다. 이러한 일이 처음은 아닙니다. 이미 작년 7월 불꽃페미액션 회원들이 퀴어문화축제가 열리는 시청광장에서 똑같이 가슴을 드러내고 다 같이 사진을 찍었으나 인스타그램은 사진을 곧바로 삭제했습니다. 특히 페이스북은 여성이 자발적으로 올린 사진을 음란물이라는 이유로 삭제하는 데에 반해서 여성의 몸을 몰래 촬영한 비동의 불법 촬영물은 그대로 뇌두고 있습니다. 나체라고 해서 무조건 음란물은 아니며, 남성의 나체를 허용하는 것과 같이 여성의 나체도 허용해야 합니다. 수많은 남성의 가슴과 젖꼭지는 되는데 왜 여성의 가슴 사진만 안 되는지, 우리는 묻고 싶습니다.

2. 페이스북코리아의 성차별적 규정에 맞서는 불꽃페미액션 퍼포먼스 기자회견 발언문

안녕하세요. 불꽃페미액션 활동가 검은입니다.

불꽃페미액션은 최근 월경페스티벌에서 천하제일겨털대회, 그리고 찌찌 해방을 진행했습니다.

그 행사를 찍은 일련의 사진을 페이스북에 업로드했고, 페이스북은 음란물이라며 우리의 게시물을 삭제했습니다. 어떤 사람들은 우리가 별짓을 다한다고 말하거나 혹은 여성 인권과 찌찌 해방이 도대체 무슨 관계인지 물을 수 있을 것 같습니다.

월경페스티벌에서 찍은 찌찌 해방 사진을 페이스북 코리아가 지운 것은 불꽃페미액션이 지난 월경페스티벌에서 찌찌 해방을 한 그 이유와 아주 밀접하게 맞닿아 있습니다. 불꽃페미액션이 월경페스티벌에서 '월경에 관한 것' 외에도 겨털 해방과 찌찌 해방에 집중한 이유는 바로 월경, 겨털, 찌찌 등과 같은 여성에게 일반적으로 일어나는 일들이 사회로 하여금 '가려지도록' 강요받기 때문이었습니다.

여성의 꼭지와 겨털, 그리고 월경은 여성의 몸에 있으면서 늘 없는 것처럼 취급되어야 하는 것들이었습니다. 우리는 월경대를 갈기 위해 '그날', '그것' 등의 지시대명사로 이야기해야 했습니다. 겨털을 밀어야 했고, 15만 원에서 20만 원 정도를 지불하고 레이저로 제모를 해야 했습니다. 소화 불량에도 불구하고 일반적으로 만 원에서 5만 원을 오가는 브라를 구매하고 와이어가 있는 브라를 착용해야 했습니다. 그리고 매일 밤 와이어가 고장날까, 10분 정도 손빨래를 해야 했습니다.

단지 그뿐일까요? 그저 숨을 쉬기 위해 노브라를 한 여성은 '남성을 유혹한다'는 음란한 대상이 되고 가슴에 쏟아지는 음란한 시선을 견뎌야 합니다. 겨털을 기르는 여성은 더러운 여성, 자기 관리하지 않는 여성으로 취급받습니다. 겨털을 가진 남성, 브라를 하지 않은 남성은 전혀 그런 소리를 듣지 않는데 말이죠.

모든 여성들이 그렇게 살고 있는데 그게 뭐 어떻냐고 물어볼 수 있을 것 같습니다. 하지만 우리는 그 당연한 것에 다시 질문을 던져봅니다.

우리는 왜 당연하게 소화 장애를 겪어야 하며, 남성보다 더 많은 시간과 비용을 소비해야 합니까? 왜 당연하게 안전한 월경대를 보장받지 못하고, 스스로 털 나는 몸, 꼭지가 달린 몸을 부정해야 하는 걸까요? 우리가 가슴을 가져서요? 우리가 월경하는 몸이라서요?

아니요, 전혀 그렇지 않습니다. 만약 그렇다면, 덜렁거리는 것을 가진 모든 사람들은 그 보정대를 차야겠지요. 지금 그렇지 않지 않습니까?

아마 우리가 스스로를 부정하도록 사회화된 그 이유는 남성주의 아래에서 우리의 몸이 성애화되어 있고, 성적으로 기호화되어 있고, 섹스할 수 있는 몸, 임신할 수 있는 몸, 그 이상 그 이하도 아니게 객체화되어 있기 때문입니다.

공연음란죄는 공연하게 성욕의 만족과 흥분을 목적으로 하는 음란한 행위를 할 때 지어지는 죄입니다. 하지만 우리가 가슴을 드러낸 그 목적은 우리의 성욕을 만족시키기 위함이 아니라, 여성도 동등한 인간임을 드러내기 위함입니다.

우리는 여성을 인격체 그 자체가 아닌, 성애의 대상으로 보는 현실에 대항합니다. 우리의 몸은 음란물이 아니라 그저 우리의 몸입니다.

구호 한 번 외치겠습니다.

우리는 음란물이 아니다!

3. 겨털 & 찌찌
FAQ*

▶ **공통 질문**

Q. 당당한데 얼굴은 왜 가렸어?

A. 얼굴을 드러낸 여성들이 더 많음에도 불구하고 이러한 질문이 나오는 것은 어떻게 받아들여야 할까요? 얼굴을 드러낸 여성들만 당당하다고 생각하시나요? 모두가 얼굴을 드러내야만 우리의 퍼포먼스와 실천을 지지할 건가요? 만약 그렇다면, 왜 그렇습니까?

얼굴을 드러냈을 때 쏟아지는 외모 평가와 비난은 내용에 상관없이 사람에게 정신적 타격이 됩니다. 너무나 모욕적인 말들 때문에 얼굴을 드러낸 사람들의 주변인들에게까지 정신적 피해가 갑니다. 당당하다는 것이 터무니없는 비난까지 감수해야 한다는 뜻은 아닙니다.

얼굴을 드러내야만 당당한 것이라는 생각은, 너희들의 얼굴을

● 2019년 페스티벌 킥에서 찍은 겨털과 찌찌 해방 사진에 붙는 악플이 기하급수로 증가했다. 2019년 7월 20일 불꽃페미액션은 혐오 댓글에 경고를 보내는 한편으로 이 운동에 관심 있는 사람들에게 정확한 정보를 주려고 〈겨털 & 찌찌 FAQ〉를 만들어 게시했다(https://www.facebook.com/flaming.feminist.action/posts/1171633516381146).

확인해야만 하겠다, 너희들의 신상과 얼굴을 드러내서 모든 것을 걸고 말하지 않으면 신뢰하지 않겠다는 뜻이기도 합니다. 왜 여성은, 페미니스트는 반드시 자신의 모든 삶을 걸고 투쟁해야만 합니까? 이미 사회는 여성과 페미니스트에게 위험한 곳입니다. 얼굴을 가리는 것은 여성 혐오로부터 스스로를 보호하기 위한 최소한의 수단입니다. 우리에게 그 보호 수단을 빼앗지 말아주십시오.

Q. 보기 싫은 사람은 생각 안 해?
A. 왜 보기가 싫습니까? 그저 타인의 몸일 뿐입니다. 연예인 설리와 화사에게 쏟아진 비난 또한 같은 맥락입니다. 관종이냐, 보기 싫은 사람은 생각 안 하냐 등등.

불꽃페미액션은 사회적 통념에 맞서서 겨드랑이 털과 젖꼭지를 드러내는 것입니다. 단순히 '취향'의 문제가 아닙니다. 보기 싫으면 보기 싫은 당신이 보지 마십시오. 보기 싫으신 분들은 페이지 게시물의 숨기기를 눌러주시거나 차단을 눌러주십시오. 이는 남성의 젖꼭지든 여성의 젖꼭지든 마찬가지입니다. 신체의 특정부위를 보는 것이 당신의 눈을 즐겁게 하지 않을 수도 있지만, 모든 경우에 항상 비난의 말이 쏟아져 나오지는 않습니다. '비난을 가해도 된다'고 여겨지는 분위기 속에서 여성의 가슴만 기삿거리가 되고, 비난의 대상이 됩니다. 보기 싫으니 겨드랑이를 내리라거나 가슴을 가리라고 하는 것은 통제이며 혐오입니다. 우리는 타인의 몸이 '보기 싫다'라고 말할 수 있는 그 권력에 저항하고 있는 것입니다.

Q. 그럼 바바리 맨도 허용하자는 거야?

A. '바바리 맨'은 보통 자신의 성기를 불특정 다수에게 보여주는 남성을 의미합니다. 사람이 많은 곳에서 보여주는 경우는 거의 없고 인적이 드문 곳에서 주로 여성을 대상으로 벌어집니다. 성기를 그냥 보여주기도 하고, 발기한 상태이기도 하고, 자위를 하고 있기도 합니다. 따라서 '바바리 맨'은 자신의 신체를 드러내는 것이 목적이 아니라, 자신의 성기를 통해 성폭력을 자행하는 것입니다. 따라서 불꽃페미액션의 상의 탈의 퍼포먼스의 의도는 '바바리 맨'이 성기를 드러내는 의도와 다릅니다.

여성의 가슴을 남성의 성기와 비유하는 것은 적절하지 못합니다. 여성과 남성이 평등하다면 여성의 가슴 또한 남성의 가슴과 견주어 비교해야 할 것입니다. 남성이 해변이나 운동장이나 물총 축제나 또는 지상파 광고에서 상의를 벗을 수 있고 아무런 폭력 행위나 불쾌한 시선 없이 자유롭게 다닐 수 있는 것처럼 여성도 시의적절한 장소에서는 공공연하게 '상의' 탈의를 해도 괜찮은 사회가 만들어지기를 바라는 것입니다. 저희는 성기 노출을 주장한 적이 없습니다.

Q. 여자 연예인 가슴골은 성적 대상화라면서 왜 본인들 사진은 성적 의미를 부정해?

A. 누군가가 신체를 드러낼 때에는 그 드러냄을 통해서 보여주고

자 하는 이미지가 무엇인지, 섹스어필의 맥락 속에 신체를 드러낸 것인지 파악해야 합니다. 미디어에서 남성을 유혹하는 여성이 묘사될 때 큰 가슴이 강조되는 것은 여성의 몸을 성적 대상화한 것이 맞습니다. 그러나 성적인 맥락이 아닌 상황에서 여성 연예인의 가슴이 보이는 것 자체가 성적 대상화라고 볼 수는 없습니다.

물론 명확하게 어떤 것은 성적 대상화이고 어떤 것은 아니라고 나누기는 어렵습니다. 다만 여성들은 일생을 걸쳐 일상적으로 몸매를 평가받고 맥락 없이 성적 대상화를 당하기 때문에 그 평가를 스스로에게 내면화하기도 합니다. 그래서 스스로를 성적 대상화하고 있으면서도 그 사실을 모르기도 하고, 때에 따라서는 자신의 성적 매력을 어필하기 위해 자신을 대상화하기도 합니다.

그러나 저희가 주장하고자 하는 것은, 맥락에 상관없이 무조건 여성의 가슴에 성적인 의미를 부여해 통제하는 것은 여성 차별이며 인권 침해라는 것입니다. 저희는 여성의 가슴이 음란물이라는 인식, 성기와 다름없다는 인식을 없애고자 합니다. 여성의 가슴이 성적이라는 바로 그 시선 때문에 여성 인류는 그 시선에 맞게 가슴을 가리거나 섹시하게 드러내는 등 스스로를 통제해왔습니다. 이 시선은 뿌리 뽑혀야 할 문화이며 여성을 맥락 없이 성적으로 바라보지 않는 첫걸음이 될 것입니다.

Q. 탈브라를 왜 강요해? 왜 브라 하는 사람을 이상한 사람 취급해? 가슴 큰 사람은 브라를 해야 돼!
A. 지금까지 소수 여성들을 제외해 모든 미디어와 사회가 여성에게

브라를 착용하는 것이, 여성의 가슴은 성기처럼 가려야 한다는 것이 자연스럽게 여기도록 만들었습니다. 이것은 강요로 느껴지지 않으시고, 저희가 브라를 벗고 가슴을 드러낸 행위만이 강요로 느껴지시나요?

저희는 탈브라를 강요한 적이 없습니다. 여성인 우리가 가슴이 발달할 때부터 브라로 가슴을 받쳐왔고, 그 때문에 가슴에 자연스럽게 생성될 수 있는 근육은 발달하지 못해온 것이 사실입니다. 지금이라도 브라를 벗고 다니는 것이 건강에 더 좋을 확률이 높습니다. 브라를 하고 다니시는 분을 이상한 사람 취급한 적 없고, 저희 또한 페미니즘을 만나기 전에는 브라를 착용하고 다녔던 사람들입니다. 심지어 잘 때도 브라를 착용했던 사람도 있습니다. 그런 사람들이 하나둘씩 용기를 내어 브라를 벗고 다니기 시작했고, 처음엔 가슴이 출렁이는 것, 티셔츠에 꼭지가 쓸리는 것도 불편했지만 시간이 지나자 그것도 익숙해져서 다시는 브라를 착용하고 싶지 않아진 사람들이 대다수였습니다. 여성의 가슴에 대한, 탈브라에 대한 시선이 바뀐다면 여성들은 더 건강하고 자유롭게 살 수 있습니다. 그래서 저희는 그 시선을 바꾸고자 퍼포먼스를 진행한 것입니다.

그래도 건강상의 이유로 브라를 차야만 하는 분, 브라를 차야만 편안하신 분이 계시다면 당연히 그런 분들은 브라를 착용하는 것이 맞습니다. 브라를 착용하는 분들을 절대 비난하지 않습니다. 그러니 저희의 찌찌해방운동을 강요한다는 비난은 삼가주시기 바랍니다.

Q. 그러면서 또 쳐다보면 시선 강간이라고 할 거 아냐?

A. 지나가다가 우연히 보는 것처럼 아무런 성적 의도가 없는 시선을 시선 강간이라고 하지는 않습니다. 하지만 어떤 의도를 가지고 지속적으로 뚫어지게 쳐다보는 것, 불쾌하게 느껴질 만큼 오래도록 티 나게 쳐다보는 것은 시선 강간이 될 수 있습니다. 우리 사회는 타인의 몸, 특히 여성의 몸에 지나치게 관심을 많이 두고 여성의 몸을 쳐다보는 것을 아무렇지 않게 생각합니다. 하지만 남의 몸을 뚫어지게 쳐다보고 평가하는 것은 무례한 일이며 타인에게 불쾌감을 줍니다. 타인의 몸에서 당신의 시선을 거두십시오. 젖꼭지가 보이든 말든 신경을 꺼 주세요.

Q. 공연음란죄 아냐?

A. '형법 제245조(공연음란) 공연히 음란한 행위를 한 자는 1년 이하의 징역, 500만 원 이하의 벌금, 구류 또는 과료에 처한다.' 여성이 가슴을 드러냈다고 해서 공연음란죄가 성립한다면 해변에, 운동장에, 신촌 한복판의 물총 축제에, 수영장 광고에, 각종 광고에 등장하는 상의 탈의한 남성들은 왜 공연음란죄로 처벌받지 않을까요? 가슴을 드러내는 것만으로는 공연음란죄의 '공연히 음란한 행위'를 했다는 요건이 성립되지 않습니다. 우리는 여성을 음란한 시선으로 바라보는 사회에 맞서서 음란하지 않은 그대로의 몸을 보여주었을 뿐입니다. 누군가를 처벌해야 한다면 평등을 주장하는 우리의 가슴을 성적으로 보는 시선이겠지요. 그 시선이야말로 '음란한 행위'니까요.

▶ 겨털대회

Q. 겨털 기르는 건 자유지만 대놓고 보여주는 건 무슨 의미야?

A. 겨털을 대놓고 보여주는 이미지가 많은 분들에게 충격적이셨을 거라고 생각합니다. 다만 저희가 일부러 이렇게 겨털을 보여주는 대회 겸 퍼포먼스를 기획하게 된 것은, 여성들이 겨드랑이 제모를 당연하게 여기고 제모를 못했을 때에는 겨털이 보일까봐 민소매를 입지 못하거나 지하철 손잡이도 제대로 잡지 못하는 등 행동의 제약이 있기 때문입니다. 누군가가 '너 겨털 깎아'라고 강요한 적은 없을지도 모릅니다. 하지만 미디어에서 남성의 겨드랑이 털은 자연스럽지만 여성의 겨드랑이 털은 웃음거리로 사용되거나 연예인들에게는 거의 찾아볼 수 없는 것이 실정입니다. 누가 강요하지 않아도 암암리에 여성이면 당연히 제모를 해야 한다는 분위기가 만들어지는 것입니다.

때문에 겨드랑이 털이 보인다고 해서 웃기거나 자기 관리를 못하거나 부끄러운 것이 아니며, 여기 이렇게 당당하게 수북한 겨털을 보여주는 여성들도 있으니 겨털 제모한다고 시간 쓰고 돈 쓰고 기력 쓰지 말고 좀 보여도 괜찮으니 당당하고 편하게 지내자는 메시지를 담고 있는 것입니다.